医疗卫生犯罪治理研究

YILIAO WEISHENG FANZUI
ZHILI YANJIU

张家祎　冯军◎著

中国政法大学出版社

2025·北京

图书在版编目（CIP）数据

医疗卫生犯罪治理研究 / 张家祎, 冯军著. -- 北京：
中国政法大学出版社, 2025.5. -- ISBN 978-7-5764
-2085-2

Ⅰ. D914.36
中国国家版本馆 CIP 数据核字第 20255U45C5 号

出 版 者　中国政法大学出版社

地　　址　北京市海淀区西土城路 25 号

邮　　箱　fadapress@163.com

网　　址　http://www.cuplpress.com (网络实名：中国政法大学出版社)

电　　话　010-58908435(第一编辑部) 58908334(邮购部)

承　　印　北京旺都印务有限公司

开　　本　720mm×960mm　1/16

印　　张　17.25

字　　数　281 千字

版　　次　2025 年 5 月第 1 版

印　　次　2025 年 5 月第 1 次印刷

定　　价　76.00 元

目 录
Contents

▶ **第一章**

医疗卫生犯罪治理的基本范畴研究

一、医疗卫生犯罪概述

（一）医疗卫生犯罪的界定

目前学界并未对医疗卫生犯罪的概念给出明确的界定，但提出了与之相似的概念——医疗犯罪。有学者认为，医疗犯罪是指医疗及其相关过程中实施的，侵犯生命、健康、财产等法益以及危害社会公共卫生秩序的行为。[1] 还有学者认为，医疗犯罪就是对医疗管理秩序的犯罪，并将其界定为《中华人民共和国刑法》（以下简称《刑法》）规定的危害公共卫生罪。[2] 这两种解释虽然不尽一致，但在实质含义上差别不大，都认为医疗犯罪是指在医学专业领域内出现的，并与医疗行为相关的犯罪类型。医疗卫生犯罪的涵摄范围大于医疗犯罪，除医疗领域内的犯罪之外，还应当包括公共卫生领域的犯罪。从行为类型上看，凡是与公共卫生、医疗诊治、医学专业相关的犯罪行为都可包含其中，并不特指医疗行为的犯罪。从侵犯法益的类型看，医疗卫生犯罪侵害的法益不仅包括医疗卫生秩序，而且包含社会公众的生命健康法益，乃至市场经济秩序法益。在本书看来，医疗卫生犯罪具有如下三个特征：

第一，医疗卫生犯罪是类型化犯罪的总称。医疗卫生犯罪并非单一罪名，甚至不是单一类型的罪名，而是围绕着医疗卫生领域形成的多种犯罪行为的总称。由于医疗卫生犯罪涉及的内容十分繁杂，所以必须按照类型化思维对其进行归纳和整理，便于准确把握其一般规律和特征。因此，应当对医疗卫生犯罪作类型划分，以医疗卫生为中心，按照特定标准对相关犯罪行为进行归纳，形成不同子类

---

〔1〕　参见杨丹：《医疗刑法研究》，中国人民大学出版社 2010 年版，第 19 页。
〔2〕　参见臧冬斌：《医疗犯罪比较研究》，中国人民公安大学出版社 2005 年版，第 5 页。

型的犯罪体系。

第二，医疗卫生犯罪是发生在医疗卫生领域内的犯罪。医疗卫生犯罪既指医生实施的犯罪，如医生收受药品采购回扣等行为，也包括针对医疗卫生人员的犯罪，如使用暴力袭击医生等行为，还包括发生在医疗诊治、公共卫生防治领域的专门犯罪，如非法行医行为、妨害传染病防治行为等。这些行为均与医疗卫生具有高度的关联性，应当属于医疗卫生犯罪的范畴。

第三，医疗卫生犯罪是以刑法规范为归依的。刑法学意义上的犯罪不同于犯罪学意义上的犯罪，其最显著的区别在于前者以刑法规范为依据，表现为刑法典中的罪名。本书所称医疗卫生犯罪是刑法学意义上的犯罪，在《刑法》中有对应的罪名。值得说明的是，医疗卫生犯罪不仅仅特指《刑法》分则"危害公共卫生罪"一节中的罪名，也包括散见于其他章节与医疗卫生领域相关的罪名。

综上所述，本书所称医疗卫生犯罪是指行为人在医疗卫生领域内对医疗卫生相关法益造成严重损害的行为。医疗卫生犯罪包括以下四种具体类型：

第一，业务型医疗卫生犯罪。这类犯罪包含两种具体样态：一是医疗卫生领域专业人员凭借一定的医学知识和手段实施的与医疗卫生活动业务相关的犯罪，如医疗事故罪，采集、供应血液、制作、供应血液制品事故罪等。二是妨害公共卫生管理秩序或医疗活动秩序的犯罪，如妨害传染病防治罪、非法行医罪等。业务型医疗卫生犯罪具有较强的医疗卫生专业性特征，涉及的罪名集中规定在我国《刑法》分则第六章第五节专门规定的"危害公共卫生罪"中，包括妨害传染病防治罪等 13 个具体罪名。

第二，职务型医疗卫生犯罪。这类犯罪是指医疗卫生领域的执业、从业人员，利用职务之便实施的各类犯罪。实践中常常表现为在药物采购、医疗诊治等环节发生的收受贿赂、侵占单位资产等犯罪行为。我国《刑法》未对这类犯罪作集中、统一的规定，而是将其散布于分则各章规定，涉及的常见罪名主要有非国家工作人员受贿罪、职务侵占罪、受贿罪、贪污罪等。

第三，暴力型医疗卫生犯罪。这类犯罪是指针对医疗卫生从业人员或医疗卫生秩序所实施的危害人身安全或公共秩序法益的犯罪。实践中暴力型医疗卫生犯罪往往表现为"医闹"等形态，涉及罪名既包括对医疗卫生从业人员的故意杀人罪、故意伤害罪等，也包括针对正常医疗卫生秩序的寻衅滋事罪、聚众扰乱社会秩序罪等。

第四，经营型医疗卫生犯罪。这类犯罪主要发生在与医疗卫生相关的生产、经营活动过程中，集中规定在我国《刑法》分则第三章第一节的"生产、销售伪劣商品罪"，涉及的罪名主要有生产、销售假药罪，生产、销售劣药罪和生产、销售不符合标准的医用器材罪等。

（二）医疗卫生犯罪的危害

随着我国公共卫生事业的发展，人们在享受医疗卫生进步带来的便捷与利益的同时，也面临着医疗卫生犯罪的威胁。特别是近年来医疗卫生犯罪频发，给国家、社会和个人带来了一定的负面影响，产生了一系列的危害。

第一，严重威胁、损害社会公众的生命健康权。医疗卫生行为直接关系到社会公众的生命健康，因此医疗卫生犯罪的危害首先表现在对公众生命健康的侵害，特别是经营型与业务型医疗卫生犯罪，由于其领域的特定性，会对公众的生命健康权造成最为直接、严重的威胁或损害。2018年的"长生疫苗案"最为典型。2018年7月15日，国家药品监督管理局发布通告，国家药品监督管理局在对长春长生生物科技有限责任公司生产现场进行例行检查时发现，该公司在冻干人用狂犬病疫苗生产过程中存在记录造假等严重违反《药品生产质量管理规范》（药品GMP）行为。疫苗安全是公众用药安全的重要内容，尤其作为针对致死率极高的狂犬病疫苗，一旦在不符合安全标准的情况下流入市场，后果是难以估量的。"长生疫苗案"对社会公众的生命健康安全造成了严重的威胁，产生了极为恶劣的社会影响，引起了党和国家领导人的高度重视。2018年7月23日，习近平总书记对吉林长春长生生物疫苗案件作出重要指示指出，长春长生生物科技有限责任公司违法违规生产疫苗行为，性质恶劣，令人触目惊心。有关地方和部门要高度重视，立即调查事实真相，一查到底，严肃问责，依法从严处理。[1] 最高人民检察院对该案挂牌监督，吉林省当地检察机关以涉嫌生产、销售劣药罪依法批捕了长春长生生物科技有限公司董事长高某芳在内的18名犯罪嫌疑人。从"长生疫苗案"可以看出，生产、销售假药、劣药等类型的医疗卫生犯罪涉及的群体是不特定的社会公众，而且涉及人员的数量十分庞大，会严重危害或威胁社

---

〔1〕 参见《强调要一查到底严肃问责 始终把人民群众的身体健康放在首位 坚决守住安全底线》，载《人民日报》2018年7月24日，第1版。

会公众的生命健康利益。

第二，扰乱正常的医疗卫生秩序。近年来，全国不少地区发生过暴力伤医、杀医的案件。这类暴力型医疗卫生犯罪案件不仅会对医护人身生命安全造成侵害，还会破坏、扰乱正常的医疗秩序。2020 年 5 月 11 日最高人民法院发布了 8 起人民法院依法惩处涉医犯罪典型案例，其中 3 起是以故意杀人罪和故意伤害罪定性的，4 起为寻衅滋事罪，1 起为聚众扰乱社会秩序罪。[1] 从案件的行为类型和涉及罪名看，基本涵盖了社会中常见的各类袭医情形。其中寻衅滋事罪与聚众扰乱公众秩序罪直接侵害的法益即为公共场所的秩序。另外 3 起故意杀人案和故意伤害案均发生在医院，势必影响到其他患者的正常就医，干扰医院的正常工作秩序。以这 8 起典型案件中的"孙文斌故意杀人案"为例，被告人孙文斌是在急诊室对医护人员杨某实施杀害行为的，且当时急诊室有众多患者及家属和医护人员。[2] 急诊室作为医院的救治急救、危重病人的部门，在此场所发生杀害案件显然会干扰急诊行为的正常开展，延缓急诊流程的正常进行。可见，在暴力型医疗卫生犯罪中，不应仅看到这类案件对医护人员自身的侵害性特征，也应关注到其对正常诊疗秩序带来的附带影响。

第三，破坏和谐的医患关系。在医疗卫生领域的贪污贿赂犯罪始终是医疗卫生领域的一个"顽疾"：实践中，在医疗药品、器械的采购环节发生过医务人员收受贿赂的案件，在患者就医过程中存在医务人员收受"红包"案件等情况。这类职务型医疗卫生犯罪不仅对医疗市场秩序、国家工作人员的不可收买性等法益造成了侵犯，同时对医患关系带来了极大的负面影响。一方面，采购环节的收受贿赂的行为，使得医生更倾向于向患者开具、推荐价格昂贵的药品或医疗器械，产生过度医疗的现象。这会使患者在支付高昂治疗费用的同时，对医生产生不满与对立情绪。另一方面，收受患者"红包"的行为会打破患者对医护人员的基本信任，使患者对医护人员的职业品德和业务能力产生质疑。医护人员作为治病救人的特殊职业群体，必须具有较高的职业道德素养，而收受"回扣""红包"，甚至侵占、贪污医院资产的行为显然与其职业道德要求相去甚远。医疗领域的贪污贿赂极易让患者对医疗人员的品行产生质疑，削减其托付自身生命健康

---

〔1〕 《人民法院依法惩处涉医犯罪典型案例》，载《人民法院报》2020 年 5 月 12 日，第 4 版。

〔2〕 参见北京市第三中级人民法院（2020）京 03 刑初 9 号刑事判决书。

利益的信心。概言之，职务型医疗卫生犯罪的频生使医护与患者之间的关系由原本和谐的诊疗与救治关系成为非正常的商品交易关系，让医患关系岌岌可危。

（三）医疗卫生犯罪的原因

对犯罪原因的探究始终是犯罪学研究的重要内容，甚至可以说对这一命题的讨论贯穿了整个犯罪学的发展史。在 18 世纪，西方古典犯罪学派以哲学上的自由意志学说为逻辑起点，指出犯罪是由犯罪人经过理性利弊计算后做出的选择。在 19 世纪中期，意大利学者菲利认为不能仅仅用生理因素去解释犯罪，社会因素也起着很大的作用。自此犯罪社会学思想萌芽并发展起来，逐渐进入学界的视野，并为人所接受。可见，在犯罪学的整个学术史中，关于犯罪原因的讨论始终围绕着个体因素与社会因素两者展开的。对此，德国刑法学家李斯特总结道，任何一个具体的犯罪都是由两方面因素组成的：其一是犯罪人的个人因素；其二是犯罪人外界的社会因素。[1] 医疗卫生犯罪作为一种具体的犯罪类型，当然符合犯罪现象的一般规律。从这一意义上讲，医疗卫生犯罪的原因应分为个体原因与社会原因两个方面。

1. 医疗卫生犯罪的个体原因

医疗卫生犯罪产生的个体原因集中体现在犯罪人的自身道德缺失与法律意识淡薄上。犯罪人自身道德的缺失是实施医疗卫生犯罪的重要诱因。以业务型医疗卫生犯罪为例，实践中医疗卫生领域的贪污贿赂犯罪的涉案主体往往是高学历、高职称的业务骨干，并具有一定的行政职务。在长期的医疗卫生工作中，这些人过于专注于其职业技能与业务能力的提升，极易忽视对职业道德素养的提升。在巨大的市场利益诱惑下，医疗人员一旦不能坚守职业操守的底线，将被腐蚀拉拢，陷入职务犯罪之中。在经营型医疗卫生犯罪中，同样存在这样的问题。以生产、销售假药、劣药的犯罪类型为例，通常来说药物研发的周期都很长，需要投入大量的研发资金，而药品进入市场后还需要相当长的一段时间才能收回药物研发成本。如果药品制售商没有较高的道德品行，将药品视为关系社会公众生命健康的特殊商品，便极易通过降低生产成本、伪造临床检验记录等方式实施犯罪。

法律意识淡薄同样也是医疗卫生犯罪中不可忽视的个体性原因。在传染病防

---

〔1〕　参见［德］李斯特：《德国刑法教科书》，徐久生译，法律出版社 2006 年版，第 12 页。

控期间，存在未经许可任意出入公共场所，或随意殴打防控人员等破坏防控管理措施的行为。在行为人看来，不服从防控管理措施可能只是一项轻微的违法行为，但这显然是一种法律意识较为淡薄的表现。

2. 医疗卫生犯罪的社会原因

医疗卫生犯罪的社会原因是综合性的，具体包括如下三个方面：

第一，医疗改革不到位。"看病难、看病贵"是我国医疗卫生领域所面临的一个重要现实问题，这背后所反映的是我国医疗资源分布不充分、不均衡的问题，而这也成了不少医疗卫生犯罪的形成原因。由于医疗资源供给的不平衡，大量优质的医疗资源集中于大城市，乡村医疗卫生资源较为匮乏，乡村患者进入大城市医院就医，可能加深了医疗市场的供需矛盾。由此，医疗机构与医疗卫生执业人员便在医疗市场中形成了优势地位，而患者则处于弱势地位，这种不平衡性可能导致患者难以获得符合心理预期的医疗卫生服务，进而形成医患矛盾，成为暴力型医疗卫生犯罪的导火索。长期以来医疗卫生执业人员的诊疗收入较低，药品和医疗器械就可能成为重要的收入来源，这会引起过度医疗的问题，同时会在药品和医疗器械的使用方面滋生医生"权力寻租"的空间，为职务型医疗卫生犯罪的滋生提供了环境。医疗改革应进一步加强，改善医疗市场的非正常状态，防止形成医疗卫生犯罪。

第二，常态监管制度存在短板。在医疗卫生犯罪的背后通常都能发现相关监管制度的短板，诸如医疗改革未能到位、行政法律法规执行乏力等。例如，经营型医疗卫生犯罪与业务型医疗卫生犯罪常常与行政监管制度的失灵有关。经营型医疗卫生犯罪与业务型医疗卫生犯罪属于典型的行政犯，具有行政附属性。行政犯的发生一般有一段由行政违法向刑事违法发展的过程，即行政犯的成立必须以违反特定的行政法规为前提。按照这一原理，经营型医疗卫生犯罪与业务型医疗卫生犯罪必然构成对行政法律法规的违反，行政法律法规制裁机制的失灵导致了此类犯罪的发生。以生产、销售不符合标准的医用器材罪为例，该罪以"不符合保障人体健康的国家标准、行业标准"为构成要件要素，所以相关行政法律应对生产此类医用器材的行为做出有效反应，便能及时阻断"足以严重危害人体健康"这一具体危险的发生，进而预防犯罪的发生。照此逻辑，填补行政执法环节存在的漏洞和完善行政监管制度，可以有效预防经营型医疗卫生犯罪与业务型医疗卫生犯罪的发生。

第三，预防性措施缺位。面对犯罪现象的发生，往往惩罚性制裁措施，尤其是刑罚制裁措施处于核心位置，而预防性措施的功能却常常被忽视。就医疗犯罪的个体原因而言，犯罪人自身的道德缺失与法律意识淡薄固然是重要因素，但这同时意味着在医疗卫生犯罪领域，应在一定程度上完善职业伦理与法治宣传等预防性措施。

二、医疗卫生犯罪治理

（一）医疗卫生犯罪治理的提出

治理（governance）是晚近以来愈加受到学界关注的政治学概念。自 20 世纪 90 年代始，"治理"一词开始由传统的政治学领域进入到经济学、社会学等学科领域，逐渐成为社会科学研究的重点内容。按照联合国全球治理委员会给出的解释，治理是关于各种公共的或者私人的个人和机构管理其共同事务的诸多方式的总和。它是使用相互冲突的或不同的利益得以调和并且采取联合行动的持续的过程，既包括有权迫使人们服从的正式制度和规则，也包括各种人们同意或符合其利益的非正式的制度安排。[1] 根据这一解释，可以得出"治理"具有以下三个特征：其一，治理的主体既包括国家、政府等传统意义上的公主体，也包括个人、社会等私主体；其二，治理依赖的制度既包括法律等正式制度，也包括习惯等非正式制度；其三，治理作为一种持续性的过程，追求的是不同利益的协调和冲突解决，而非简单的利益压制。概言之，治理是一种开放性的架构，允许不同主体、多元制度的参与，以解决协调利益冲突为目标。

我国始终高度重视国家的治理问题。党的十八届三中全会通过的《中共中央关于全面深化改革若干重大问题的决定》提出了推进国家治理体系和治理能力现代化的重大政治命题。党的十九大进一步指出，必须坚持和完善中国特色社会主义制度，不断推进国家治理体系和治理能力现代化。此后，党的十九届四中全会做出了《中共中央关于坚持和完善中国特色社会主义制度 推进国家治理体系和

---

〔1〕 The Commission on Global Governance, *Our Glogal Neighborhood*: *The Report of the Commission on the Global Governance*, Oxford University Press, 1995, pp. 2-3. 参见俞可平：《论国家治理现代化》，社会科学文献出版社 2014 年版，第 21 页。

治理能力现代化若干重大问题的决定》，进一步阐释了推进国家治理体系和治理能力现代化的重大意义和总体要求。在 2020 年 11 月召开的中央全面依法治国工作会议上，习近平总书记指出"坚持在法治轨道上推进国家治理体系和治理能力现代化"，并进一步强调"法治是国家治理体系和治理能力的重要依托"，明确国家治理体系和治理能力现代化的实施路线与方案。医疗卫生犯罪治理显然是国家治理现代化的题中应有之义。这意味着，医疗卫生犯罪治理不仅具备治理的一般特征，而且要遵守国家治理现代化的一般逻辑和具体要求。进言之，医疗卫生犯罪治理必须依赖法治，以法治为依托，在法治框架下实现医疗卫生犯罪的治理目标。这意味着，无论是在治理制度还是治理措施上，都必须符合法治的基本要求。

第一，医疗卫生犯罪的治理必须以健全的法律制度为依托。法治首先是规则之治，[1] 而规则之治依赖健全的法律制度。我国现行的或与医疗卫生犯罪治理相关的法律大体分为刑事法律与非刑事法律两大部分。前者主要是指《刑法》，其制裁力度最强、措施最为严厉；后者则主要指各类行政法律，如《中华人民共和国基本医疗卫生与健康促进法》（以下简称《基本医疗卫生与健康促进法》）、《中华人民共和国疫苗管理法》（以下简称《疫苗管理法》）、《中华人民共和国中医药法》《中华人民共和国药品管理法》（以下简称《药品管理法》）、《中华人民共和国传染病防治法》（以下简称《传染病防治法》）、《中华人民共和国医师法》（以下简称《医师法》）、《中华人民共和国母婴保健法》（以下简称《母婴保健法》）等。医疗卫生犯罪的法治化治理需要科学、高质量的法律保障机制，因此在完善相关的法律制度时，既要注意填补法律空白、解决有法可依的问题，又要注意刑法与行政法的协调性，确保在犯罪治理功能区分的同时实现治理目标上的一致性。

第二，医疗卫生犯罪的治理要遵循严格执法与司法的要求。党的十九届四中全会提到，"加大对严重违法行为处罚力度，实行惩罚性赔偿制度，严格刑事责任追究。"是否能够达成医疗卫生犯罪治理效果，仅仅具备完善的法律制度还是不够的，更重要的是要将纸面上的法律运用到实践当中，使其真正落到实处。一

---

〔1〕 参见朱景文：《论法治评估的类型化》，载《中国社会科学》2015 年第 7 期。

方面在医疗卫生犯罪治理过程中，要求各项行政监管制度必须有效运行，让常态化的监管制度真正有"牙齿"；另一方面在刑法适用过程中，贯彻有罪必罚原则，对构成犯罪的行为要严格依法入刑，依法科处刑罚，不能放纵犯罪分子。

第三，医疗卫生犯罪的治理要实现法益保护与人权保障的平衡。犯罪的危害程度与国家治理犯罪的态度之间呈正相关关系，即犯罪危害程度愈大，则国家的制裁态度愈严厉，制裁措施愈严苛。医疗卫生犯罪是业务型、职务型、暴力型以及经营型等四种具体类型的统称，此类犯罪具有一定公害犯罪的性质，即危害性较之传统犯罪更大。面对这类犯罪，若制裁主体采取的制裁方式不当，使制裁手段范围过大，力度过于严苛，极易使制裁措施的适用超过法定的标准，侵犯公民个人权利。因此，在医疗卫生犯罪的治理过程中必须以法治为依托，实现打击预防犯罪的同时，有效保护公民的合法权利。

（二）医疗卫生犯罪治理的理念

犯罪作为一种客观现象，始终伴随着人类社会的发展而存在。而人们与犯罪现象做斗争的过程也是人类社会发展史中不可被忽视的内容。长期以来，为了消灭犯罪，国家逐步将对抗犯罪的权力收归于一体，以国家统一的刑罚权作为制裁手段来对抗犯罪，这反映的是犯罪控制理念而非犯罪治理理念。控制理念不仅排斥多元主体的参与性，还强调政治制度的绝对性，甚至唯一性。在犯罪控制理念的影响下，国家试图以重刑主义来压制犯罪现象的产生，并以彻底消灭犯罪作为最终目的。然而，人类的历史经验已经证明，采取犯罪控制理念并不能有效应对各类犯罪现象，甚至会引起一定程度的内卷化现象，导致控制手段效果失灵，使应对犯罪的方式陷入了"控制→犯罪增加→加大控制→犯罪激增"的恶性循环。[1] 为了跳出这一恶性循环，犯罪控制理念必须被抛弃，树立犯罪治理理念。犯罪治理理念不同于犯罪控制理念，其主张在准确观察犯罪现象的基础上，确立合理的目标，选择科学的路径和方法，组合多方力量系统作用于犯罪现象的治理之道。[2] 按照治理的一般规律与特征，医疗卫生犯罪治理理念有如下特征：

第一，医疗卫生犯罪治理理念是相对主义犯罪观的反映。长期以来，我国的

---

〔1〕　参见师索：《犯罪治理：一种基础理论的解构》，载《中国刑事法杂志》2014年第5期。
〔2〕　参见卢建平、姜瀛：《论犯罪治理的理念革新》，载《中南大学学报（社会科学版）》2015年第1期。

犯罪治理一直追求着"除恶务尽"的理想主义目标，国家强调不惜一切代价以遏制犯罪，[1] 这是基于犯罪控制理念而生成的绝对主义犯罪观。然而历史早已证明，自人类社会产生以来，犯罪现象从未被彻底消灭过，这正说明了犯罪是一种正常的社会现象，"社会绝对不可能没有犯罪。"[2] 犯罪治理理念主张相对主义的犯罪观。相对主义犯罪观尊重犯罪学的事实规律，将犯罪视为正常的社会现象，认为犯罪并不能被彻底消灭，但可以控制在社会能够容忍的合理限度内。[3] 医疗卫生犯罪治理理念作为一种科学理念，以事实为根据，有助于使治理者认识到犯罪现象的不可杜绝性。只有基于相对主义犯罪观，才能在医疗犯罪治理过程中理性看待重刑主义、监禁主义等方式，才有可能不再排斥预防性等非刑事制裁措施的重要性。

第二，医疗卫生犯罪治理理念以解决犯罪冲突为目标。传统的犯罪控制理念通常基于"犯罪的本质是孤立的个人反对同质关系的斗争"的犯罪定义，将犯罪分子视为国家的敌人。国家对犯罪采取单向度的压制，通过重刑主义、监禁化等方式，以科处刑罚的方式来压制刑事冲突。但压制住犯罪冲突并不意味着刑事冲突双方的矛盾能够得到解决，甚至有可能使矛盾进一步激化，或为下一次的犯罪留下隐患。而犯罪治理理念以解决犯罪冲突为目标，主张犯罪化与非犯罪化并行的路径，综合运用一系列的刑事与非刑事手段减少犯罪行为的发生；缓和犯罪人对社会的敌视态度，进而削减犯罪案件的数量，使刑事冲突背后的矛盾得到根本解决。实践中不少"医闹"现象是因紧张的医患关系造成的，仅仅依赖刑法对犯罪人判处刑罚，未必能够消解医患之间的矛盾，甚至有可能进一步激化矛盾，制造再次犯罪的隐患。而通过营造敬医、尊医的社会舆论氛围等手段来缓解乃至消除医患矛盾，不仅有利于降低此类犯罪的刑法治理成本，还有助于消除潜在犯罪人对待医务人员的敌视态度，避免此类犯罪的再次发生，最终实现良好的犯罪预防效果。

第三，医疗卫生犯罪治理理念主张多元主体的治理方式。从犯罪控制理念来看，国家为了应对犯罪，应将对抗犯罪的权力收归于一体，以公力救济取代私力

〔1〕 卢建平、姜瀛：《治理现代化视野下刑事政策重述》，载《社会科学战线》2015 年第 9 期。
〔2〕 ［法］E. 迪尔凯姆：《社会学方法的准则》，狄玉明译，商务印书馆 2017 年版，第 83 页。
〔3〕 李卫红：《当代中国犯罪观的转变》，载《法学研究》2006 年第 2 期。

救济，并以统一的刑罚权作为对抗犯罪的唯一手段。自政治国家出现以来，国家通过颁布法律，创设刑罚权的方式垄断了制裁犯罪的全部权力。而犯罪治理理念则主张治理主体的多元性，提倡不同主体共同参与到治理过程中。医疗卫生犯罪包含业务型、职务型、暴力型与经营型等四种犯罪类型，其涉及利益群体、领域范围十分广泛，仅仅依赖国家很难达成犯罪治理的预期效果。例如，在经营型医疗卫生犯罪的治理方面，各行业协会往往会制定并颁布各种行业条例、规则等，进而对药品和医疗器械的生产、经营行为起到约束作用。再如，官方媒体之外的自媒体组织同样可以通过宣传等方式倡导全社会尊医、敬医的良好舆论氛围，这可以缓和医患矛盾，减少实践中出现的各类伤医、袭医等犯罪现象，进而预防暴力型医疗卫生犯罪的发生。可见，多元主体的犯罪治理模式，有助于实现犯罪治理的前端预防，其是完整的犯罪治理链条中的重要环节。

（三）医疗卫生犯罪治理的政策

治理主张主体的多元性与制度的多样性，意味着犯罪治理政策必须是综合性、多维度的。这要求治理主体要善于运用不同类型的政策，从多层面实现犯罪治理效果。从治理政策的内容看，医疗卫生犯罪的治理政策既包括刑事治理政策，也包括非刑事治理政策；从治理过程看，医疗卫生犯罪的治理政策应当是常态化治理政策与运动型治理政策的结合。

1. 刑事治理政策与非刑事治理政策

刑事政策是以刑法典为归依，以严厉的刑事制裁措施为手段，以犯罪化、刑罚化为表征的犯罪治理政策。在医疗卫生犯罪治理中，刑事政策发挥着重大的功能，其主要表现在刑事立法与刑事司法两个方面。医疗卫生刑事立法政策集中体现在近年来我国对医疗卫生犯罪的立法修正与完善上。如 2002 年的《中华人民共和国刑法修正案（四）》（以下简称《刑法修正案（四）》）对生产、销售不符合标准的医用器材罪进行了修正；2015 年的《中华人民共和国刑法修正案（九）》（以下简称《刑法修正案（九）》）对妨害社会管理秩序罪进行了修正；2020 年的《中华人民共和国刑法修正案（十一）》（以下简称《刑法修正案（十一）》）对生产、销售假药罪，生产、销售劣药罪和妨害传染病防治罪进行了修正，并将基因编辑等行为纳入刑法规制的范围，予以犯罪化。医疗卫生刑事司法政策主要表现为各类司法解释的发布和适用。例如，2014 年 4 月 22 日最高人民法院、最高人民检察院、公安部、司法部、原国家卫生计生委联合印发了《关于依法惩处涉医违法犯罪维护正常医疗秩序的意见》，对暴力型医疗卫生犯罪中不同罪名的司法适用提供了准确、统一的实践标准。无论是刑事立法政策还是刑事司法政策，都为医疗卫生犯罪的治理提供了最有力的法律保障。

从犯罪产生的内在机理看，对犯罪的治理不能仅仅依靠刑事政策，还需要适当地介入非刑事政策，形成两种治理政策的良性互动关系。"最好的社会政策就是最好的刑事政策"，犯罪治理政策与刑事政策之间并不具有等价性，前者是后者的上位概念，在刑事政策之外应当存在大量的非刑事化的犯罪治理政策。医疗卫生犯罪具有多领域、多样态的特征，仅仅依赖刑事治理政策并不能完全阻止犯罪行为的发生。因此必须重视教育、行政、纪律措施等非刑事制裁措施，使其与刑事制裁措施形成合力，共同用于医疗卫生犯罪的治理。非刑事治理政策在医疗卫生犯罪治理问题上发挥的功能不容忽视。例如，2019年8月26日修订的《药品管理法》对假药的定义进行了重大修改，删除了"按假药处理的药品"这一类型的假药。这一修改带动了《刑法》生产、销售、提供假药罪构成要件的改变，对提高假药犯罪的治理效能具有重大意义。再如，2019年6月29日公布的《疫苗管理法》填补了我国在疫苗管理方面的法律空白，为规范疫苗生产，预防生产、销售假冒伪劣疫苗的犯罪行为提供有效的法律保障。

总之，医疗卫生犯罪治理必须同时依赖刑事治理政策与非刑事治理政策，二者缺一不可，唯有综合运用不同内容的犯罪治理政策，方能达到医疗卫生犯罪的治理效果。

2. 常态化治理政策与集中治理政策

从犯罪治理政策的运行过程看，医疗卫生犯罪治理政策可以分为常态化治理政策与集中治理政策。常态化治理政策是一种相对稳定化的治理政策样态，通常以法律法规作为依托，具有较强的规范化特征。医疗卫生犯罪的常态化治理政策通常表现为立法手段，以制定、修改刑法和医疗卫生行政法律法规的方式来为犯罪治理提供统一、稳定的规范性依据。例如，我国在2019年12月28日公布了《基本医疗卫生与健康促进法》，尽管其属于行政法的范畴，但由于是医疗与卫生领域的基本法，其涉及了医疗卫生领域的方方面面，并规定了一系列行政法律责任，对于预防医疗卫生犯罪具有重大的实践意义。

集中治理政策稳定性相对较差，一般具有临时性、短期性的特征，但该类治理政策的针对性和灵活性较强，能够对突发的犯罪行为具有较强的反应能力。我国 2003 年公布了《最高人民法院、最高人民检察院关于办理妨害预防、控制突发传染病疫情等灾害的刑事案件具体应用法律若干问题的解释》。2020 年 2 月 6 日，最高人民法院、最高人民检察院、公安部、司法部联合印发了《关于依法惩治妨害新型冠状病毒感染肺炎疫情防控违法犯罪的意见》对各类涉疫情犯罪行为进行细致的划分，并提供了详细的司法判断标准。同时自 2020 年 2 月 11 日起，最高人民检察院还相继发布了十批全国检察机关依法办理涉疫典型案例，对涉疫情犯罪治理提供了更为具体、明确的操作性标准。这些都不失为一种针对突发医疗卫生犯罪所采取的有效治理政策。

不难看出，常态化治理政策与集中治理政策各有优势，也都互为补充。在医疗卫生犯罪治理过程中，两种向度的治理政策不可或缺，只有灵活运用两种犯罪治理政策，协调好两者之间的关系，才能促成医疗卫生犯罪治理合力的形成。

三、医疗卫生犯罪治理体系

（一）医疗卫生犯罪治理体系的界定

为了对抗犯罪，国家通过制定法律，尤其是通过制定《刑法》对犯罪设定了一系列的刑罚，将对犯罪的私力报复调整为公力救济，把刑罚权完全收归国有。由于刑罚作为制裁手段的最严厉性以及与公民最基本、最重大权利的相关性，国家对刑罚的发动、适用必须是正当的，即有正当化的依据。讨论刑罚正当化的依据实际上也是在讨论坚持什么样的刑罚正义观。事实上，自刑罚诞生以来，人们就没有停止过对刑罚正当性的追问。美国学者帕克曾经说道："当代刑法一如既往地处于两股热情的争夺之中：一方面，一种观点认为，对道德上不齿行为的惩罚本身就具有正当性；另一方面，则有观点主张，刑事程序的唯一适当的目的就是预防反社会行为的发生。"[1] 即说，刑罚的正当性在于报应与功利。其中报应是以对犯罪予以惩罚的方式而实现的，功利的价值则体现在对犯罪的预防上。不难看出，对犯罪的惩罚与预防是应对犯罪的两种基本立场，这同时构成

---

〔1〕　［美］哈伯特·L. 帕克：《刑事制裁的界限》，梁根林等译，法律出版社 2008 年版，第 7 页。

了犯罪治理的两个基本向度。

此外，按照治理理念的基本要求，治理所依赖的制度必须是多元化的，既要有法律等正式制度，也要有习惯等非正式制度。正式制度主要指国家法律，法律具有鲜明的规范性特征，并以强制力作为实施的保障，且往往是成文化的。非正式制度的内容则相对宽泛，按照奥地利法社会学家埃利希的观点，行为规范不只有国家法律，在国家创制法之外，还存在着"活法"。所谓"活法并不限于对法院适用的、供判决之用的规范，"它是一种在日常生活中为各社会团体成员所能认同并遵守的社会秩序，诸如习惯、风俗、纪律等能够对人的行为产生约束效果的规范都属于"活法"的范畴。[1] 这里以习惯、风俗、纪律等为表征的"活法"就是典型的非正式制度。犯罪治理遵循着治理理念的基本要求，因此在犯罪治理过程中同样存在着正式制度与非正式制度。犯罪治理中的正式制度以刑法典为典型代表，刑法是以规定犯罪与刑罚为内容的部门法，在法典内不仅对各类犯罪形态、认定标准作出了规范性的界定，同时配置了不同的法定刑，作为犯罪的法律后果；犯罪治理中的非正式制度主要包括各类职业道德规范、商业习惯等。由此可知，犯罪治理体系的构成必须是正式制度与非正式制度的综合体，同时必须保持着惩罚与预防两个基本向度。进言之，犯罪治理体系可以分为惩罚治理体系与预防治理体系，而这一治理体系又由正式制度与非正式制度所组成。需要强调的是，现代法治国家基本上统一了对犯罪的惩罚权，禁止私力报复，因此惩罚治理体系主要是一种正式制度，而预防手段由于其多样化和柔性化特征，可以同时包含正式制度与非正式制度。

医疗卫生犯罪的治理体系与犯罪治理体系的原理一致，同样是由惩罚性治理体系与预防性治理体系所组成的。在我国的医疗卫生犯罪治理体系中，惩罚性治理体系主要是以刑法典为归依展开的，主要包括《刑法》分则中对业务型、职务型、暴力型和经营型医疗卫生犯罪等医疗卫生犯罪的刑事制裁规范；医疗卫生犯罪的预防性治理体系的内容则相对开放和广泛，其正式制度既有《刑法》总则中的禁止令与职业禁止令等刑事预防制裁措施，也包括有职业道德建设、普法教育等刑法典之外的预防性治理措施。

---

〔1〕 参见［奥］尤根·埃利希：《法律社会学基本原理》，叶名怡、袁震译，中国社会科学出版社2009年版，第375页。

（二）医疗卫生犯罪的惩罚性治理体系

惩罚性治理体系是以刑事法律为根据建立的，因此医疗卫生犯罪的惩罚性治理应当通过追究刑事责任的方式来实现，以体现国家对医疗卫生犯罪的刑事否定性评价。医疗卫生犯罪刑事责任的追究依赖于刑法立法的科学性、刑法适用的合理性以及刑事追诉的有效性。

第一，坚持刑法立法的科学性。刑法典是医疗卫生犯罪惩罚治理的最有力保障，我国《刑法》不仅规定了不同类型医疗卫生犯罪的罪状和构成要件，同时还对相应的刑罚后果作出了规定，可以说《刑法》是医疗卫生犯罪惩罚性后果的根本依据。为此，科学的刑法立法就显得尤为必要。一方面，应当在积极刑法观的立场下，坚持适度的犯罪化。为了应对新型医疗卫生犯罪，近年来我国不断通过刑法修正案的立法方式，扩张刑法的打击范围。例如，2015 年通过的《刑法修正案（九）》对妨害社会管理秩序罪进行了修正，将医闹行为入刑，为暴力型医疗卫生犯罪的治理提供了依据。2020 年通过的《刑法修正案（十一）》将非法基因编辑等行为予以犯罪化，便是对基因编辑婴儿事件作出的立法反映。适度的犯罪化能够使医疗卫生犯罪的治理有法可依，并使其治理方式更加规范化。另一方面，刑法的立法应注意进一步完善既有医疗卫生犯罪的规定，使其进一步合乎"良法善治"的法治要求。2020 年妨害传染病防治罪被重新激活，但同时也暴露出该罪在应对这一时期涉疫情犯罪的短板。为此，《刑法修正案（十一）》根据疫情所反映出的问题，结合《传染病防治法》的规定，进一步完善了妨害传染病防治罪的构成要件。需要指出的是，医疗卫生犯罪的刑法立法完善是一个长期工作，不可能一蹴而就。因此必须及时根据社会发展的需求，适时对医疗卫生犯罪的罪状与刑罚后果进行调整、修改与完善。

第二，坚持刑法适用的合理性。在医疗卫生犯罪的惩罚性治理过程中，刑法适用的尺度决定着犯罪治理的效果。一般来说，医疗卫生犯罪的刑法适用始终受到法益保护机能与人权保障机能的制约，而两大机能的平衡是刑法适用合理性的内在逻辑。刑法的法益保护机能，侧重于避免刑法所保护的法益受到犯罪行为的侵犯和威胁，倾向于刑罚权的发动，以惩罚犯罪为目的；而人权保障机能侧重于保障无辜者免遭刑罚的不当干预，强调对刑罚权的克制，以维护自由为取向。可见，法益保护与人权保障是一种对立的司法适用向度，"刑法之保护功能与保障功能，互为消长。当刑法愈扩大保护之利益、价值之范围时，将会相对地愈缩小保障功能之范围。亦即保护功能愈强，保障功能将愈弱；反之，保障功能愈强，则保护功能将愈弱。"〔1〕 两种机能价值位阶的排序，绝不能以预设立场的方式，从抽象的学说理论中寻找答案，而是应当结合刑法适用时的社会形势和背景来做选择。因此在医疗卫生犯罪的刑法适用过程中，必须根据具体案情，具体需求做出选择，以实现医疗卫生犯罪惩罚性治理的最大效果。

第三，刑事追诉的有效性。大多数医疗卫生犯罪属于公诉案件的范畴，这表明医疗卫生犯罪的惩罚性治理是一个由司法机关适用刑法的过程。这一动态过程表明，医疗卫生犯罪惩罚性治理效果的实现离不开刑事追诉有效的要求。在某一时期里，医生收受患者"红包"、收受医药代表"回扣"等行为常常引起社会公众的关注，甚至被称为医药领域的"潜规则"。这一现象的背后实际上是司法机关对职务型医疗卫生犯罪追诉机制的失灵。刑事追诉机制失灵的现象在其他类型的医疗卫生犯罪领域也或多或少地出现过。通常来说，刑事追诉的过程分为立案侦查、起诉与审判三个阶段。尽管三个阶段性质不同，主体不同，但刑事追诉的有效性对其提出的共性化要求在于，必须严格依照《中华人民共和国刑事诉讼法》（以下简称《刑事诉讼法》）的要求启动、运行刑事诉讼程序，不能因法律之外的因素而放弃使用刑事追诉手段，使犯罪人逍遥法外。具体来说，在发现医疗卫生犯罪线索时，侦查机关应当依法启动立案侦查程序，并及时移交起诉审查；公诉机关对案件应依法起诉，不得滥用不起诉制度；审判机关则依据《刑法》第3条有罪必罚原则之规定，依法定罪处罚。

（三）医疗卫生犯罪的预防性治理体系

刑罚是惩治医疗卫生犯罪最有力的手段，但也是最后的手段。当刑罚被动用时，犯罪行为所产生的法益侵害后果已经产生了，因此理想的犯罪治理目标是尽量减少犯罪行为的发生，避免犯罪后果的发生。这就要求在医疗卫生犯罪治理过程中，应当重视预防性治理措施，善于运用政治的、经济的、社会的以及法律等多个维度的预防性治理手段，并使之相互协调，形成科学、合理的预防性治理体系。

---

〔1〕 陈子平：《刑法总论》，元照出版有限公司2017年版，第10页。

1. 医疗卫生犯罪的预防性治理体系的内容是多元化的

医疗卫生犯罪是由业务型、职务型、暴力型和经营型等四种具体医疗卫生犯罪所构成的犯罪类型，犯罪样态的多样性决定了对医疗卫生犯罪的预防性治理措施也必须是多元化的。只有通过统筹协调不同预防性治理措施，使作用力得到最大限度的发挥，才能有效实现医疗卫生犯罪的预防。首先，要积极稳妥地推进医疗改革，建立完整的医疗卫生犯罪预防体系。要充分发挥政策引导在医疗卫生犯罪预防性治理过程中的作用，及时修正预防性治理措施的缺陷，补足短板，建立符合医疗卫生犯罪一般规律的预防性治理体系。其次，要处理好正式的预防性治理措施与非正式的预防性治理措施的关系。医疗卫生犯罪的正式的预防性治理措施主要体现在刑法、医疗行政法中规定的一系列预防性措施；非正式的预防性治理措施则主要表现为职业道德建设、普法教育宣传等方式。两种治理措施在表现形式、规范性程度上具有明显的差异性，要积极实现两种预防性治理措施的功能互补，扬长避短，使其共同作用于医疗卫生犯罪的预防目标。最后，完善医疗卫生犯罪预防的立法体系，协调好现行法律中不同预防性治理措施的关系。在我国医疗卫生行政法与刑法中都规定有一些预防性制裁措施，对从事特定医疗卫生职业设定了相应的禁止性规范。例如，《医师法》第 16 条第 1 款规定了不予注册执业医师的 5 种具体情形；《刑法》第 37 条之一也规定了职业禁止令制度。职业禁止性规定对防范医疗卫生犯罪具有较强的针对性与可行性，因此应注意协调这类预防性治理措施的关系，实现其制度、功能的衔接。

2. 推动不同主体积极参与医疗卫生犯罪的治理

医疗卫生犯罪的特征决定了，仅仅依靠国家对其进行预防性治理显然是不够的，必须形成多元主体的预防性治理模式，让国家、社会与公众共同参与到医疗卫生犯罪预防性治理的过程中，建立综合性的犯罪治理模式。在这种模式下，国家不是唯一的主体，非国家的社会力量加入治理主体中，可见参与犯罪综合治理的主体需要公共机构和私人机构的积极合作，相互补充和支持，发挥不同的作用。[1] 具体来说，医疗卫生犯罪的综合性治理必须注意以下两点：其一，充分发挥国家主体在医疗卫生犯罪预防性治理中的主导作用。医疗卫生犯罪的预防性

---

[1] 参见卢建平主编：《中国犯罪治理研究报告》，清华大学出版社 2015 年版，第 205 页。

治理需要多元主体的参与，在这些主体中，国家必须发挥好主导性的作用。国家在医疗卫生犯罪预防性治理中应当统筹各方主体的行为，制定医疗卫生犯罪的预防性政策，稳妥推动科学立法，使预防性措施更加规范化，保障医疗卫生犯罪的预防治理体系在法治轨道上运行。其二，调动社会与公众参与医疗卫生犯罪治理的积极性。医疗卫生犯罪的预防性治理措施不可能仅仅依靠国家推行，社会与公众有着不可替代的作用。例如执业医师协会、药品与医疗器械行业协会都可以制定相应的规章制度，以约束其行为，共同筑就医疗卫生犯罪的防线。同时，在医疗卫生犯罪的普法宣传过程中，社会公众不仅是普法的对象也是普法的主体，在学习相关法律知识的同时，要鼓励其加入普法宣传的队伍中，为医疗卫生犯罪的治理贡献力量。

▶ **第二章**

域外医疗卫生犯罪治理的考察与借鉴

一、域外医疗卫生犯罪刑事治理之考察

（一）域外医疗卫生犯罪刑事治理的立法考察

1. 对整体立法模式的考察

在医疗卫生犯罪方面，大陆法系的立法历史较长，以德国为例，早在19世纪末期，以阿图尔·考夫曼（Adolf·Kaufmann）的《现代医学与刑法》为首的一批著作争先问世，开拓了医疗卫生犯罪领域研究的先河。如今，经过漫长与不懈的探究，德国已然步入对新型医疗卫生犯罪领域（如安乐死）进行研究的阶段，突破了传统型医疗卫生犯罪的界限。

在整体的立法模式选择上，相当一部分的大陆法系的国家并未选择在其刑法中明确且直接地对医疗卫生犯罪中的过失犯罪进行规定，而是采取将该部分直接融入大范围统一规定的立法模式。譬如德国，在医疗卫生过失犯罪上，德国《刑法典》没有规定单独的医疗过失犯罪，而是将刑法典中所有的过失犯罪进行了统一规定，将医疗过失犯罪的规定涵盖其中；同样的，日本《刑法典》将医疗过失犯罪融入"业务过失犯罪"的规定之中："在业务方面，未尽到必要的注意义务而致使他人死亡或因重大过失造成死亡的，处五年以下拘役、监禁或五十万元以下罚款。"[1]

在大陆法系中，无法找到如医疗事故罪等医疗卫生过失犯罪的单独规定，但除此以外的医疗卫生故意犯罪，许多国家仍然作了必要的单独规定，如日本《器官移植法》与法国《新刑法典》将器官移植犯罪进行单独规定；韩国《关于取缔保健犯罪的特别处置法》、日本《医师法》将非法行医罪进行单独规定等。

---

[1]《日本刑法典》，张明楷译，法律出版社2006年版，第1页。

英美法系国家在医疗卫生犯罪上的立法上与大陆法系有很大差异，这是由其不同的立法传统所决定的。在英美法系的医疗卫生犯罪研究上，呈现着以"医疗过失""医疗不当行为"为主要研究对象的状态，以此出现一批如《医疗过误法》等与之相关的著作。在美国，对医疗卫生犯罪的研究主要集中在民事责任方面，而非刑事责任。美国的《模范刑法典》[1] 没有将医疗过失致人伤亡的行为单独规定为一个罪名，而是可以通过其他法条处理此类行为；《模范刑法典》第210 节把杀人罪分为三类，分别为谋杀、非预谋杀人与疏忽杀人，其中，第210.4 条规定了疏忽杀人："疏忽致人死亡的杀人罪，构成疏忽杀人。疏忽杀人属于三级重罪。"[2] 即该条文认为疏忽杀人应当适用刑事制裁，而该情形的适用并没有排除医务人员在医疗过程中因疏忽致人死亡或身体伤害的情况，可以确定，美国《模范刑法典》中所规定的疏忽杀人情况，将医护人员因疏忽致人死伤的情节纳入其中。在英国，也没有明确规定医疗过失犯罪的法规，而是同美国一般，将其纳入其他法条统一规定。

除此之外，许多医疗卫生故意犯罪仍被明确规定，如美国《国家器官移植法》、英国《人体器官移植法案》。值得注意的是，英国的《人体器官移植法案》把帮助人体器官商业化与非法披露器官移植的信息等一系列行为纳入器官移植犯罪的范畴。

2. 对犯罪主体的考察

在大陆法系，法人可被作为医疗卫生犯罪中的犯罪主体之一，但仅限于两个国家，分别为：韩国和法国。韩国《关于取缔保健犯罪的特别处置法》第6 条，把法人纳入了非法行医犯罪主体范围之中，以及法国《新刑法典》第222-21 条医疗事故罪中规定法人可构成该犯罪。除这两个国家之外的其他大陆法系的国家，则在法人是否可以成为医疗卫生犯罪的犯罪主体的问题上持不明确的态度，无法进行追责。

实际上，大陆法系深受罗马法中"社团不能构成犯罪"原则的影响，该原

---

〔1〕 美国 50 个州和联邦政府均有各自的刑法典，每一部与其他皆不相同。但是，2/3 的刑法典都以美国法学会（American Law Institute）的《模范刑法典》（*Model Penal Code*）为蓝本——当然在程度上有所差别。保罗·H. 罗宾逊等：《美国模范刑法典导论》，载《时代法学》2006 年第 2 期。

〔2〕 美国法学会编：《美国模范刑法典及其评注》，刘仁文、王祎等译，法律出版社 2005 年版，第126 页。

则认为法人没有肉体，没有犯罪故意，更不可能被监禁。[1] 譬如德国与日本受到了该原则的影响，但又明白实践当中应当对法人的危害行为进行规制，所以没有在刑法典中明确规定法人犯罪，却在各自的行政法规中作了规定以弥补漏洞；法国则承认法人能够构成犯罪，在刑法总则中对法人犯罪规定惩处原则，在刑法分则中规定法人犯罪的具体处罚措施，但又没有如英美法系国家的法律规定一般，把法人视作"人"，这一点与我国的法律规定较为相似。

而英国、美国是否将法人列入医疗卫生犯罪的犯罪主体之一？答案是肯定的。英美法系国家通常认为，法人是社会的重要组成部分，有意识地参与相应的社会活动且显示其独立性，如果法定代表人以法人名义去实施一些行动，便可被视作法人行为。所以，英美法系国家通常认为法人需作为犯罪主体，且很早便颁布追究法人刑事责任的相关法律。在英国与美国，他们将法人认定为法律中的"人"，所以，一般而言，犯罪皆可由法人实施，绝大部分刑法规范皆能对法人追究相应的刑事责任，除了以下两种例外情况：其一，根本性质上仅能由自然人实施的犯罪；其二，刑罚仅为自由刑的犯罪。显然，医疗卫生犯罪并不属于这两种例外情况中的任何一个，也就是说，英美法系国家认为除却自然人，法人也是医疗卫生犯罪的犯罪主体。

（二）域外医疗卫生犯罪刑事治理的司法考察

1. 对域外刑事医学鉴定制度的考察

涉及医疗卫生犯罪时，特别是如医疗事故罪之类过失犯罪，都离不开必要的刑事医学鉴定。刑事医学鉴定，即对已进展到刑事程序的医疗案件，为确定涉案的医务人员是否需承担刑事责任而由公诉机关对司法鉴定机构或第三人进行委托，从而开展涉案人员是否存在医疗过失的鉴定。所以，鉴定的本质就是使用医学手段对诊疗流程是否存在医疗过失进行认定。

英美法系国家的刑事医学鉴定过程中，蕴含的证人属性非常明显，鉴定人在这场官司中的角色能够与专家证人画等号，与普通证人的地位基本一样，但鉴定者的证言必须足够专业，这是普通证人所无法给予的。普通证人仅将所接触到的客观情况如实告知即可，而鉴定者需要运用丰富的专业知识与严谨的逻辑思维得

---

[1]　赵秉志主编：《单位犯罪比较研究》，法律出版社 2004 年版，第 46 页。

到一种倾向性的结果，为审理该案的司法人员提供可靠的推断。在美国，先行调解、优先审核是很多案件诉讼前的必经之路，所以很多地区都设置了由各类专家组成的调解组、审核组，在针对医疗犯罪特别是医疗过失犯罪时，也会先由专家组进行调解与审核，譬如审核到底是否成立医疗事故鉴定等。

至于大陆法系，担当证人角色的鉴定人在法官审判之初便已存在，与英美法系不同，他们不是被认定为证人，而是属于审判人员的协助人员。在德国，一些地区专门成立了诊疗案件审查组，专门承担刑事与民事诊断案件的认定。在日本，也专门设有医疗事故鉴定审核组与医疗过失认定组等，这些组织进行自我管理，且间接受理法院的有关委托。

2. 对域外违反医务人员注意义务判断标准的考察

医疗过失犯罪中，"严重不负责任""违反注意义务"的司法认定相当重要。在英美法系国家，如何判定医务人员违反注意义务皆是从判例中归纳出来的，大致可以总结为三点：其一，一名普通医生不需拥有本领域最强的专业技能，保持正常的水平即可；其二，在采取一些医疗措施前难免会存在不同的诊疗意见与见解，如果一名医生选择的措施符合所有其他医生所认可的诊疗方法的其中之一，则该措施便不属于违反注意义务，如果一名医生选择的措施被部分医生同意或被业内部分权威医疗专家认可，也不宜认定其违反了注意义务；其三，如果一名医生的诊疗措施被其他医生接受，也不能绝对肯定该医生没有违反注意义务，法官可能会视情况介入并进行审查，如该法官认为该医生的诊疗措施仍然可能违反了注意义务，那么该医生也同样存在被鉴定为过失的风险。

在大陆法系，日本的"医疗水准说"是判断医务人员是否违反了注意义务的标准，大致分为"普及说""相对说"与"质疑说"三个发展阶段。"普及说"的代表是"松苍说"，该学说认为医学水平应当分成"理论上的水平"与"实际诊疗中的水平"，[1]认为理论上的诊疗水平经过推敲承认后才会演变为实际诊疗中的水平再由医生的不断实践才成为实际技能。"相对说"的代表是"稻垣说"，该学说认为，无论法律如何规定，医务人员的操作水平皆是判断其是否

---

〔1〕 Deborah J. Ward, "Attitudes towards the Infection Prevention and Control Nurse, an interview study", *Journal of Nursing Management*, Vol. 2012, No. 20.

尽到注意义务的重要因素。[1] "质疑说"的代表是"拢井说",其认为论述普遍性诊疗规范的意义并不大,因为衡量是否违反注意义务的平均医疗水准会随着社会环境的发展而不断变化,如果医界整体在新环境变化后都处于怠于吸收新技术、新知识的阶段,那么只因为该技术还没有被医学界普遍接纳这一个理由,便可以使该怠慢行为被正当化。

德国法律认为,不可推卸的注意义务在医疗过失案件中需按"诊断理论标准"进行认定,所谓"诊断理论标准",即为达到诊疗效果与目的而必须具备的并成功通过实践检验的以及医生自身总结的技能知识。"诊断理论标准"规定的诊断措施是随机的普通医生根据要求都可以进行的措施。

(三) 域外医疗卫生犯罪刑事治理的量刑考察

1. 域外国家罚金刑适用更为灵活

域外国家罚金刑的适用非常普遍,在医疗卫生犯罪的量刑方面亦是如此。例如,日本《器官移植法》第 20 条规定:"为获利而非法为他人实施器官移植罪,可以分处或者并处 5 年以下徒刑 500 万日元以下的罚金;而对法人犯罪的,除处罚行为人以外,对法人还要科处各条例规定的罚金刑";法国《新刑法典》第 511-3 条规定,未经器官捐赠人的同意,摘取活体器官处 7 年监禁并处 100 000 欧元罚金,违反规定摘取未成年人及受法定保护成年人器官的,判处相同处罚。而在医疗过失犯罪上,亦启用了对罚金刑的适用。如法国的医疗事故罪,法律规定因疏忽、轻率等致使他人完全丧失工作能力超 3 个月的,处 2 年监禁并科处 20 万法郎罚金。此外,英美法系国家对于构成医疗犯罪的医疗机构,会采用罚金的形式对其进行处罚,以弥补对其无法如自然人一般判处自由刑的漏洞。综上,可看出域外国家对于罚金刑的适用已相当细致且成熟。

2. 域外国家的资格刑更为丰富

资格刑即"能力刑",剥夺犯罪者法律所赋予的一定权利,以此来达到惩戒目的,为附加刑的其中一种。在国外,资格刑的种类非常之多,譬如禁止驾驶、禁止营业、剥夺从业资格、禁止担任监护人和剥夺出版自由等。如德国,就有

---

[1] Miyaji Makoto, "Comparisonof the literature on medical accidents from medicaldatabase and articles in daily newspapers in Japan", *Nihon Koshu Eisei Zasshi*, Vol. 2013, No. 50.

"剥夺驾驶许可"与"职业禁止"两项资格刑[1]。法国《新刑法典》亦有规定："当处监禁刑之轻罪，得宣告一项或数项剥夺权利或限制权利之刑罚"，其中包括"吊销驾驶执照，禁止从事一定的职业或社会性活动"。[2] 由此项规定可知，医疗卫生过失犯罪为轻罪，当必要时，可在判处监禁刑的基础上同时宣告剥夺犯罪的医务人员的从业资格。在预防犯罪上，可令医务人员更加注重自身责任与义务，起到警示、约束作用，减少因疏忽、轻率所造成的不可挽回的医疗卫生犯罪；在惩罚犯罪上，剥夺犯罪人医师从业资格已是非常严厉的措施，也避免了该犯罪人今后再犯。此外，英美法系国家也会对犯罪的医疗机构处以资格刑的惩罚，如解散与限制从业活动。

3. 域外国家对医疗机构的追责较为成熟

鉴于英美法系的刑法典明确认定，刑法中的"人"包括自然人与法人，这样的规定简单明了，意味着只要医疗机构实施了医疗犯罪，便自然而然对其依据刑法法条进行追责即可，能够很好地打击医疗机构犯罪。上文提到，域外一些国家在打击医疗机构犯罪时，会采用罚金刑与资格刑的方式，除此之外，缓刑也是其惩戒医疗机构的惯用方式之一。如美国与法国规定，对犯罪的法人判处刑罚金，可能会使法人资金的减少，阻碍经济发展。所以，由于刑罚金有时会带来负面后果，在实施时会依据该法人的犯罪情节作出缓刑的决定，在缓刑期间，法人必须完成所需的赔偿等，如该法人违反了缓刑条件，司法机关可依据当下情况延长缓刑期限，或者撤销缓刑，或者重新判决。

二、域外医疗卫生犯罪刑事治理之借鉴

(一) 域外医疗卫生犯罪刑事治理的立法借鉴

1. 考虑医疗卫生过失犯罪的法条规定精简化

我国医疗卫生犯罪的刑事立法与域外有着明显差别，其中最明显的，当属对医疗过失犯罪的立法模式。如上文所述，无论大陆法系还是英美法系，大部分国家皆把医疗卫生过失犯罪纳入了业务过失犯罪的范畴，来替代制定该方面的特别法条法规。而我国将之规定为医疗事故罪，选择单独立法模式的道路。该选择在

---

〔1〕 参见《德国刑法典》，徐久生译，北京大学出版社 2019 年版，第 17~18 页。
〔2〕 参见《法国新刑法典》，罗结珍译，中国法制出版社 2003 年版，第 13~14 页。

一定程度上体现了我国的鲜明立法特色与细密化的立法指导思想，但究竟是否必要，仍值得商榷。针对业务过失行为进行一般法的规定，不仅能够对所有业务过失犯罪起到统一且广泛的制约作用，而且将法条法规进行适度的精简化，避免出现繁复局面，增强了立法层面的精确度与可操作性，减少了医疗事故罪的适用难度。因此，在医疗卫生过失犯罪的立法方向上，我国可以适度借鉴域外的一般立法模式。对于这一点，黄京平教授也认为，"对这种医患领域的犯罪单独立法是否完全妥当，恐怕需要进一步商榷。如果对每一特定业务领域的过失犯罪进行立法，恐怕立法将繁不胜繁，一部刑法典不能承载如此多的罪名。因此，完全可以用一个业务过失致人死亡的罪名加以囊括，没有必要单列罪名。"[1]

2. 将医疗机构纳入医疗犯罪的犯罪主体中

通过对前文域外医疗犯罪主体范围的考察，在确认可行性与必要性的基础之上，可适当借鉴域外，特别是英美法系的做法，把医疗机构设置为医疗卫生犯罪的犯罪主体之一，与自然人处在同一位置。基于此，我国刑法可出于预防与惩戒犯罪医疗机构的必要性，对一些医疗犯罪的条文作出补充与修改。譬如，当医疗机构或者医疗机构负责人故意非法摘除、买卖、移植人体器官时，或因疏忽过失而导致严重医疗事故时，应对该医疗机构以组织出卖人体器官罪、医疗事故罪等罪名予以处罚。只有将医疗机构设置为医疗犯罪的主体，才能进一步确保我国司法机关在惩治医疗机构实行医疗卫生犯罪的实践当中有法可依，加强对我国公共卫生秩序的保护，确保我国公民的人身健康不受医疗犯罪的威胁。

（二）域外医疗卫生犯罪刑事治理的司法借鉴

1. 完善我国刑事医学鉴定制度

不论是英美法系的医疗鉴定，还是大陆法系的医疗鉴定，医务人员都存在被追究刑事责任的可能，不会被豁免。分开来看，英美法系的鉴定者作为专家证人，其资质要求较低，而陪审团的地位相当重要，决定着该案的审判结果，所以鉴定者在庭审中的表现又显得尤为重要；而大陆法系对刑事医学认定的主体设定了较高的要求，但最终的刑事医学鉴定意见是否有说服力，几乎是由法官来决定，而绝大部分不具备医学专业知识储备的法官又会反过来依赖鉴定意见。所

---

〔1〕 黄京平主编：《危害公共卫生犯罪比较研究》，法律出版社 2004 年版，第 225 页。

以，借鉴域外两大法系的有关制度还需合理并适度。目前我国医学鉴定主要有两种方式：由各级医学会组成的认定，即医疗事故鉴定认定，以及由司法机关组织的医疗过失因果关系认定，即司法认定。这两种认定机制并存可能会引起重复性鉴定，甚至导致医疗鉴定结果冲突。我国的医疗事故鉴定可坚持在全国各级医学会下组成相应的医疗事故鉴定委员会，逐层划分，以建立全国一致的医疗事故鉴定认定机制。

2. 完善我国医务人员是否存在过失的评判依据

通过上述内容可知，英美两国对于医生的谨慎责任判断标准为：首先是任何一个资质普通的医生都会具备的；其次是该医生的诊疗措施是其他医生提出或可以同意的措施之一，即认为该医生履行了注意义务，是无过失行为的。日本判断医生是否履行谨慎责任的理论则随着环境与时间的变化而变化；德国则认为该诊疗如果符合正常的医疗标准，即所在地的多数医师已把该诊疗方案用于临床实践且相应设备已经普及。综上，由于每个国家的历史发展、环境、经济特点等的不同，使他们对医生违反注意义务的理论内涵也有所不同，但却仍可找到其中的一致之处：在保护病人权利、推动理论发展、明晰诊疗措施差别性的基础上，确定了富有弹性的判断依据来确定医疗过失。因此，我国亦可制定相较灵活的评判依据，结合每宗案例具体情况的不同对涉案医生是否违背注意义务成立过失进行认定。

（三）域外医疗卫生犯罪刑事治理的量刑借鉴

1. 考虑增设罚金刑并明确处罚幅度

与其他国家相比，我国医疗卫生犯罪在法定刑层面的规定较笼统，目前为止，对医疗卫生犯罪所制定的刑罚皆主要以自由刑为主，这与他国或与如今世界刑罚发展的趋势不同，而借鉴世界其他国家的做法、适度丰富附加刑的种类以运用至医疗卫生犯罪乃至其他犯罪领域，来完善我国的刑罚制度，是非常有意义的。如上所述，许多国家在为过失犯罪设置的刑罚方式中都设有罚金刑，这对我国有一定的借鉴意义。罚金刑即强制犯罪者缴纳规定数额财产的刑罚方法，虽然我国在非法行医等包含故意的医疗卫生犯罪中设有罚金刑，但如医疗事故罪的过失医疗犯罪并没有采用罚金刑的方式。一般而言，过失犯罪属于轻罪，决定了其刑罚配置大多为短期自由刑，罚金刑的加入使得这两种不同种类的刑罚方法做到互补，这亦是这些国家如此进行设置的目的与原因。我国的医疗事故罪，医务人员严重过失是发生该罪的根本原因，民事赔偿方面的责任，由医疗机构承担，刑事方面的责任也应考虑对构成犯罪的医务人员处以罚金刑，来发挥警示与教育的作用。综上，可在《刑法》第335条中增设"可以并处或者单处罚金"等内容，此外，还应对罚金的处罚幅度作进一步细致的规定。我国的刑罚条文里不限额罚金的规定内容较多，可能使法官的自由裁量权不合理地变大，不符合罪刑法定原则，可参考他国的有关规定，进一步明确罚金数额与处罚幅度。

2. 考虑增设资格刑

资格刑的增设，能够与罚金刑相呼应，更加全面地完善医疗犯罪方面的刑罚设定。不过，我国刑法中规定的资格刑仅指剥夺政治权利，那么是否可以考虑借鉴法国、德国等国家的做法，增设"剥夺从业资格"的资格刑呢？一来，虽然在我国《医疗事故处理条例》以及其他行政法规与规章中对剥夺有关资格有所规定，但那终究无法与刑罚画等号，所以可以考虑扩大我国资格刑种类；二来，按照社会大众的观点，医师在社会中承担极其重要的任务与责任，其义务高于一般人，如犯罪者被认定确实不宜再担当医师，那么剥夺其从业资格具有合理性，也为大众所接受。综上，可以考虑借鉴法国、美国等国的做法，在《刑法》第335条中增设"剥夺从业资格"等内容。

3. 构建医疗犯罪单位缓刑制度

我国可借鉴美国与法国的做法，在将医疗机构列为犯罪主体的基础上，增设医疗机构缓刑制度。当下，我国的缓刑制度只适用于自然人，但在适当条件下，可考虑在对医疗机构判处罚金刑或者资格刑的同时判处缓刑。上文提到，对医疗机构判处罚金刑可能会使个人看病费用的增加，对民众产生不利影响或影响国家经济的发展，所以可设立单位缓刑制度。如果该医疗机构的犯罪情节较轻，满足缓刑的条件，即可作出缓刑决定，这样既保障了民众的相应权利不受损害，也达到了惩治医疗机构的效果。具体来讲，可对医疗机构的主要负责人及管理人实施社区矫正，让其参加教育活动与社区服务，以便增强法治意识与悔罪意识。司法行政机关进行相应的监督与指导工作，并定期对医疗机构进行考核，若缓刑期间医疗机构违反相应规定，司法机关可根据情况决定延长或撤销缓刑。

4. 节制非法行医罪的量刑幅度

我国《刑法》第336条第1款规定："未取得医生执业资格的人非法行医，

情节严重的，处三年以下有期徒刑、拘役或者管制，并处或者单处罚金；严重损害就诊人身体健康的，处三年以上十年以下有期徒刑，并处罚金；造成就诊人死亡的，处十年以上有期徒刑，并处罚金。"由此可见，我国非法行医罪相较其他国家的规定而言更为细致，但也较为严苛。一来，非法行医罪不同于医疗事故罪，其罪过形式并非纯粹的过失，而是过失与故意并存；二来，非法行医罪的社会危害性确实更强，有必要制定更为严厉的刑罚措施。然而，该罪的罪过形式毕竟包含过失，该罪在犯罪客观方面的规定较为笼统，"严重损害就诊人身体健康""情节严重"等规定较模糊，可能会引起较大的争论，在量刑幅度的选择上无法进行相对精准的判断。所以，即使无法将刑罚降至其他国家的标准，也应相应地节制非法行医罪的量刑幅度，与其他医疗卫生犯罪达成平衡。

三、域外医疗卫生犯罪预防性治理之考察

根据国际医疗安全协会（IAHSS）2022 年的调查数据表明，包括谋杀、强奸、抢劫和严重袭击在内的医院暴力犯罪率在 2021 年增加到创纪录的每 100 张病床发生 2.5 起事件，与 2020 年的比率相比增加了 47%。[1] 可见，医疗暴力行为已经成为国际社会共同面临的课题，美国在 21 世纪初就对医疗暴力行为的预防展开了有益的探索，日本从 21 世纪初开始逐步注重法律对于医疗领域伤害案件的干预。

（一）美国

1. 医疗保健犯罪

根据美国州立法律从业者的统计，目前联邦医疗保健领域犯罪率最高的三种医疗保健犯罪分别为计费与保险欺诈、滥用处方药物以及收取回扣。[2] 计费与保险欺诈主要包括以下行为：①欺诈医疗福利项目；②以虚假的借口、陈述或承诺，非法获取医疗福利计划下所涵盖的理赔金或财产。这些类型的案例通常涉及超额计费、未提供服务的计费、不合理的计费，不合理的服务费率、个人回扣和

---

〔1〕 "Hospital Violent Crime Increased 47% Last Year, *https：//www.campussafetymagazine.com/news/hospital-violent-crime-increased-47-last-year/*", last visited May 19, 2022.

〔2〕 "Health Care Crimes-Facing Criminal Charges For Health Care Crimes", *https：//www.helpingclients.com/health-care-crimes/*, last visited January 5, 2024.

不必要的治疗。此外，这些计费与保险欺诈案件经常与涉及医疗保险和医疗补助计划的欺诈有关。滥用处方药物是指具有处方权的人员非法开具处方药物牟利，主要涉及违反《联邦毒品法》，犯此罪将面临与"毒贩"相同的惩罚。收取回扣则是指医疗单位工作人员利用职务之便索取或非法收受财产或财产性利益。美国联邦《反回扣法》规定对于一般由政府先行进行调查的反回扣案件需要具备四个构成要件才能成立：①存在财产及财产性利益；②有支付、索取以及交换等行为；③被告的行为是故意的；④用于联邦医疗保健福利的转移支付或以此为交换。除此之外，医疗卫生案件还包括过度医疗、侵犯病人隐私等犯罪，需要注意的是侵犯病人隐私并不包括故意泄露病人隐私，后者将触犯刑事法律，而前者主要涉及违反《健康保险流通与责任法》（HIPAA）。

一般来说，对于医疗保健案件，联邦机构将依据公众、医疗机构工作人员，以及政府机构的投诉启动关于医疗保健案件的事实调查。此调查分为初步调查、非正式或正式调查等手段，必要时将涉及司法部长办公室，与美国助理检察官（AUSA）合作，通过搜查令、发布大陪审团传票进行调查。经过事实认定的医疗保健案件，涉及案件的医疗工作人员将被排除在联邦医疗保健计划之外，[1] 并受到监禁、罚款的处罚，举报人也可以代表联邦政府提起诉讼对涉案人员进行定罪处罚。其中，由监察长办公室决定将涉案人员及医疗机构排除在医疗保健计划之外，这作为一种管理机制较诉讼来说，程序更为简化、举证标准也较低，因此监察长办公室（OIG）只能依据其所查证的事实做出惩罚决定。不过，监察长办公室被明确授权可排除任何有可能承担刑事责任或承担罚款处罚的个人，这意味着可能被排除在外的医疗专业人员的范围很宽，并且被排除在外的事实很有可能终结涉案医疗人员的职业生涯。1997 年，就有超过 2700 名个人和医疗机构被排除在政府医疗保健计划之外。以计费与保险欺诈犯罪为例，FBI 是调查联邦和私人保险计划医疗保健欺诈的主要机构，FBI 将根据案件情况与联邦、州和地方机构，医疗保健欺诈预防机构，全国医保反诈骗协会、全国保险犯罪局、保险侦查单位等保险团体合作。1996 年，美国国会通过了《健康保险流通与责任法》，该

---

〔1〕 "42 U. S. Code § 1320a‑7‑Exclusion of certain individuals and entities from participation in Medicare and State health care programs", *https：//www. law. cornell. edu/uscode/text/*42/1320a‑7, last visited January 5, 2024.

法案通过赋予联邦机构明确授权调查涉及医疗保健相关的潜在欺诈行为，即使该医疗保健是通过私人付款提供的，同时该法案包含强制性报告和信息共享规定，还允许政府机构报销调查和起诉医疗保健欺诈的费用。除了故意或故意欺诈医疗保健福利计划，或以任何虚假或欺诈手段获取任何医疗保健计划拥有或保管和控制的任何金钱或财产，将被处以监禁和罚款外[1]，任何明知而伪造或隐瞒重要事实，或在提供或支付医疗保健福利时做出重大虚假、虚构或欺诈性陈述，执业者都将面临监禁和罚款。[2] 与医疗保健有关的盗窃或挪用公款是联邦刑事犯罪[3]。妨碍医疗保健犯罪的刑事调查也作为独立罪名，可能被处以监禁和罚款的惩罚[4]。此外，医疗保健行为还受州法律和行业规范的约束，如内华达州法律规定，禁止对医生提供的并非实际提供的服务收取任何费用[5]。美国医学会（AMA）医学伦理原则第 11 节规定医生应诚实地对待患者和同事，并勇于揭露那些在性格、能力方面存在缺陷或从事欺诈或欺骗的医生，医生不应故意做出虚假陈述以获取非法利益或为患者获取医疗保险外的健康福利。同时，根据美国国内医疗保险欺诈的现状，美国国会已经确定了超过 50 种可能使医疗专业人员受到刑事和民事处罚的潜在违规行为，并赋予监察长办公室（OIG）广泛的权力来惩罚医生或将他们排除在任何联邦或州的医疗保健计划之外。涉及医疗保健诈骗的案件中，主要涉及刑事责任、民事责任，其中民事责任主要包括排除医疗保健

〔1〕 "18 U. S. Code § 1347-Health care fraud", Available online at：*https：//www. law. cornell. edu/uscode/text/18/1347*，January 5，2024.

〔2〕 "18 U. S. Code § 1035-False statements relating to health care matters", Available online at：*https：//www. law. cornell. edu/uscode/text/18/1035*，January 5，2024.

〔3〕 "18 U. S. Code § 669-Theft or embezzlement in connection with health care", Available online at：*https：//www. law. cornell. edu/uscode/text/18/669*，January 5，2024.

〔4〕 "18 U. S. Code § 1518-Obstruction of criminal investigations of health care offenses", *https：//www. law. cornell. edu/uscode/text/18/1518*，last visited January 5，2024.

〔5〕 "2019 Nevada Revised StatutesChapter 630-Physicians, Physician Assistants, Medical Assistants, Perfusionists and Practitioners of Respiratory CareNRS 630. 305-Accepting compensation to influence evaluation or treatment；inappropriate division of fees；inappropriate referral to health facility, laboratory or commercial establishment；charging for services not rendered；aiding practice by unlicensed person；delegating responsibility to unqualified person；failing to disclose conflict of interest；failing to initiate performance of community service；exception", *https：//law. justia. com/codes/nevada/2019/chapter-630/statute-630-305/*，last visited January 5，2024.

之外、罚款等。例如其中委派或参与违反医疗服务协议的行为[1]、过度收费[2]、提供虚假信息[3]、收取回扣[4]等行为情节严重的将承担刑事责任。同时，美国联邦法律对量刑情节及适用时间等进行了详细规定，如民事责任中排除医疗保健又分为强制排除和酌情排除等情形，每次适用排除医疗保健处罚不得少于5年，为在医疗保健欺诈案件中准确适用法律提供了保障。

2. 美国医疗场所暴力案件

美国在医疗场所暴力案件的预防上，分别从刑事立法和行政立法两个方面入手。早在2004年，美国职业健康安全协会（OSHA）就颁布了第一版《卫生保健及社会服务者预防工作场所暴力指南》，虽然该指南并不具备强制力，但却为美国预防医疗暴力预防提供了基本指导，并表明对于医疗场所暴力行为"零容忍"的基本立场。2019年11月28日，美国众议院通过《针对医疗保健和社会服务的工作场所暴力预防法》（以下简称美国《医疗暴力预防法》）法案，该法

---

〔1〕 " 42 U. S. Code § 1320a‐7b (e) ‐ Criminal penalties for acts involving Federal health care programs. (e) Violation of assignment terms Whoever accepts assignments described in section 1395u (b) (3) (B) (ii) of this title or agrees to be a participating physician or supplier under section 1395u (h) (1) of this title and knowingly, willfully, and repeatedly violates the term of such assignments or agreement, shall be guilty of a misdemeanor and upon conviction thereof shall be fined not more than ＄4, 000 or imprisoned for not more than six months, or both", Available online at：*https：//www. law. cornell. edu/uscode/text/42/1320a‐7b*, January 5, 2024.

〔2〕 "42 U. S. Code § 1320a‐7b (d) ‐Criminal penalties for acts involving Federal health care programs. (d) Illegal patient admittance and retention practicesWhoever knowingly and willfully— (1) charges, for any service provided to a patient under a State plan approved under subchapter XIX, money or other consideration at a rate in excess of the rates established by the State (or, in the case of services provided to an individual enrolled with a medicaid managed care organization under subchapter XIX under a contract under section 1396b (m) of this title or under a contractual, referral, or other arrangement under such contract), at a rate in excess of the rate permitted under such contract), or (2) charges, solicits, accepts, or receives, in addition to any amount otherwise required to be paid under a State plan approved under subchapter XIX, any gift, money, donation, or other consideration (other than a charitable, religious, or philanthropic contribution from an organization or from a person unrelated to the patient)‐ (A) as a precondition of admitting a patient to a hospital, nursing facility, or intermediate care facility for the mentally retarded, or (B) as a requirement for the patient's continued stay in such a facility, when the cost of the services provided therein to the patient is paid for (in whole or in part) under the State plan, shall be guilty of a felony and upon conviction thereof shall be fined not more than ＄100, 000 or imprisoned for not more than 10 years, or both", Available online at: *https：//www. law. cornell. edu/uscode/text/42/1320a-7b*, January 5, 2024.

〔3〕 "42 U. S. Code § 1320a‐7b (a) 1‐ (a) 4", Available online at：*https：//www. law. cornell. edu/uscode/text/42/1320a-7b*, January 5, 2024.

〔4〕 "42 U. S. Code § 1320a‐7b (b). illegal remunerations", *https：//www. law. cornell. edu/text/42/1320a-7b*, last visited January 5, 2024.

案就是在《卫生保健及社会服务者预防工作场所暴力指南》2015年版的基础上赋予医疗机构以安全保障义务，法案分为五个部分，依据医疗场所暴力案件的发展规律、构成要件对主体、适用范围、程序等进行了详细的规定。该法案带有一定的行政法性质，注重医疗场所暴力案件的早期预防，法案中详细规定了医疗暴力事件的报告、记录、追踪等制度，以期通过将医疗机构的安全保障义务法定化将医疗场所暴力犯罪的预防提前化。

同时，针对已经发生的医疗暴力犯罪，各州从罪行适用和量刑等方面入手，主要依靠发挥刑法的特殊预防作用。这种做法在纽约州、爱达荷州、佛罗里达州和威斯康星州等州的医疗立法中都有所体现。在一些州，不仅有专门的医务人员保护法，如纽约州的《暴力侵害护士法》，而且将从事医疗行为的医务人员、医疗场所作为量刑条件加重处罚。目前，美国已经大约有36个州将针对医护人员作为暴力行为的加重情节予以规定。

（二）日本

日本法律对于医疗事故案件的防治是在日本司法系统与公共卫生系统，以及社会力量中的博弈中进行的。在日本，医疗保险覆盖范围极为广泛，自1961年以来，每一位合法居民都有权通过私人和公共计划的混合方式获得医疗服务。截至2008年，日本用于医疗保健的资金占国内生产总值（GDP）的比例为8.5%，低于几乎所有其他发达工业国家，仅相当于工业化世界中医疗保健系统效率最低的美国的一半，但是日本民众的寿命和婴儿成活率在世界范围内却是名列前茅，医疗水平也具有世界先进水平。[1]但是自21世纪初开始，医生家长式的作风以及医源性损害案件的频发，使得日本民众呼吁对医疗系统展开严格的监管，虽然日本卫生部组织医疗部门采取了各种措施，以期规避司法刑事系统对日常医疗行为的干预，但是在行业监督薄弱、管理松散、死亡申报系统以及不够完善的民事诉讼制度导致等问题司法刑事系统加大了对医疗行业的干预。在日本，对于医疗事故的防治，主要涉及刑事责任、民事责任，以及行政赔偿责任。

1. 刑事责任

对于日本医源性医疗事故案件，检察官一般以三种理由对医务人员提起诉

---

〔1〕 S Horton, J Campbell, N Ikegami, "The Art of Balance in Health Policy: Maintaining Japan's Low-Cost, Egalitarian System", *Pacific Affairs*, January 22, 2000.

讼：①业务过失致人伤害或死亡。这一罪行源自德国刑法，以医疗行为有单纯的过失为构成要件，但检察官定罪的标准通常需要证明被告人存在重大过失或鲁莽的作为或不作为。②隐匿或毁灭证据。一般表现为医疗行为者通过更改病人的病历来掩盖医疗失误。③延迟通报"非正常死亡"。日本《执业医师法》第 21 条所规定的及时通报"非正常死亡"只适用于暴力死亡、自杀、威胁公共健康的传染病等。但是，2000 年，东京 Hir6 医院的首席执行官通过提交一份因注射有毒药物而死亡的病人的伪造死亡证明，延迟向警方报告，引起了公众对医疗事故的广泛关注，检察院最终以违反《执业医师法》第 21 条的罪名起诉了首席执行官。日本最高法院在 2004 年通过判决确认"非正常死亡"的报告义务适用于因医疗管理引起的死亡，但是此举引发了日本医疗界的抗议。对医疗行为而言，很难界定"非正常死亡"，而一旦通报"非正常死亡"将面临被检方刑事起诉的风险，这对建立稳定的医疗环境是不利的；随后厚生劳动部制定了"小型患者安全工作室""调查和分析医疗实践相关死亡示范项目"等措施，提高对医疗行业的监管以减少司法刑事的介入。[1] 2006 年，在福岛县大野医院，警方在得知 KatsuhikoKato 医生的一名病人在 2004 年难产死亡后将其逮捕，此事件引发了医疗从业人员的强烈反应，医生群体发起了"iryo hakai"（"医疗崩溃"）运动。[2] 日本公众呼吁关注劳累过度、被骚扰、被低估的医生的困境并且保护他们不受越权检察官影响，使得日本对医疗领域的犯罪的判决显得颇为谨慎。

2. 民事责任

医生群体认为刑事司法系统的介入属于过度干预，导致医生在工作时顾虑重重，尤其在农村地区，许多医生因害怕承担刑事责任而不愿从事产科工作，甚至出现医院急诊室因担心责任问题拒绝接收救护车的情况；医生们觉得自身工作已面临诸多压力，刑事干预进一步加剧了职业风险，所以对其抵触情绪强烈。对日本民众而言，虽然起初因为对医疗行业的自我监管失去信心，而刑事司法系统对医疗人员的失职行为进行惩处以保障民众权益，但随着"医疗崩溃"运动的开

---

〔1〕 Robert B. Leflar, "The Law of Medical Misadventure in Japan The Law of Medical Misadventure in Japan", *Chicago-Kent Law Review*, Vol. 2011, No. 12.

〔2〕 "For a listing of the protest petitions", *http：//www. med. or. jp/nichikara/fseimei/index. htmi*, last visited July 6, 2011.

展，部分民众认识到刑事干预可能存在问题，如警方缺乏医学专业知识、调查可能干扰正常医疗秩序、刑事制裁与医疗失误的实际情况不匹配等，所以日本社会开始关注医生工作中面临的困境，并对医生表示同情。因此，民事诉讼成为解决医疗纠纷的重要手段。

关于医疗损害赔偿的原则是过错主义，但在涉及知情权和机会丧失的案件中，则对因果关系的举证责任较为宽松。从 2001 年开始，日本法院通过明确规定审判时间、集中收集证据、使用法官指定的鉴定人、在一些大城市地区法院设立医疗保健部门，以缩短医疗案件的诉讼时间。但事实上，通过诉讼进行理赔的案件仅占少数，大部分案件都在诉讼外通过责任保险、和解等方式解决。

3. 行政赔偿责任

在有限的民事救济下，日本建立了针对新生儿严重脑损伤的无过错赔偿制度，旨在为受害家庭提供快速赔偿并改善产科护理质量。在民事诉讼中，涉及产科的伤害诉讼占有极大的比例，给妇产科医疗从业者带来了很大的压力，因此，在行业协会的倡导下，厚生劳动省针对有限的产科损伤启动了无过错赔偿制度。但是，日本的产科伤害赔偿制度是不具有法律效力的，由生育机构自愿参与，它由日本医疗质量委员会（JCQHC）来管理和运作，资金来源是社会保险系统向私人保险公司支付的固定生育税，这些公司将从该系统的运行中获利（或可能遭受损失），此举是为了减少通过诉讼程序解决医疗纠纷，但并不限制受害人以诉讼方式解决纠纷。[1]

该制度是通过"责任归属"和"经济补偿"的分离，在医疗事故中平衡患者权益与医护人员的职业风险，缓解当前的矛盾。首先，无过错赔偿制度的核心是不再以"存在过错"为赔偿的前提，重点关注患者的实际需求。其次，不直接由医护人员或医院承担赔偿责任，而是通过社会保险系统筹集赔偿资金，医护人员就不必担心巨额赔偿；最后，该制度还强调事故原因分析和预防措施，通过总结案例经验向医疗机构提供改进建议。这一制度有利于促使医生专注于提供最佳的医疗服务，而不是为了规避风险而过度检查或治疗；同时间接减少了民事诉讼的可能性，因为很多医疗纠纷在赔偿层面就得到了妥善的解决。此外，患者仍然可以选择通过民事诉讼追究医生或医院的过错责任。整体上看，这种制度设计

---

〔1〕 Robert B. Leflar, "The Law of Medical Misadventure in Japan The Law of Medical Misadventure in Japan", *Chicago-Kent Law Review*, Vol. 2011, No. 12.

既保障了患者的基本权益，又避免了过度依赖诉讼的社会成本，不失为处理医患纠纷的一个良方。

四、域外医疗卫生犯罪预防性治理之借鉴

（一）提升医疗专门性立法精确性

医疗行为是一把"双刃剑"，一方面其是为了解除、缓解病痛而生，是捍卫人类健康权、生命权的一把护盾，另一方面其本身又是需要采用带有侵入性的治疗手段来进行，不可避免要对身体带来一定的伤害的利剑。按照阶层式犯罪理论，医疗行为本身符合事实意义上的伤害要件，但是作为一种特殊的正当业务行为，医疗行为需要以行为人具有医学职业资格、符合医学专业要求为前提，同时以"患者知情权和同意权"为基础即能阻却该行为的违法性。但是医疗实践远不如理论来得如此简单、符合逻辑，医疗行为往往面临着很多不确定性以及患者所不能预见的风险。因此，无论是医生实施的医疗诈骗、医疗贿赂等经营型犯罪，还是针对医生的医疗场所暴力犯罪，所造成的损害往往危及生命权和健康权这类重大法益，每一起案件所造成的社会危害性是巨大的、深远的。从日本医疗事故防治的经验来看，每一次刑事法律对医疗行为的规制都会引发社会公众的强烈反应。时至今日，刑法对于医疗领域犯罪的干预所产生的预防作用还大多停留在对少数重罪的处罚，而对轻罪的认定则多由行政法律和民事法律干预，但民事诉讼的成本和收益之间的差异、行政处罚力度的有限，都使得法律在轻罪的预防上不尽如人意。

虽然我国已经颁布了《基本医疗卫生与健康促进法》，并对《医疗机构管理条例》进行了修订，但内容上还可以更细化和具体。以医疗暴力犯罪为例，与一般的暴力案件相比，医疗暴力案件多以诊疗行为不理想为先前行为，即便该医疗行为以患者的同意为前提，虽然可以阻却医疗行为的违法性，但不能阻却现实生活中病人对危险结果不能接受的情绪反应。而医务人员作为诊疗行为的主体，常常成为患者或其家属发泄情绪的对象，与一般暴力行为相比，建议法律可以在法理上给予病患一些情理上的考量，或是对于医护人员给予一些更全面、更提早的保护。在可能预见的重大医疗风险的前提下，与一般侵犯公民人身权利的犯罪相比，法律应该给予医护人员更多的保护，为给医学的发展保留一些成长的空间。

对此，可以借鉴域外先进的治理经验，根据医疗卫生犯罪案件的特点和规律细化完善医疗专门性法律，建立符合医疗行业运行机制的惩戒措施，如借鉴美国"将医疗从业人员排除在医疗保险领域外"的类似措施，制定医疗预防法，将特定的医疗主体或者特定的医疗行为明确规定为部分医疗犯罪的加重情节。

（二）发挥行政处罚的前置作用

日本研究人员对日本医院的不良事件发生率进行了研究，在这项研究中，从18家自愿参与的顶级医院中随机抽取了4389份记录，采用了基于加拿大之前一项研究的标准，发现不良事件发生率为6.8%，其中约有23%是可以预防的。[1]但是诚如日本经验所示，对于医疗领域的法律干预既敏感又复杂。医疗行业本身所具有的风险性、医学研究的有限性以及医疗行为本身所具有的伤害性和违法阻却性，使得刑法对医疗领域犯罪的认定不仅具有法律意义，更具有社会意义。因此，在行为的初期阶段由行政法规制，不仅可以对危害行为的发展起到阻滞作用，同时能传递出我国法律对于涉医违法行为的态度和立场。

例如，美国的《医疗暴力预防法》对尚未构成犯罪的涉医行为作出了详细的规定，对大多数犯罪行为来说，医疗领域犯罪总是伴随着清晰的利益链条或者不和谐的医患关系发生，对不法行为提前干预，对防止"破窗"效应发生有重要作用。行政处罚较刑事诉讼和民事诉讼来说，更具有效率，程序也较为简便，但是行政权力也更容易滥用。鉴于医疗行为的特殊性，建议针对医疗领域具有较强社会危害性的不法行为设立医疗领域行政专门性立法，同时细化行为构成要件，并依据类似行为发展的规律和刑法量刑标准、民事责任的划分设置合理的惩罚措施，让行政处罚成为不法行为发展为犯罪行为的缓冲地带。以《中华人民共和国治安管理处罚法》（以下简称《治安管理处罚法》）第23条[2]为例，该条

---

〔1〕 Robert B. Leflar, "The Law of Medical Misadventure in Japan The Law of Medical Misadventure in Japan", *Chicago-Kent Law Review*, Vol. 2011, No. 12.

〔2〕《治安管理处罚法》第23条规定："有下列行为之一的，处警告或者二百元以下罚款；情节较重的，处五日以上十日以下拘留，可以并处五百元以下罚款：（一）扰乱机关、团体、企业、事业单位秩序，致使工作、生产、营业、医疗、教学、科研不能正常进行，尚未造成严重损失的；（二）扰乱车站、港口、码头、机场、商场、公园、展览馆或者其他公共场所秩序的；（三）扰乱公共汽车、电车、火车、船舶、航空器或者其他公共交通工具上的秩序的；（四）非法拦截或者强登、扒乘机动车、船舶、航空器以及其他交通工具，影响交通工具正常行驶的；（五）破坏依法进行的选举秩序的。聚众实施前款行为的，对首要分子处十日以上十五日以下拘留，可以并处一千元以下罚款。"

将医疗场所视为普通机关、团体、企业、事业单位，暂未考虑医疗场所的特殊性，扰乱医疗场所不仅会延误病人的治疗，严重者将间接危及他人生命，而5日以上10日以下的顶格处罚不足以对不法行为者起到震慑作用，反而让看似轻微但实际上危害性较强的不法行为处于"真空"地带。

（三）发挥刑法的一般预防作用

科技的迅猛发展促进了当前人员流动、资源分配的全球化，但也引发了国内社会结构变迁、跨区域文化冲突以及经济利益分配不均衡等诸多问题，使得现代社会产生了各种各样的风险。公众在面临各种不确定的风险时，心理上倾向于寻求安全感，而刑法作为国家降低风险与确保安全的主要手段，应回应公众的合理期望，更加强调安全与积极的一般预防功能；刑法应当凸显具有不可侵犯的、正向的、积极的价值，应当能够塑造公众的社会伦理判断，并强化其原有的法信赖。[1] 传统观点认为刑法应具有谦抑性，但重要的是在惩罚犯罪与人权保障之间追寻一个平衡点。[2] 在风险社会中，人们期待刑法不再是姗姗来迟的评判者，而成为指引人们行为、维护公众安全、预防社会风险的重要角色。通过刑事立法传达的对某种行为"零容忍"的态度，更能让公众认清行为内含的负面社会意义。如上文所述，医疗行业的特殊性决定了一旦发生医疗卫生犯罪，就会产生严重的损害后果，如果坚持"违法—犯罪"的二元治理结构，较难有力地预防那些可能向医疗犯罪发展的违法行为，一旦其最终演变为刑事犯罪会产生不可估量的社会影响。因此，笔者建议增设医疗卫生领域的轻罪，扩大既有医疗领域犯罪的规制范围，在医疗卫生犯罪发展的早期阶段引入刑法，同时将医疗行为作为犯罪行为的量刑情节予以考量，通过实现刑法的"严而不厉"引导公众重视医疗领域犯罪的社会危害性。

---

〔1〕　参见卢建平、司冰岩：《零容忍政策的内涵解读与实现路径》，载《北京联合大学学报（人文社会科学版）》2019年第2期。

〔2〕　参见姜涛：《破窗理论与犯罪规制模式的重构》，载《国家检察官学院学报》2016年第1期。

▶ 第三章

我国医疗卫生犯罪刑事治理的历史进程

医疗卫生始终是民生领域的重要内容，关乎人民的身体健康和生命安全，对于医疗卫生犯罪，我国秉持着严厉打击，精准治理的态度。自中华人民共和国成立以来，我国一直持续关注并推进医疗卫生领域的发展。由于医疗卫生事业在发展实践中总不可避免地出现一些问题，这直接关系着群众的切身利益，因此如何规范并解决相关问题则备受人们的关注和重视。回顾我国医疗卫生犯罪刑事治理的历史进程，大致可以将其分为起步、发展和强化三个阶段，此外，2020 年出台的《刑法修正案（十一）》使我国医疗卫生犯罪的刑事立法体系更加完善。在发展视域中回顾并梳理我国医疗卫生犯罪刑事治理的历史进程，对于我国的医疗卫生体系建设和法治建设具有重要意义。

一、我国医疗卫生犯罪刑事治理的起步阶段（1957~1979 年）

中华人民共和国成立初期，由于技术手段落后、人才稀缺等原因，我国的医疗卫生资源与群众的身体健康权利得不到充分的保障。在该阶段医疗卫生的立法资源很少，毛泽东主席指出"必须把卫生、防疫和一般医疗工作看作一项重大的政治任务，极力发展这项工作。"此后，我国的医疗卫生事业开始建设，对于医疗卫生犯罪的刑事治理也进入初始化阶段。

在该阶段，我国的医疗卫生事业刚刚起步，国家大力发展基层医疗卫生力量并建设医疗卫生事业，对于相关犯罪的立法最早可追溯至 1957 年 12 月 23 日公布的《中华人民共和国国境卫生检疫条例》（以下简称《国境卫生检疫条例》，已失效）。条例中规定了国境卫生检疫机关可以根据情节轻重对违反条例和条例实施规则的人给予警告或处以罚金，同时规定了人民法院对于引起检疫传染病的传播或者有引起检疫传染病传播的严重危险的情形，可以根据情节轻重依法判处相应刑罚。该条例是为了防止鼠疫、霍乱、黄热病、天花、斑疹伤寒和回归热等传染病由国外传入和由国内传出而制定的，这是中华人民共和国成立以来最早规定有关公共卫生领域犯罪可以追究刑事责任的法规。此时的犯罪治理主要以行政手段为主，通过国家的管理和控制，各类传染病得到有效防治，犯罪治理取得了较好的成效，基本形成路径依赖。1963 年 10 月 9 日《中华人民共和国刑法草案（修正稿）》单独详细地规定了医疗事故罪，其第 155 条规定医护人员由于严重不负责任，违反规章制度，因而发生重大事故，致人重伤、死亡的，或者明知对于病人不予治疗就会发生危险结果，没有正当理由而拒绝医疗，致人死亡的，处 5 年以下有期徒刑或者拘役。[1] 但是由于实践中的犯罪原因具有复杂性，立法技术尚不成熟，后续出台的刑法典并未采用该规定，在刑法典编纂的进程中，刑事治理资源难以为用。与此同时，全国城乡卫生医疗网基本形成，公共卫生体系初步建立，医疗卫生事业的建设取得较大进展。

二、我国医疗卫生犯罪刑事治理的发展阶段（1979～1997 年）

诚然，我国以行政手段为主预防、控制传染病，取得了较好的成效，但在此发展阶段，传染病对于人民群众身体健康和生命安全的威胁一直存在，即使已经合理控制并趋于消除的传染病复发，传染病防治工作的形势依然很严峻。在这段时期，我国实行改革开放，经济快速发展，法制不断进步，科学技术和预防医学不断发展，人民对于健康生活的需求不断提高，因此医疗卫生领域的刑事立法亟待完善，我国的医疗卫生犯罪刑事立法进入法典化阶段，不再局限于单纯的行政管理手段，刑事治理工作也进一步推进。

（一）传染病防治类犯罪刑事治理的发展

为了维护国家主权，防止传染病的传入和传出，加强各项卫生检疫管理工作，1979 年《刑法》借鉴了《国境卫生检疫条例》的规定，专门设立了妨害国境卫生检疫罪。1979 年《刑法》第 178 条规定："违反国境卫生检疫规定，引起检疫传染病的传播，或者有引起检疫传染病传播严重危险的，处三年以下有期徒刑或者拘役，可以并处或者单处罚金。"这是我国刑法典中关于医疗卫生犯罪的最早规定。

---

〔1〕　参见李希慧、宋久华：《医疗事故罪之"严重不负责任"辨析》，载《人民检察》2012 年第 21 期。

后来，基于国内外疫情的变化，国际上对"防疫""检疫"的概念又有了新的引申和扩大。因此，1986 年的《中华人民共和国国境卫生检疫法》（以下简称《国境卫生检疫法》）应运出台。该法规定，国境卫生检疫机关工作人员，应当秉公执法，忠于职守，对于相关人员依法及时进行检疫，违法失职的，给予行政处分，情节严重构成犯罪的，依法追究刑事责任。此外，违反本法规定引起检疫传染病传播或者有引起检疫传染病传播严重危险的，应当依照 1979 年《刑法》第 178 条（妨害国境卫生检疫罪）的规定定罪处罚。由于传染病对人民群众的身体健康依然存在着很大威胁，因此为了更好地预防、控制和消除传染病，我国于1989 年 2 月 21 日公布了《传染病防治法》，该法规定因违反本法引起甲类传染病传播或者有传播严重危险的，比照 1979 年《刑法》中妨害国境卫生检疫罪的规定追究刑事责任；特定责任人员违反国务院卫生行政部门的有关规定，造成传染病菌种、毒种扩散，后果严重的，依照 1979 年《刑法》中责任事故罪的规定追究刑事责任；有关管理人员和政府有关主管人员玩忽职守，造成传染病传播或者流行的，给予行政处分；情节严重、构成犯罪的，依照 1979 年《刑法》中玩忽职守罪的规定追究刑事责任。该法的出台，开创了传染病防治犯罪法制的新篇章，与 1991 年公布的《中华人民共和国传染病防治法实施办法》等行政法规初步形成了传染病防治犯罪的法律体系，这使我国的医疗卫生立法进一步健全和完善，在保证了我国医疗卫生事业发展的同时，有效加强了对传染病防治类犯罪的治理效果。

（二）医药犯罪刑事治理的发展

随着医疗卫生事业的建设，我国医疗卫生机构进一步增多，设施更加完善，管理水平也有所提高。但与此同时，医疗事故、非法行医等问题依然时有发生，且发生的原因具有复杂性，既涉及管理乱象，又涉及技术操作等。因此，处理问题需要慎重考虑，若打击面过大或处理过严，会挫伤相关人员的积极性，反而不利于我国的医疗卫生事业的建设与发展。[1] 通过多方面、多角度的衡量以及利弊分析，1979 年《刑法》未规定相应的罪名，而是陆续颁布了《最高人民法院关于审理非法行医刑事案件具体应用法律若干问题的解释》《医疗事故处理条

---

〔1〕 卢有学编著：《医疗事故罪专题整理》，中国人民公安大学出版社 2007 年版，第 1 页。

例》《医疗机构管理条例》等司法解释和行政法规去治理相关犯罪。

　　除此之外，药品及医疗器材安全同样关系着公众的切身利益，与公众的生命健康息息相关，在1979年之前，生产、销售假药、劣药，生产、销售不符合标准的医用器材的犯罪行为不受刑法调整，1979年《刑法》出台，也并未规定涉医疗器材的犯罪行为，但在第六章妨害社会管理秩序罪的第164条中专门规定了制造、贩卖假药罪。当时，受我国计划经济体制的影响，药品受到国家的管控，市场上的药品犯罪行为相对比较少，药品犯罪的犯罪门槛较高，立法者认为其侵犯的主要客体为社会管理秩序，因此未将其放置在"破坏社会主义经济秩序罪"专章。1984年《药品管理法》出台，明确了假药的范围，初步实现了刑法与行政法之间的衔接，完善了立法资源，从而提高了司法实践中药品犯罪的治理水平。

　　可以看出，该阶段的医疗卫生犯罪刑事治理的范围主要包括传染病防治犯罪和医药卫生犯罪。此时的刑事立法资源仍然较少，罪名单一，刑法典中仅有妨害国境卫生检疫罪和制造、贩卖假药罪的规定，且分散于不同的章节，尚未形成体系。对于在医疗卫生实践过程中出现的医药犯罪等致人重伤死亡的犯罪行为的治理主要通过援引其他刑法规范，按照故意伤害罪、过失致人死亡罪或者责任事故罪定罪量刑；涉及渎职的犯罪行为按照玩忽职守罪进行处理；关于药品犯罪的规定也只有制造、贩卖假药罪，入罪范围较小，对于实践中出现的一些药品犯罪难以定罪处罚。究其原因，主要是我国的医疗卫生刑事治理处在发展阶段，立法的经验不足、研究不够透彻、技术较为粗糙、眼界较为保守，对于医疗卫生犯罪类罪化处理的重要性的认识需提高。但总的来说，在该阶段我国的医疗卫生犯罪的刑事立法为我国的医疗卫生犯罪的治理提供了法律保障，附属刑法的治理模式也积极推进了我国医疗卫生犯罪法治水平的提高。

三、我国医疗卫生犯罪刑事治理的强化阶段（1997～至今）

　　我国对于医疗卫生犯罪的刑事治理主要是通过刑法典以及附属刑法规范并轨治理。1979年《刑法》对于医疗卫生犯罪的规定较为简略，因此需要其他的法律规定去弥补刑事立法的缺陷，但这样的立法模式并不治本，零散的法律规定使司法人员在实践中难以合理掌握与适用，因此将医疗卫生犯罪在刑法典中进行体系化归纳、强化刑事治理是十分必要的。在强化阶段国家对于医疗卫生领域的关注度进一步提高，经过近二十多年的积累，我国的立法经验日益丰富，技术也相对成熟，在刑事立法层面已经充分意识到了医疗卫生犯罪类罪化处理的重要性，因此我国在 1997 年对《刑法》进行修订时，专门增加了危害公共卫生罪这一类罪，并在其他类罪中也规定了相关罪名。根据立法的设置，可以将我国的医疗卫生犯罪分为业务型、经营型、职务型和暴力型四种。将医疗卫生犯罪进行类罪化设置，这可以视为医疗卫生类犯罪类罪化立法的开端，对于医疗卫生犯罪的刑事治理具有飞跃性的进步意义。

（一）业务型医疗卫生犯罪刑事治理的体系化

1. 业务型医疗卫生犯罪的类罪化设置

1997 年《刑法》专门在第六章妨害社会管理秩序罪中的第五节规定了危害公共卫生罪，这一类罪可以定性为业务型医疗卫生犯罪，自第 330～337 条分别规定了妨害传染病防治罪，传染病菌种、毒种扩散罪，妨害国境卫生检疫罪，非法组织卖血罪和强迫卖血罪，非法采集、供应血液、制作、供应血液制品罪，采集、供应血液、制作、供应血液制品事故罪，医疗事故罪，非法行医罪，非法进行节育手术罪，逃避动植物检疫罪。这些罪名均属于业务型医疗卫生犯罪。

我国 1997 年《刑法》对业务型医疗卫生犯罪的类罪化设置，改变了以往治理相关犯罪时需要援引其他刑法规范的治理模式，使司法人员在实践中对于医疗卫生犯罪问题的治理有法可依，是我国医疗卫生犯罪刑事治理的重大进展。当然，由于相关的罪刑规范并不完善，在 1997 年《刑法》施行后医疗卫生犯罪在司法适用中依然存在很多问题。例如，妨害传染病防治罪中按甲类管理的传染病范围不够明晰；非法行医罪中对于主体是否具有医师资格不好认定；非法采供血液罪中罪与非罪界限不明确等，这些问题导致相关犯罪在司法实践中出现难以治理的情形。此外，危害公共卫生类罪在刑罚配置上存在轻刑化的倾向，与相关罪名的刑罚配置严重失衡，破坏了社会危害性类同的罪刑规范之间的协调性。

2. 刑法和相关附属刑法规范进一步衔接

实践中的医疗卫生犯罪通常以多样化的形式呈现，仅靠《刑法》中的相关规范难以解决，因此相关的《刑法》及附属刑法规范需要不断完善。根据 1997 年 7 月 3 日公布的《中华人民共和国动物防疫法》（以下简称《动物防疫法》）

第 54 条的规定，违反本法规定，逃避检疫，引起重大动物疫情，致使养殖业生产遭受重大损失或者严重危害人体健康的，依法追究刑事责任。该法的出台加强了对动物防疫工作的管理，更好地预防、控制和扑灭动物疫病，保护人体健康。《中华人民共和国献血法》于 1997 年 12 月 29 日公布，根据其第 18 条、第 19 条、第 21 条的规定，血站、医疗机构或者相关人员有违反本法规定实施本法禁止行为的，构成犯罪的，依法追究刑事责任。该法的出台进一步打击了当时存在的非法组织卖血并从中谋取利润的"血头""血霸""血耗子"犯罪，完善了血液管理的制度，也保护了公共卫生安全。根据 1998 年 6 月 26 日公布的《中华人民共和国执业医师法》（以下简称《执业医师法》，已失效）第 39 条规定，医师在执业活动中违反本法规定的，未经批准擅自开办医疗机构行医或者非医师行医的，构成犯罪的，依法追究刑事责任。该法的出台更加细化医疗犯罪的相关规范，有利于加强医师执业管理，维护患者和医师的利益。根据 2001 年 12 月 29 日公布的《中华人民共和国人口与计划生育法》（以下简称《人口与计划生育法》）第 36 条规定，违反本法规定，非法为他人施行计划生育手术的；非医学需要进行胎儿性别鉴定或者进行选择性别的人工终止妊娠的；实施假节育手术、进行假医学鉴定、出具假计划生育证明的犯罪行为的，构成犯罪的，依法追究刑事责任。2015 年在对该法进行修正时删去了此条中"实施假节育手术"的规定。该法对于落实计划生育基本国策，维护公民健康生育的合法权利起到了保障作用。《传染病防治法》施行十几年以来，传染病防治形势也发生了很大变化，出于解决新情况、新问题的需要，该法于 2004 年修订一次，2013 年修正一次，2025 年修订一次但尚未施行。在该法现行有效的条文中，第八章法律责任章专门对需要援引刑法规范追究刑事责任的各种犯罪行为作了具体规定。这些修订使我国的医疗卫生立法进一步健全和完善，促使我国的传染病预防、控制和治理水平迅速提高，人民的健康进一步得到保证。

我国于 2009 年 2 月 28 日公布了《中华人民共和国刑法修正案（七）》（以下简称《刑法修正案（七）》），修正案对妨害动植物防疫、检疫罪作出了修订。最高人民检察院提出，从司法实践看，引发重大动植物疫情危险的，不仅有逃避进出境动植物检疫的行为，而且有逃避依法实施的境内动植物防疫、检疫的行为。对后一类造成严重危害的违法行为，也应追究刑事责任，结合原农业部和国家林业局等部门研究，最终将《刑法》第 337 条第 1 款修改为"违反有关动植物防疫、检疫的国家规定，引起重大动植物疫情的，或者有引起重大动植物疫情危险，情节严重的，处三年以下有期徒刑或者拘役，并处或者单处罚金。"该条文的修订加大了我国对于妨害动植物防疫、检疫的犯罪行为的调控范围，是立法技术的进一步完善，同时大幅度提升了医疗卫生犯罪的刑事治理水平。

2009 年对《国境卫生检疫法》进行修正时，将第 22 条原条文中"依照《中华人民共和国刑法》第一百七十八条的规定追究刑事责任"的规定修正为"依照刑法有关规定追究刑事责任"。此次修正是针对 1997 年《刑法》修改所作出，1997 年《刑法》拓宽了危害公共卫生罪的调控范围，因此对于实践中的犯罪行为有了更为匹配的刑法条文去规范治理，不再是仅援引妨害国境卫生检疫罪一罪的规定，这有利于法律之间的更好的衔接。2020 年国家卫健委发布的《中华人民共和国传染病防治法》（修订草案征求意见稿）第 3 条对于甲类传染病以及按甲类管理的传染病作了更加具体的适用规定。草案的规定有利于更好地防范公共卫生风险，应对突发公共卫生事件，保障公民的身体健康，维护社会秩序的稳定。

2020 年出台的《刑法修正案（十一）》中强调要强化公共卫生刑事法治保障，出于保护公共卫生安全的目的，与野生动物保护法、生物安全法、传染病防治法等法律的修改制定相衔接，对刑法中的相应条文作出了修改补充。例如，在《刑法》第 334 条后增加了一条危害国家遗传资源安全的犯罪，在《刑法》第 336 条后增加了一条非法从事人体基因编辑、克隆胚胎的犯罪。此外，《刑法修正案（十一）》对妨害传染病防治罪进行了修改，进一步明确甲类传染病和按甲类管理的传染病的范围，补充完善构成犯罪的情形，增加规定了拒绝执行人民政府依法提出的预防控制措施，非法出售、运输疫区被污染物品等犯罪行为。《刑法修正案（十一）》立足于我国的社会治理实践提出的立法建议，站在刑事立法的角度维护了国家安全，生物安全以及公共卫生安全，有利于加强保护我国医疗卫生领域的安全，实现立法体系的进一步健全。

3. 司法解释不断完善

为妥善解决业务型医疗卫生犯罪在司法实践中存在的具体条文难以适用的问题，我国相继出台了相关司法解释。我国于 2003 年 5 月 14 日公布了《最高人民法院、最高人民检察院关于办理妨害预防、控制突发传染病疫情等灾害的刑事案件具体应用法律若干问题的解释》，该解释为依法惩治传染病疫情等灾害防治期间发生的各种犯罪活动提供了明确的法律适用依据。[1] 2008 年 9 月 22 日公布了《最高人民法院、最高人民检察院关于办理非法采供血液等刑事案件具体应用法律若干问题的解释》，解决了司法实践中对依法惩处非法采供血液等犯罪的定罪量刑标准、罪与非罪界限不明确的问题。2008 年 4 月 29 日公布了《最高人民法院关于审理非法行医刑事案件具体应用法律若干问题的解释》，该司法解释于2016 年修正一次，为非法行医的犯罪治理提供了强有力的司法保障。2008 年 6 月 25 日最高人民检察院、公安部通过了《关于公安机关管辖的刑事案件立案追诉标准的规定（一）》，该规定明确了甲类传染病和按甲类管理的传染病的范围，使传染病防治罪的司法适用有了更为具体明确的界定。2020 年 3 月 13 日，最高人民法院、最高人民检察院、公安部、司法部、海关总署联合制定并公布了《关于进一步加强国境卫生检疫工作　依法惩治妨害国境卫生检疫违法犯罪的意见》，这些意见的出台为维护公共卫生安全和社会安定有序提供有力的法治保障。

（二）职务型医疗卫生犯罪刑事治理的体系化

职务型医疗卫生犯罪是指《刑法》第九章渎职罪中规定的相关犯罪，主要是第 408 条之一食品、药品监管渎职罪，第 409 条传染病防治失职罪，第 413 条动植物检疫徇私舞弊罪和动植物检疫失职罪。

在 1997 年《刑法》实施之前，我国没有关于职务型医疗卫生犯罪具体的罪名，对于实践中出现的以特殊身份为主体的传染病防治失职的犯罪行为，主要是根据《传染病防治法》中的规定，援引刑法中的玩忽职守罪进行定罪处罚，这是一种附属刑法的立法模式。1997 年《刑法》第 409 条规定的传染病防治失职罪是对之前刑法规定的继承与发展，该罪规定的主体为特殊主体，即从事传染病防治的政府卫生行政部门的工作人员严重不负责任，导致传染病传播或者流行，且情节严重则构成传染病防治失职罪。为了控制检疫传染病通过交通工具及其乘运的人员、物资传播，防止检疫传染病流行，保障人体健康，《国内交通卫生检疫条例》于 1999 年 3 月 1 日施行，其中明确规定县级以上地方人民政府卫生行

---

[1] 孙军工：《解读〈关于办理妨害预防、控制突发传染病疫情等灾害的刑事案件具体应用法律若干问题的解释〉》，载《中国卫生法制》2003 年第 3 期。

政部门或者铁路、交通、民用航空行政主管部门的卫生主管机构在防疫工作中未依法进行必要的控制和卫生处理的，情节严重，引起检疫传染病传播或者有传播严重危险，构成犯罪的，依法追究刑事责任。后续出台的《突发公共卫生事件应急条例》等法律文件中也都规定了应按照传染病防治失职罪追究责任的特定情形。2003 年 5 月 15 日起施行的《最高人民法院、最高人民检察院关于办理妨害预防、控制突发传染病疫情等灾害的刑事案件具体应用法律若干问题的解释》对相关刑事案件具体应用法律作了若干问题解释。2020 年《中华人民共和国传染病防治法》（修订草案征求意见稿）法律责任章也对需要被追究刑事责任的犯罪行为作出了更为细化的规定。

除传染病防治失职罪以外，动植物检疫徇私舞弊罪和动植物检疫失职罪也是 1997 年《刑法》规定的新罪名。在此之前，主要通过《植物检疫条例》《中华人民共和国进出境动植物检疫法》（以下简称《进出境动植物检疫法》）对动植物检疫人员渎职的犯罪行为进行相关规定。1997 年《刑法》出台，同年通过的《动物防疫法》以及后续出台的司法解释也对动植物检疫徇私舞弊罪和动植物检疫失职罪作了进一步的衔接和细化。除此之外，2020 年通过的《刑法修正案（十一）》中对第 408 条之一食品监管渎职罪作了修改，在食品监管渎职罪的基础上增加了药品监管渎职罪的规定，更加细致地规定了相关工作人员滥用职权或者玩忽职守的犯罪行为，进一步强化了食品药品方面的公共卫生安全。

（三）暴力型医疗卫生犯罪刑事治理的体系化

暴力型医疗卫生犯罪主要指"医闹"这种犯罪行为，医闹犯罪严重损害医患关系，危害医疗秩序，2015 年《刑法修正案（九）》在第 31 条将"医闹"犯罪写入《刑法》第 290 条第 1 款，按照聚众扰乱社会秩序罪定罪处罚，由此，"医闹"行为被正式纳入我国刑法的调整范围。国家一直致力于构建和谐良好的医患关系，其实在刑法修正案出台之前，最高人民法院、最高人民检察院、公安部、司法部、原国家卫生计生委联合公布的《关于依法惩处涉医违法犯罪维护正常医疗秩序的意见》中第二部分就强调严格依法惩处涉医违法犯罪，其中指出"医闹"等涉医违法行为属于《治安管理处罚法》调整的，应依法予以处罚，构成犯罪的应依法追究刑事责任。2019 年公布的《基本医疗卫生与健康促进法》中也又一次强调了禁止任何组织或个人威胁、危害医疗卫生人员人身安全，侵犯医疗卫生人员人格尊严。

"医闹"行为严重危害着医护人员的人身安全，破坏医护人员的职业安全感，扰乱正常的医疗秩序，同时间接损害患者的合法权益。"医闹"入刑是通过刑法的手段对于该种违法犯罪行为的震慑与遏制，从而进一步构建和谐理想的医患关系，保障医生和患者的合法权益，促进医疗卫生领域的进步。

可以看出，该阶段立法机关已经认识到了我国严重的医疗卫生犯罪行为，因此在1997年《刑法》修订时改变了立法模式，拓宽了刑法对于医疗卫生犯罪的调控范围，随着我国立法经验的日益丰富、技术的相对成熟，2020年《刑法修正案（十一）》出台，对司法实践中出现的争义热点问题做出了积极回应，医疗卫生的刑事立法体系进一步健全。另外，相关的司法解释以及法律规范也逐渐完善，通过明确法律的适用标准为医疗卫生犯罪的治理提供了有力的司法保障，更加有效地保障法律法规的实施，法律之间的衔接更加协调，促进了医疗卫生刑事立法目的的实现，进一步提升了医疗卫生犯罪的刑事治理效果，切实保障了我国医疗卫生事业的建设与发展，保障了人民群众的身体健康、生命安全等切身利益。

（四）经营型医疗卫生犯罪刑事治理的体系化

1997年《刑法》在破坏社会主义市场经济秩序罪专章中的生产、销售伪劣产品罪一节规定了经营型医疗卫生犯罪，分别是第141条生产、销售假药罪，第142条生产、销售劣药罪和第145条生产、销售不符合标准的医用器材罪。

1. 刑法中相关罪名的设置及完善

1997年《刑法》将生产、销售假药罪，生产、销售劣药罪以及生产、销售不符合标准的医疗器材罪纳入"破坏社会主义经济秩序罪"一章，这是我国对于药品及医疗器械犯罪罪刑规范体系的完善。在这段时期，受经济体制改革的影响，经济犯罪模式较之前发生转变，一些唯利是图的生产者和销售者生产伪劣的医疗器械甚至回收使用过的医疗器械二次销售，造成了病人感染甚至死亡的严重后果。因此，2002年《刑法修正案（四）》对生产、销售不符合标准的医疗器材罪作出了修改，将结果犯修改为危险犯，降低了该罪的犯罪成立条件，加大了打击与惩罚力度。2011年《刑法修正案（八）》对于生产、销售假药罪作出修改，删除了足以严重危害人体健康这个要件，取消了罚金的上限额度，增加了其他严重情节的情形，降低了入罪门槛，扩大了该罪的刑法调控范围，加大了对药品犯罪的惩治力度。2020年《刑法修正案（十一）》中进一步完善惩治药品犯罪，增加规定了对于药品使用单位明知是假药、劣药而提供给他人使用的犯罪行为、未取得批准文件生产药品或明知为此类药品而销售的犯罪行为等受本罪调整。此外，《刑法修正案（十一）》对于涉药品犯罪的修改还体现在增加了药品监管渎职犯罪。近些年来，药品犯罪时有发生。实践中出现的药品"黑作坊"犯罪、陆勇案、长生疫苗案等一直备受公众关注，在这种背景下，《刑法修正案（十一）》中针对涉药品犯罪的修改便是立法机关做出的积极回应，这完善了我国的药品监管体系，对于保障药品犯罪的刑法治理效果具有非常重要的现实意义。

2. 相关附属刑法和司法解释的规定

我国于2009年5月13日公布了《最高人民法院、最高人民检察院关于办理生产、销售假药、劣药刑事案件具体应用法律若干问题的解释》（已失效）。该解释在施行期间为司法机关依法惩治生产、销售假药、劣药犯罪提供了依据，维护了药品市场秩序，保障了人民群众生命健康安全。2019年对《药品管理法》进行修订时，其第98条对于假药、劣药以及按照假药、劣药处理的药品、非药品的犯罪有了更明确的界定；第114条明确规定了违反本法规定，构成犯罪的，依法追究刑事责任。此次修改更好地保障了刑法条文在司法中的适用，保障公民的用药安全。

四、我国医疗卫生犯罪刑事治理的立法特点

通过回顾我国医疗卫生犯罪的刑事治理历程，可以看出我国对于医疗卫生犯罪的刑事治理取得了显著的成效，刑事立法作为刑事治理的内在逻辑和理论支撑，高质量的立法会帮助提高刑事治理效能。总的来看，中华人民共和国成立至今我国的医疗卫生犯罪的刑事立法经历了从无序到有序、从零散到系统、从个罪化到类罪化的过程。

纵观我国医疗卫生刑事立法的发展，大致呈现以下特点：

第一，医疗卫生刑事立法从附属刑法走向刑法典。我国医疗卫生刑事立法模式最早是一种附属立法模式，在其他法律中对于医疗卫生领域的犯罪作出法律规

定，通过援引其他刑法规范对于相关犯罪进行治理。这样的立法模式是具有非独立性、依附性的。1979年《刑法》出台，首次对干涉医疗卫生的犯罪行为进行规范，具体规定为妨害国境卫生检疫罪，但此时期罪名单一，医疗卫生犯罪附属刑法的立法模式没有根本转变，大量涉及医疗卫生刑事犯罪的行为通过援引《刑法》中的故意伤害罪、过失致人死亡罪、责任事故罪、玩忽职守罪等规定进行治理。直到1997年《刑法》修订时，才系统地规定了危害公共卫生罪这一类罪，并对不同类型的医疗卫生犯罪作出了规定，这改变了以往对于医疗卫生犯罪的治理需要援引其他刑法规范的局面，是医疗卫生刑事立法的重大进步。

第二，医疗卫生刑事立法从立法资源匮乏到立法体系化。中华人民共和国成立初期，医疗卫生事业刚刚起步，重在建设，刑事立法资源匮乏。1979年《刑法》，对于医疗卫生犯罪的刑事立法仅有妨害国境卫生检疫罪一罪的规定，罪名较单一。1997年《刑法》修订时，专门规定了医疗卫生犯罪的具体罪名，这是我国医疗卫生刑事立法的重大进展，医疗卫生刑法规范逐步向体系化发展。但由于此时相关罪刑规范不够完善，法律适用标准暂不明确，在司法实践中对于医疗卫生犯罪的治理仍然存在刑法规范难以适用的问题，所以我国又陆续出台了各种司法解释，更加有力地保障法律的实施。时至今日，医疗卫生领域刑法规范体系已经逐步建立，刑法规范已经较为完备。

第三，医疗卫生刑事立法从技术粗糙到技术不断完善。中华人民共和国成立后，为维护国家主权、防止传染病的传入和传出、加强各项卫生检疫管理工作，颁布了《国境卫生检疫条例》，后来1979年《刑法》出台引用了该条例中的相关内容规定了妨害国境卫生检疫罪，这虽然在一定程度上保证了我国卫生检疫事业的发展，但可以看出当时我国的立法技术暂不精致，罪名的单一性无法适应司法实践中的治理需要。后来涉及医疗卫生的刑事犯罪时有发生，国家对于医疗卫生领域的关注度也逐渐提高，1997年《刑法》修订时专门规定了医疗卫生犯罪的具体罪名，立法技术相对完善，但很多罪名在司法治理过程中没有明确的适用标准，因此一系列的司法解释和法律规范相继应运而生，为我国的医疗卫生领域的刑法规范提供了法治保障，使得医疗卫生犯罪的立法技术不断提高，也让罪刑规范不断完善。

五、我国医疗卫生犯罪刑事治理立法层面的前瞻性思考

时至今日，我国的医疗卫生刑事立法体系已经基本形成，但是相关法律规范的修订和司法解释的不断出台，并没有从根本上解决我国医疗卫生类犯罪立法存在的问题，亟需不断地予以完善。

2020 年底，我国出台了《刑法修正案（十一）》，修正案中对涉医疗卫生的相关犯罪进行了修改补充，使得医疗卫生犯罪刑事立法体系进一步健全。立法技术也更加完善。除此之外，今后完善医疗卫生犯罪刑事立法还要考虑以下两点：

第一，罪刑规范的均衡化。"犯罪对公共利益的危害越大，促使人们犯罪的力量越强，制止人们犯罪的手段就应该越强有力。这就需要刑罚与犯罪相对称。"[1] 虽然在该类犯罪中可能存在过失犯罪，但刑罚的轻重始终要与所犯罪行和刑事责任相适应。通过将该类犯罪的刑罚设置与相关条文的刑罚设置对比，不难得出该类犯罪存在刑罚配置失衡问题的结论。例如，妨害传染病防治罪的法定刑为 3 年以下有期徒刑或者拘役，最高刑为 3 年以上 7 年以下有期徒刑，而与之存在交叉关系的过失以危险方法危害公共安全罪的法定刑是 3 年以上 7 年以下有期徒刑，甚至以危险方法危害公共安全罪的法定刑是 10 年以上有期徒刑、无期徒刑或者死刑，可以看出该罪的刑罚设置偏低。此外，传染病防治失职罪的刑罚设置也偏低，由于该罪只配置了 3 年以下有期徒刑或者拘役这一个档次的法定刑，因此无论犯罪后果是否严重，均只能在该法定刑幅度内进行量刑，且该罪与渎职罪中大部分个罪配置的有期徒刑量刑幅度也存有较大差异，这破坏了该类犯罪罪刑规范之间的平衡。[2] 因此，为了更好地把握宽严相济的刑事政策和恪守罪责刑相适应原则，有必要提高相关犯罪的法定刑，科学均衡地配置相应的罪刑规范，解决罪刑失衡的问题，实现医疗卫生犯罪的有效治理，促进法律效果与社会效果的统一。

第二，类罪属性变更。医疗卫生类犯罪与公共卫生安全有着非常密切的联系，多数医疗卫生类犯罪侵犯的是不特定或者多数人的生命健康权益，具有影响广泛、后果严重的特点。该类犯罪侵犯的法益不仅是国家的卫生管理秩序，而且

---

〔1〕 ［意］切萨雷·贝卡里亚：《论犯罪与刑罚》，黄风译，北京大学出版社 2008 年版，第 17 页。

〔2〕 冯军：《传染病防治失职罪的适用困境与刑法应对》，载《河北法学》2020 年第 5 期。

侵犯了公共安全，因此该类犯罪具有危害公共卫生秩序和危害公共安全的双重属性。上文提及的 2020 年最高人民法院、最高人民检察院、公安部、司法部联合制定的《关于依法惩治妨害新型冠状病毒感染肺炎疫情防控违法犯罪的意见》在 2003 司法解释的基础上再次强调了传播突发传染病犯罪，危害公共安全的，适用危害公共安全罪的相关规定，2020 年《关于进一步加强国境卫生检疫工作依法惩治妨害国境卫生检疫违法犯罪的意见》中强调国境卫生检疫对防止传染病传入传出国境，保障人民群众生命安全和身体健康，维护公共卫生安全和社会安定有序发挥着重要作用。这些文件的出台都强调了维护公共卫生安全，也从侧面说明了该类犯罪具有危害公共卫生安全的属性。目前，我国的医疗卫生类的犯罪主要规定在妨害社会管理秩序罪中，个别罪名分散在其他章节。但随着社会的发展、医疗卫生事业的进步，该类犯罪所侵犯的法益更为广泛，而且由于公共卫生与每个人的健康权紧密相连，应将其视为公民整体健康权的有机结合，所以其并非完全从属于国家管理秩序，该类犯罪具有保障公众健康权的独立价值。[1] 因此，将来在立法时可以考虑将医疗卫生类犯罪置入危害公共安全类罪中，这样规定可以凸显该类犯罪的重要性，更加体现立法的科学性，有利于保障医疗卫生类犯罪的治理效果。从现在的保护秩序价值逐步转向保护安全价值，突破维护社会管理秩序的局限，促进法益保护的多元性，体现了人民至上、生命至上的理念以及对公共卫生安全的高度重视。

我国医疗卫生犯罪的刑事治理离不开成熟完善的刑法理论和治理理念，对于医疗卫生犯罪刑事治理历程的回顾，要求我们在反思中求取进步，我们应坚持人民健康至上的理念，在推进健康中国建设的同时完善我国公共卫生刑事立法体系，通过高质量的立法提升治理效能，从而为医疗卫生犯罪的有效治理提供充分的立法依据，进一步保障公民的健康权益，维护社会安定以及公共卫生安全。

---

〔1〕　石经海、金舟：《涉公共卫生突发事件犯罪的刑法规范体系完善——基于从"管理"到"治理"的考察与展望》，载《学术探索》2020 年第 8 期。

▶ **第四章**

业务型医疗卫生犯罪治理研究

一、业务型医疗卫生犯罪概述

（一）业务型医疗卫生犯罪的界定

目前学界并没有对业务型医疗卫生犯罪的概念给出明确的界定，而是提出了相近的概念：日本学者提出医事犯罪，我国学者使用医疗犯罪这一概念。[1] 有学者将医疗犯罪分为狭义医疗犯罪、广义医疗犯罪和最广义医疗犯罪。狭义医疗犯罪是医师在实施医疗行为时，过失或故意致患者身体伤害，侵犯患者生命健康法益。广义医疗犯罪是具备合法医师资格的医师利用医疗机会、方法或滥用其医疗权而实施的犯罪，其侵犯的法益不限于人身法益，还包括财产法益、其他社会法益。可以分为四类：其一，医师利用医疗机会实施不当之医疗行为，如医师违法从事人体实验、器官移植或非出于优育目的之堕胎；其二，医师利用医疗技术实施尚未被法律所许可的医疗行为，如医师违法从事安乐死、变性手术或人工授精等行为；其三，医师滥用医疗权实施不法行为，如医师制作不真实之诊断证明、死亡证明、身体检查报告书等；其四，医师违反医学伦理实施不法行为，如医师利用实施医疗行为的便利条件杀害自己的患者、强奸女性患者、将无自救能力的患者予以遗弃等。最广义医疗犯罪一般只有非法行医犯罪一种类型，只要无医师资格擅自行医即构成犯罪，不论是否对患者的身体或生命健康造成危害，此类犯罪的保护法益是社会公共法益或国家之行政法益。[2]

本书指称的医疗卫生犯罪是发生在医疗卫生领域内的犯罪，是类型化犯罪的总称，其中本章的业务型医疗卫生犯罪是医疗卫生犯罪的子类型，是指《刑法》

---

〔1〕 参见臧冬斌：《医疗犯罪比较研究》，中国人民公安大学出版社 2005 年版，第 3 页。
〔2〕 参见蔡墩铭：《医疗行为与犯罪》，载《法令月刊》1994 年第 9 期。

分则第六章第五节危害公共卫生罪，包括 8 个条文 13 个罪名，具体如下：第 330 条妨害传染病防治罪；第 331 条传染病菌种、毒种扩散罪；第 332 条妨害国境卫生检疫罪；第 333 条非法组织卖血罪，强迫卖血罪；第 334 条非法采集、供应血液、制作、供应血液制品罪，采集、供应血液、制作、供应血液制品事故罪；第 334 条之一非法采集人类遗传资源、走私人类遗传资源材料罪；第 335 条医疗事故罪；第 336 条非法行医罪，非法进行节育手术罪；第 336 条之一非法植入基因编辑、克隆胚胎罪；第 337 条妨害动植物防疫、检疫罪。从犯罪主体方面来看，妨害传染病防治罪，妨害国境卫生检疫罪，妨害动植物防疫、检疫罪的犯罪主体既可以是自然人也可以是单位，采集、供应血液、制作、供应血液制品事故罪的犯罪主体是单位，其他危害公共卫生罪的犯罪主体一般由自然人构成。从涉及的领域看，分为医疗业务犯罪和卫生业务犯罪。本书将业务型医疗卫生犯罪的特征归纳为以下三个方面。

第一，业务型医疗卫生犯罪就是危害公共卫生罪。对于危害公共卫生罪，需要明确何谓"公共卫生"。在界定"公共卫生"时，需要先确定"公共"的含义，我国的主流观点认为，"公共"是指不特定或者多数人。[1]现代意义上的卫生有多种含义，广义上的卫生泛指为维护人体健康而进行的一切个人和社会活动的总和；狭义上的卫生则仅指大众化的防疫活动，只是广义卫生活动中的一个方面。[2]对于"公共卫生"，1988 年美国医学研究会在著名的《公共卫生的未来》这一研究报告中明确提出："公共卫生就是我们作为一个社会为保障人人健康的各种条件所采取的集体行动。"[3]我国在 2003 年全国卫生工作会议上对公共卫生的定义是："公共卫生就是组织社会共同努力，改善环境卫生条件，预防控制传染病和其他疾病流行，培养良好卫生习惯和文明生活方式，提供医疗服务，达到预防疾病、促进人民身体健康的目的。"[4]可见，公共卫生就是保障不特定或者多数人即公众的健康、生命的各种行动和条件。而危害公共卫生犯罪，实际上是通过破坏公共卫生制度或秩序来危害公众健康，所以此类犯罪的保护法益应当

---

〔1〕　参见张明楷：《刑法学（下）》，法律出版社 2021 年版，第 878~879 页；周光权：《刑法各论》，中国人民大学出版社 2021 年版，第 153 页；黎宏：《刑法学各论》，法律出版社 2016 年版，第 17 页。

〔2〕　臧冬斌：《医疗犯罪比较研究》，中国人民公安大学出版社 2005 年版，第 6 页。

〔3〕　Institute of Medicine, *The Future of Public Health*, National Academy Press, 1988, p. 4.

〔4〕　王劲松主编：《公共卫生与流行病学》，科学出版社 2018 年版，第 2 页。

是公众的生命健康权益。

第二，业务型医疗卫生犯罪中的医疗业务犯罪部分属于专业犯罪。国外法学界认为，医疗犯罪的刑事责任属于专家责任的范畴，日本称专家责任为专门家责任，是指具有特别知识和技术的专业人员在提供专业服务（执业）的过程中，给他人造成损害时所应承担的责任。[1] 司法机关往往需要借助专业的医疗技术鉴定，例如，在医疗事故罪的认定中，医疗技术鉴定需要解决医务人员是否存在医疗过失，医务人员的医疗过失行为与就诊人死亡或者身体健康严重受损之间是否存在因果关系，就诊人身体健康受损程度，以判断行为人是否承担刑事责任及其责任程度。又如，《刑法修正案（十一）》新增的第334条之一非法采集人类遗传资源、走私人类遗传资源材料罪，第336条之一非法植入基因编辑、克隆胚胎罪，都属于基因科技犯罪的范畴，集中在尖端医疗领域且事关生物安全。引起生命科技领域革命的基因编辑技术标志着人类开始有能力实现实质性的基因操控和基因改造。以CRISPK/Cas9为代表的基因编辑技术被誉为"上帝的手术刀"，它是基因科技进入精细化阶段的重大进展，其意义被《科学》杂志认为远超冥王星或人类始祖的发现的意义。[2]

第三，业务型医疗卫生犯罪属于法定犯，违反的是公共卫生以及诊疗护理方面的法律法规规章。现代社会进入法定犯时代，法定犯在《刑法》分则罪名中的比例越来越大。[3] 法定犯与自然犯是犯罪的一种基本分类，二者区分标准众多。本书采用法定犯与行政犯概念大体相同的观点，是指严重违反行政法规，侵害刑法保护的法益的行为。[4] 法定犯具有行政违法性和刑事违法性的双重违法属性，既违反行政法，又违反刑法；并且是有位阶的，先违反行政法，再违反刑法。换言之，法定犯以违反行政法律规范为前提，行政法律规范是法定犯的前置法，以前置法判断行政违法性，进而确定刑事违法性，行政违法性是刑事违法性的前提。刑法和行政法的关系，是后置法与前置法的关系，刑法是行政法的制裁

〔1〕 龚赛红：《医疗损害赔偿立法研究》，法律出版社2001年版，第87页。

〔2〕 Marcia McNutt, "Breakthrough to Genome Editing", *Science*, Vol. 350, No. 6267.

〔3〕 参见李运平：《储槐植：要正视法定犯时代的到来》，载《检察日报》2007年6月1日，第3版。

〔4〕 参见陈兴良：《法定犯的性质和界定》，载《中外法学》2020年第6期。

力量。[1] 遵循法秩序统一性原理，只有违反前置法的行为才有可能构成犯罪，如果在前置法上是合法的行为，不可能成立犯罪行为。

（二）业务型医疗卫生犯罪的成因

犯罪原因是犯罪学的核心问题之一。犯罪是一种极其复杂的社会现象，犯罪原因是引起犯罪发生的一切因素。在犯罪学的发展历史上，古典犯罪学派和实证犯罪学派对犯罪原因的研究是有差异的。18 世纪古典犯罪学派用"自由意志论"解释犯罪原因，认为一个正常人实施犯罪行为完全是其自由意志选择的结果，代表人物有古典犯罪学派创始人意大利学者贝卡里亚、功利主义法学的创始人英国学者边沁。19 世纪末的实证犯罪学派否定古典犯罪学派的自由意志论，提倡"原因决定论"，认为犯罪是由个人原因和社会原因相互作用形成的。代表人物有意大利的犯罪学家龙勃罗梭、菲利和加罗法洛。三人对哪些因素对犯罪起决定作用方面的观点有所不同。龙勃罗梭是犯罪人类学派的创始人，提出"天生犯罪人论"，认为犯罪是天生遗传的生理上的特异性所造成的。作为犯罪社会学派代表人之一的菲利提出了著名的"个人、自然、社会"三元犯罪原因论，侧重从社会方面寻找犯罪原因。加罗法洛则强调道德等心理因素的影响。可见，犯罪原因主要可以分为社会因素与个体因素两方面。业务型医疗卫生犯罪作为一种具体的犯罪类型，当然符合犯罪现象的一般规律。因此，本书从犯罪的社会原因、个体原因两个方面分析业务型医疗卫生犯罪的成因。

1. 业务型医疗卫生犯罪的社会原因

犯罪的社会原因是与犯罪的个体原因相对应的集合概念，包括经济、政治、文化因素。部分业务型医疗卫生犯罪是由于经济因素造成的，如非法组织卖血罪、强迫卖血罪，犯罪人受利益驱动非法组织他人出卖血液，或者以暴力、威胁方法强迫他人出卖血液。政治的基本内涵可以表述为：政治是经济的集中表现。[2] 政治因素与犯罪的关系十分紧密。意大利刑事古典犯罪学派创始人贝卡里亚提到"有些犯罪直接地毁伤社会或社会的代表"的"叛逆罪"[3]。监管制

---

〔1〕　参见陈兴良：《民法对刑法的影响与刑法对民法的回应》，载《法商研究》2021 年第 2 期。

〔2〕　参见王娟：《犯罪学（修订版）》，中国政法大学出版社 2020 年版，第 175 页。

〔3〕　参见［意］切萨雷·贝卡里亚：《论犯罪与刑罚》，黄风译，北京大学出版社 2008 年版，第 69、71 页。

度的缺位或失灵往往是业务型医疗卫生犯罪的原因之一，这类犯罪多是行政犯，以违反行政法律法规为前提。例如，妨害传染病防治罪，犯罪人实施了违反《传染病防治法》的行为，需要造成"引起甲类传染病以及依法确定采取甲类传染病预防、控制措施的传染病传播或者有传播严重危险的"的危害结果，如果在犯罪人实施违反《传染病防治法》的行为时，行政机关便迅速反应，作出相应的行政处罚或治安管理处罚，可以及时阻断妨害传染病防治罪的犯罪结果的发生。所以，行政执法环节存在的疏忽和行政监管制度的不完善，可能是造成业务型医疗卫生犯罪的重要原因。此外，对公众健康和社会公共利益的侵害也蕴含着政治内涵。比如，非法采集人类遗传资源、走私人类遗传资源材料罪的犯罪原因，犯罪人违反国家有关规定，实施非法采集我国人类遗传资源或者非法运送、邮寄、携带我国人类遗传资源材料出境的行为，具有危害公众健康或者社会公共利益的要素。

文化素质与业务型医疗卫生犯罪的发生高度相关。在非法行医罪、非法进行节育手术罪中体现得尤为明显。犯罪人文化水平低、法治观念淡薄，未取得医生执业资格的情况下非法行医或者擅自进行与节育有关的手术，除了谋求经济利益之外，与犯罪人的文化状况有很大关系。

2. 业务型医疗卫生犯罪的个体原因

业务型医疗卫生犯罪的个体原因，包括了犯罪人自身错误的价值观念、歪曲的道德观念和淡薄的法治观念。犯罪人自身价值观扭曲和道德的缺失是实施业务型医疗卫生犯罪的重要诱因。以非法植入基因编辑、克隆胚胎罪为例，犯罪人将基因编辑、克隆的人类胚胎植入人体或者动物体内，或者将基因编辑、克隆的动物胚胎植入人体内的行为明显违背生命伦理道德，漠视受试者的生命健康权益。[1]

医务人员在诊疗活动中，严重不负责任，违反法律、行政法规、规章以及其他有关诊疗规范的规定，以及医务人员自身缺乏医疗经验、技术水平低下、医务人员之间协作沟通不畅，是发生医疗事故罪的主要原因。

---

[1] 参见于慧玲：《人类辅助生殖基因医疗技术滥用的风险与刑法规制——以"基因编辑婴儿事件"为例》，载《东岳论丛》2019年第12期。

（三）业务型医疗卫生犯罪的类型

业务型医疗卫生犯罪具有较强的医疗卫生专业性特征，大体上可以分为两种类型：一是医疗业务犯罪，是医疗服务提供者从事医疗服务活动过程中实施的犯罪，犯罪的主体可以是有高度专业知识的医务人员，也可以是未取得医生执业资格的人；犯罪的发生是行为人从事医疗活动中，违反国家医疗业务管理法律法规以及相关规章制度，严重损害了个体患者的合法权益，构成犯罪的行为。具体包括医疗事故罪、非法行医罪和非法进行节育手术罪三项罪名。二是卫生业务犯罪，这类犯罪通常是在预防和控制疾病、促进和保障公众健康活动中实施的侵害或者威胁公众健康的行为。主要指《刑法》分则第六章第五节危害公共卫生罪中除医疗事故罪、非法行医罪和非法进行节育手术罪之外的犯罪。具体包括第330条妨害传染病防治罪；第331条传染病菌种、毒种扩散罪；第332条妨害国境卫生检疫罪；第333条非法组织卖血罪，强迫卖血罪；第334条非法采集、供应血液、制作、供应血液制品罪，采集、供应血液、制作、供应血液制品事故罪；第334条之一非法采集人类遗传资源、走私人类遗传资源材料罪；第336条之一非法植入基因编辑、克隆胚胎罪；第337条妨害动植物防疫、检疫罪。

此外，业务型医疗卫生犯罪还可以更细化的分为五种类型：一是传染病方面的犯罪[1]；二是与血液、血液制品有关的犯罪[2]；三是从事医疗服务活动中的犯罪[3]；四是基因科技犯罪[4]；五是妨害动植物防疫、检疫犯罪。

二、业务型医疗卫生犯罪的惩罚性治理研究

（一）业务型医疗卫生犯罪惩罚性治理的政策解读

业务型医疗卫生犯罪在《刑法》分则中属于比较冷门的犯罪，实践中用得不多，本书以下对涉及危害公共卫生罪的中央政策文件做了梳理。

1. 有关妨害国境卫生检疫罪的中央文件

2020年3月13日，最高人民法院、最高人民检察院、公安部、司法部、海

---

〔1〕传染病方面的犯罪，包括妨害传染病防治罪，传染病菌种、毒种扩散罪，妨害国境卫生检疫罪。

〔2〕与血液、血液制品有关的犯罪，包括非法组织卖血罪，强迫卖血罪，非法采集、供应血液、制作、供应血液制品罪和采集、供应血液、制作、供应血液制品事故罪。

〔3〕从事医疗服务活动中的犯罪，包括医疗事故罪、非法行医罪和非法进行节育手术罪。

〔4〕基因科技犯罪，包括非法采集人类遗传资源、走私人类遗传资源材料罪，非法植入基因编辑、克隆胚胎罪。

关总署公布的《关于进一步加强国境卫生检疫工作 依法惩治妨害国境卫生检疫违法犯罪的意见》指出：为加强国境卫生检疫工作，防止传染病传入传出国境，保护人民群众健康安全，刑法、国境卫生检疫法对妨害国境卫生检疫违法犯罪行为及其处罚作出规定。人民法院、人民检察院、公安机关、海关在办理妨害国境卫生检疫案件时，应当准确理解和严格适用刑法、国境卫生检疫法等有关规定，依法惩治相关违法犯罪行为。并且列举了6种妨害国家卫生检疫的行为类型，若实施列举的6种行为，引起鼠疫、霍乱、黄热病等国务院确定和公布的其他检疫传染病传播或者有传播严重危险的，依照《刑法》第332条的规定，以妨害国境卫生检疫罪定罪处罚。

此外，单位作为犯罪主体，实施妨害国境卫生检疫行为，引起鼠疫、霍乱、黄热病等国务院确定和公布的其他检疫传染病传播或者有传播严重危险的，应当对单位判处罚金，并对其直接负责的主管人员和其他直接责任人员定罪处罚。

2. 有关非法行医罪的中央文件

我国2001年8月8日公布《卫生部关于对非法行医罪犯罪条件征询意见函的复函》对非法行医罪的犯罪主体、医师资格、行医场所、乡村医生及家庭接生员问题进行了明确界定。具体如下：

（1）关于非法行医罪犯罪主体的概念。根据现行《医师法》规定，医师是取得执业医师资格，经注册在医疗卫生机构中执业的专业医务人员。医师分为执业医师和执业助理医师，《刑法》中的"医生执业资格的人"应当是按照《医师法》的规定，取得执业医师资格并经卫生行政部门注册的医学专业人员。

（2）关于《医师法》颁布以前医师资格认定问题。现行《医师法》第64条第2款规定："在本法施行前以及在本法施行后一定期限内取得中等专业学校相关医学专业学历的人员，可以参加医师资格考试……"原卫生部、人事部下发了《具有医学专业技术职务任职资格人员认定医师资格及执业注册办法》。各级卫生行政部门对《医师法》颁布之前资格认定，按照国家有关规定已取得医学专业技术职务任职资格的人员认定医师资格，并为仍在医疗卫生机构执业的医师办理执业注册。

（3）关于在"未被批准行医的场所"行医问题。具有医生执业资格的人在"未被批准行医的场所"行医属非法行医。其中，"未被批准行医的场所"是指没有卫生行政部门核发的《医疗机构执业许可证》的场所。但是，下列情况不属于非法行医：①随急救车出诊或随采血车出车采血的；②对病人实施现场急救的；③经医疗、预防、保健机构批准的家庭病床、卫生支农、出诊、承担政府交办的任务和卫生行政部门批准的义诊等。

（4）关于乡村医生及家庭接生员的问题。《执业医师法》（已失效）规定，不具备《执业医师法》规定的执业医师资格或者执业助理医师资格的乡村医生，由国务院另行制定管理办法。经过卫生行政部门审核的乡村医生应当在注册的村卫生室执业。除上述（3）所列情况外，其他凡超出其申请执业地点的，应视为非法行医。根据1994年《母婴保健法》的规定"不能住院分娩的孕妇应当由经过培训合格的接生人员实行消毒接生""从事家庭接生的人员，必须经过县级以上地方人民政府卫生行政部门的考核，并取得相应的合格证书"。取得合法资格的家庭接生人员为不能住院分娩的孕妇接生，不属于非法行医。

（二）业务型医疗卫生犯罪惩罚性治理的立法考察

1. 业务型医疗卫生犯罪刑法规范的立法变化

1979年《刑法》分则只有103条，危害公共卫生犯罪仅有一个条文即第178条妨害国境卫生检疫犯罪，"违反国境卫生检疫规定，引起检疫传染病的传播，或者有引起检疫传染病传播严重危险的，处三年以下有期徒刑或者拘役，可以并处或者单处罚金"。该罪名属于《刑法》分则第六章妨害社会管理秩序罪，对于危害公共卫生的行为仅用妨害国境卫生检疫犯罪一个条文进行规范明显不足，忽视了其他大量危害公共卫生的行为需要受到刑罚处罚。危害公共卫生的行为不仅包括违反国境卫生检疫规定的行为，而且包括违反国内卫生检疫规定的行为，此外还包括传染病、血液、防疫检疫相关的犯罪行为。可见，1979年《刑法》对危害公共卫生行为的刑法治理是远远不够的，这是由当时特定的历史条件决定的。1979年《刑法》制定时，我国的民主法制建设刚刚起步，对一些潜在的犯罪行为和未来可能发生的犯罪尚未预见，对犯罪的规律性也难以把握，囿于当时的条件和研究水平以及司法实践经验的不足，对危害公共卫生犯罪规定得较为简单。

1997年《刑法》是我国一部较为完备的刑法典，它对1979年《刑法》作出了全面的修订，分则条文从103条扩展为350条。可以说1997年《刑法》是在全面总结 1979 年《刑法》实施以来刑事司法实践经验的基础上，充分吸收刑法学研究成果，借鉴国外相关立法的基础上制定的。[1] 具体到危害公共卫生犯罪，1997 年《刑法》用 8 个条文比较全面地规定了危害公共卫生的行为，在《刑法》分则第六章妨害社会管理秩序罪下设专门第五节危害公共卫生罪用以规制危害公共卫生的行为。下面将对 1997 年修订的 8 个条文作系统地介绍。

（1）第 330 条妨害传染病防治罪。[2] 该条第 1 款针对自然人实施违反传染病防治法规定的四种行为，造成甲类传染病传播或者有传播严重危险，规定了两档法定刑，第 2 款规定了单位犯罪的情形，第 3 款规定了甲类传染病的范围如何确定的问题。妨害传染病防治罪是《刑法修正案（十一）》重点修改的条文，有关修改内容将在后面展开论述。

（2）第 331 条传染病菌种、毒种扩散罪。[3]

（3）第 332 条妨害国境卫生检疫罪。[4]

（4）第 333 条非法组织卖血罪、强迫卖血罪、故意伤害罪。[5]

（5）第 334 条非法采集、供应血液、制作、供应血液制品罪，采集、供应血

---

〔1〕 参见郎胜：《我国刑法的新发展》，载《中国法学》2017 年第 5 期。

〔2〕《刑法》（1997 修订）第 330 条规定："违反传染病防治法的规定，有下列情形之一，引起甲类传染病传播或者有传播严重危险的，处三年以下有期徒刑或者拘役；后果特别严重的，处三年以上七年以下有期徒刑：（一）供水单位供应的饮用水不符合国家规定的卫生标准的；（二）拒绝按照卫生防疫机构提出的卫生要求，对传染病病原体污染的污水、污物、粪便进行消毒处理的；（三）准许或者纵容传染病病人、病原携带者和疑似传染病病人从事国务院卫生行政部门规定禁止从事的易使该传染病扩散的工作的；（四）拒绝执行卫生防疫机构依照传染病防治法提出的预防、控制措施的。单位犯前款罪的，对单位判处罚金，并对其直接负责的主管人员和其他直接责任人员，依照前款的规定处罚。甲类传染病的范围，依照《中华人民共和国传染病防治法》和国务院有关规定确定。"

〔3〕《刑法》（1997 修订）第 331 条规定："从事实验、保藏、携带、运输传染病菌种、毒种的人员，违反国务院卫生行政部门的有关规定，造成传染病菌种、毒种扩散，后果严重的，处三年以下有期徒刑或者拘役；后果特别严重的，处三年以上七年以下有期徒刑。"

〔4〕《刑法》（1997 修订）第 332 条规定："违反国境卫生检疫规定，引起检疫传染病传播或者有传播严重危险的，处三年以下有期徒刑或者拘役，并处或者单处罚金。单位犯前款罪的，对单位判处罚金，并对其直接负责的主管人员和其他直接责任人员，依照前款的规定处罚。"

〔5〕《刑法》（1997 修订）第 333 条规定："非法组织他人出卖血液的，处五年以下有期徒刑，并处罚金；以暴力、威胁方法强迫他人出卖血液的，处五年以上十年以下有期徒刑，并处罚金。有前款行为，对他人造成伤害的，依照本法第二百三十四条的规定定罪处罚。"

液、制作、供应血液制品事故罪。[1]

(6) 第 335 条医疗事故罪。[2] 医疗事故罪的认定是有严格限制的：犯罪主体是有医生执业资格的正规医务人员；主观上必须是严重不负责任。医疗事故罪属于过失犯罪。

(7) 第 336 条非法行医罪、非法进行节育手术罪。[3]《刑法》(1997 修订) 第 336 条第 1 款非法行医罪是指未取得医生执业资格的人非法行医，情节严重的行为。《刑法》(1997 修订) 第 336 条第 2 款规定的非法进行节育手术罪，是关于未取得医生执业资格的人违法为应当采取节育措施的人进行节育复通手术、假节育手术、终止妊娠手术或者摘取宫内节育器，造成计划外怀孕、生育，甚至造成胎儿引产、流产的后果。《刑法》(1997 修订) 第 336 条第 2 款非法进行节育手术罪"原本是为了实现控制人口过快增长的目的，但随着社会的发展以及人口政策的变化，这一犯罪已经缺乏法益保护的根据，因此应当废除。"[4] 从 20 世纪 90 年代起，我国的生育率一直没有超过世代更替水平。即使 2015 年 10 月党的十八届五中全会会议决定实施全面二孩政策，2015 年 12 月对《人口与计划生育法》进行相应修正，也没有达到预期效果。因此，在人口生育率下降的趋势下，有必要坚持从国情实际出发，删除非法进行节育手术罪。有学者主张取消非法进行节育手术罪，将有关行为按非法行医罪论处，理由如下：其一，以非法进

---

[1]《刑法》(1997 修订) 第 334 条规定："非法采集、供应血液或者制作、供应血液制品，不符合国家规定的标准，足以危害人体健康的，处五年以下有期徒刑或者拘役，并处罚金；对人体健康造成严重危害的，处五年以上十年以下有期徒刑，并处罚金；造成特别严重后果的，处十年以上有期徒刑或者无期徒刑，并处罚金或者没收财产。经国家主管部门批准采集、供应血液或者制作、供应血液制品的部门，不依照规定进行检测或者违背其他操作规定，造成危害他人身体健康后果的，对单位判处罚金，并对其直接负责的主管人员和其他直接责任人员，处五年以下有期徒刑或者拘役。"

[2]《刑法》(1997 修订) 第 335 条规定："医务人员由于严重不负责任，造成就诊人死亡或者严重损害就诊人身体健康的，处三年以下有期徒刑或者拘役。"

[3]《刑法》(1997 修订) 第 336 条规定："未取得医生执业资格的人非法行医，情节严重的，处三年以下有期徒刑、拘役或者管制，并处或者单处罚金；严重损害就诊人身体健康的，处三年以上十年以下有期徒刑，并处罚金；造成就诊人死亡的，处十年以上有期徒刑，并处罚金。未取得医生执业资格的人擅自为他人进行节育复通手术、假节育手术、终止妊娠手术或者摘取宫内节育器，情节严重的，处三年以下有期徒刑、拘役或者管制，并处或者单处罚金；严重损害就诊人身体健康的，处三年以上十年以下有期徒刑，并处罚金；造成就诊人死亡的，处十年以上有期徒刑，并处罚金。"

[4] 张明楷：《论实质的法益概念——对法益概念的立法批判机能的肯定》，载《法学家》2021 年第 1 期。

行节育手术罪论处的行为均破坏了国家的医疗卫生管理制度和公共卫生，完全可以按非法行医罪论处。其二，非法进行节育手术罪这一罪名并不能准确概括《刑法》（1997 修订）第 336 条第 2 款规定的行为，法律规定的行为大部分属于破坏节育的手术，其内容与非法进行节育手术罪这一罪名的本义正好相反，因此，以非法进行节育手术罪概括有关行为并不妥当。[1]

（8）第 337 条逃避动植物检疫罪。[2] 1997 年《刑法》修订之后，我国刑法修改采用了修正案的方式。迄今为止，共通过了 12 个修正案，采用刑法修正案的立法形式有利于保持刑法典的统一和完整以及国家刑事政策的连续性，为较好地解决刑法的稳定性与适应性之间的关系提供了一个重要的技术平台。[3] 在 1997 年《刑法》对危害公共卫生行为进行较为系统规定的基础上，2009 年《刑法修正案（七）》第 11 条对危害公共卫生罪进行了修正，将第 337 条罪名从"逃避动植物检疫罪"[4] 修改为"妨害动植物防疫、检疫罪"，扩大了构成犯罪的范围，降低了门槛，以维护公共卫生安全；并且将第 337 条第 1 款修改为："违反有关动植物防疫、检疫的国家规定，引起重大动植物疫情的，或者有引起重大动植物疫情危险，情节严重的，处三年以下有期徒刑或者拘役，并处或者单处罚金。"《刑法修正案（七）》通过增设具体危险犯，加强了对妨害动植物防疫、检疫行为的惩治。

2. 业务型医疗卫生犯罪的现行刑法规定

《刑法修正案（十一）》第 37 条修改了妨害传染病防治罪，扩大了该罪中的传染病范围，增设了行为类型，第 38 条增设《刑法》第 334 条之一非法采集人类遗传资源、走私人类遗传资源材料罪，第 39 条增设《刑法》第 336 条之一非法植入基因编辑、克隆胚胎罪，对危害公共卫生罪作了较大修改完善。

---

〔1〕 参见赵秉志：《罪刑各论问题》，北京大学出版社 2010 年版，第 477~478 页。

〔2〕《刑法》（1997 修订）第 337 条规定："违反进出境动植物检疫法的规定，逃避动植物检疫，引起重大动植物疫情的，处三年以下有期徒刑或者拘役，并处或者单处罚金。单位犯前款罪的，对单位判处罚金，并对其直接负责的主管人员和其他直接责任人员，依照前款的规定处罚。"

〔3〕 参见郎胜：《我国刑法的新发展》，载《中国法学》2017 年第 5 期。

〔4〕《刑法修正案（七）》修改之前的第 337 条第 1 款逃避动植物检疫罪的规定是："违反进出境动植物检疫法的规定，逃避动植物检疫，引起重大动植物疫情的，处三年以下有期徒刑或者拘役，并处或者单处罚金。"

（1）完善妨害传染病防治罪的犯罪构成，主要体现在对结果要件和行为类型的修改两个方面：

结果要件方面，《刑法修正案（十一）》将《刑法》第330条第1款中的"引起甲类传染病传播或者有传播严重危险"修改为"引起甲类传染病以及依法确定采取甲类传染病预防、控制措施的传染病传播或者有传播严重危险"。《国际卫生条例》规定鼠疫、霍乱和黄热病三种传染病是国际检疫传染病，我国《传染病防治法》规定的甲类传染病是国际检疫传染病。此条例是具有普遍约束力的国际卫生法，我国是条例的缔约国，要遵守相关规定。因此甲类传染病的范围不能随便增加，否则就会与《国际卫生条例》规定的国际检疫传染病制度相冲突。在甲类传染病范围不能增加的情况下，2004年修订《传染病防治法》时增加了乙类传染病按照甲类传染病管理的制度，其中包括炭疽中的肺炭疽和人感染高致病性禽流感，同时为了应对日后可能新出现的传染病引起突发公共卫生事件，2004年修订《传染病防治法》时作了兜底规定：其他乙类传染病和突发原因不明的传染病需要采取甲类传染病的预防、控制措施的，由国务院卫生行政部门报经国务院批准后公布、实施。《最高人民检察院、公安部关于公安机关管辖的刑事案件立案追诉标准的规定（一）》第49将妨害传染病防治罪的结果要件解释为"引起甲类或者按照甲类管理的传染病传播或者有传播严重危险"，对甲类传染病作了扩大解释。有学者质疑该解释有类推适用刑法之嫌，违反罪刑法定原则。因此，《刑法修正案（十一）》对妨害传染病防治罪结果要件的修改，既回应了社会现实需求，也是为了贯彻罪刑法定原则。

行为类型方面，《刑法修正案（十一）》对行为类型进行了部分修正，增加了一种行为类型，进而形成了五种行为类型。其中，前四种属于具体性规定，主要[1]包括如下情形：①供水单位供应的饮用水不符合国家规定的卫生标准的。本项没有变化。②拒绝按照疾病预防控制机构的要求对传染病病原体污染的污水、污物、场所和物品进行消毒处理。《刑法修正案（十一）》将原规定中的"卫生防疫机构"修改为"疾病预防控制机构"，并将"粪便"修改为"场所和物品"。③准许或者纵容传染病病人等从事禁止从事的工作。本项没有变化。

---

〔1〕 在此进行概括表述，具体规定可参见现行《刑法》（2023修正）第330条第1款。

④出售、运输疫区中被污染的物品未消毒处理的。本项属于《刑法修正案（十一）》新增的规定。而第五种则是一种概括性规定，也具有兜底性质。其具体规定是："拒绝执行县级以上人民政府、疾病预防控制机构依照传染病防治法提出的预防、控制措施的。"《刑法修正案（十一）》对本项也进行了修正，具体修正内容是增加了"县级以上人民政府"这一疫情防控主体，并将"卫生防疫机构"修改为"疾病预防控制机构"。

（2）新增第 334 条之一非法采集人类遗传资源、走私人类遗传资源材料罪。本罪针对严重危害国家人类遗传资源安全的犯罪，与 2020 年 10 月 17 日公布的《中华人民共和国生物安全法》（以下简称《生物安全法》）第 56 条[1]、第 85 条第 8 项[2]相协调。根据我国 2019 年 7 月 1 日起施行的《中华人民共和国人类遗传资源管理条例》（以下简称《人类遗传资源管理条例》）第 9 条的规定，对采集、保藏、利用、对外提供我国人类遗传资源的行为是否合法、合规，提出了明确的具体判断标准。非法采集人类遗传资源、走私人类遗传资源材料罪运用刑罚手段惩治危害我国人类遗传资源的行为，对维护我国的公众健康、国家安全和社会公共利益，具有重要意义。[3]

人类遗传资源被称为"生命说明书"，承载着海量人类生物遗传信息，包含着人类生命体本质的信息，蕴藏着巨大的价值，是人类健康相关研究的不可替代资源，是事关公众健康和生命安全的战略性、公益性、基础性资源，与生物科技乃至国家安全息息相关。我国作为世界人口第一大国，是世界上人类遗传资源最为丰富的国家之一，但从 20 世纪 90 年代起，一直面临着较为严峻的人类遗传资源流失的情况，[4] 存在不容忽视的生物安全隐患。人类遗传资源是当今时代生

---

〔1〕 2020 年《生物安全法》第 56 条第 1 款规定："从事下列活动，应当经国务院科学技术主管部门批准：（一）采集我国重要遗传家系、特定地区人类遗传资源或者采集国务院科学技术主管部门规定的种类、数量的人类遗传资源；（二）保藏我国人类遗传资源；（三）利用我国人类遗传资源开展国际科学研究合作；（四）将我国人类遗传资源材料运送、邮寄、携带出境。"

〔2〕 2020 年《生物安全法》第 85 条第 8 项规定："人类遗传资源，包括人类遗传资源材料和人类遗传资源信息。人类遗传资源材料是指含有人体基因组、基因等遗传物质的器官、组织、细胞等遗传材料。人类遗传资源信息是指利用人类遗传资源材料产生的数据等信息资料。"

〔3〕 参见冯军：《危害公共卫生行为的刑法防治——以〈刑法修正案（十一）〉的相关规定为中心》，载《法学》2021 年第 2 期。

〔4〕 王玥：《新技术条件下我国人类遗传资源安全的法律保障研究——兼论我国生物安全立法中应注意的问题》，载《上海政法学院学报（法治论丛）》2021 年第 2 期。

物技术研究与开放的重要对象之一，人类遗传资源一旦被获取和滥用，就会成为"重大新发突发传染病、动植物疫情""生物恐怖袭击""生物武器威胁"的可能诱因，所以保障人类遗传资源安全是维护国家生物安全的重要方面。将危害人类遗传资源犯罪写入《刑法》标志着我国人类遗传资源保护体系的不断完善，不仅是对生物安全风险的提前防范，而且是为生物科技的健康良好发展、保障人民群众的健康权益提供了法治保障。

《刑法》第 334 条之一将危害人类遗传资源行为规定为犯罪的，仅限于非法采集我国人类遗传资源和非法运送、邮寄、携带我国人类遗传资源出境两类。因其严重侵害人类遗传资源提供者的健康、严重危害国家人类遗传资源安全，被规定为犯罪行为。但对于非法保藏、非法利用我国人类遗传资源的行为，则由于对公民健康、社会伦理和国家人类遗传资源所可能造成的损害相对小、相对不确定，而没有上升为犯罪。这表明我国刑法对人类遗传资源的首要属性——资源，有着充分的尊重。资源要加强保护，更要合理利用。对人类遗传资源的管理，既要维护公共利益、保护个人隐私、尊重社会伦理，又要适应技术发展新趋势、回应新诉求，在发展和监管之间找到一个平衡点。当然，随着生物技术的飞速发展，对人类遗传资源的非法利用所能造成的危害有可能会更加显化，到那时就需要刑法进一步与时俱进作出修改。[1]

（3）新增第 336 条之一非法植入基因编辑、克隆胚胎罪。非法植入基因编辑、克隆胚胎罪与《中华人民共和国民法典》（以下简称《民法典》）第 1009 条[2]规定相衔接，对真正落实《民法典》的相关规定具有重要意义。基因编辑、克隆胚胎是尖端医事行为，本身具有一定的有用性，但同时存在着严重侵害患者生命、健康、自我决定权甚至人类尊严的巨大危险。非法植入基因编辑、克隆胚胎罪属于基因科技犯罪的范畴，事关生物安全。刑法在尖端医疗领域设置边界应该维持一个平衡，一边是高科技医疗的科研自由以及医学进步所带来的收益，另一边是个人、社会、国家以及人类作为整体的基本法益不受侵害。将基因编辑、克隆的人类胚胎植入人体或者动物体内，或者将基因编辑、克隆的动物胚

---

〔1〕　曹菲：《加强国家生物安全刑事法治保障》，载《民主与法制时报》2021 年 1 月 21 日，第 6 版。

〔2〕　《民法典》第 1009 条规定："从事与人体基因、人体胚胎等有关的医学和科研活动，应当遵守法律、行政法规和国家有关规定，不得危害人体健康，不得违背伦理道德，不得损害公共利益。"

胎植入人体内，侵害人类尊严，破坏了人的唯一性和不可替代性，导致人被"工具化"与"手段化"，威胁人类的安全以及伦理道德秩序，甚至有可能将人类推向绝路，必须动用刑法加以规制，以保障人类的安全以及维护伦理道德秩序。

2018 年 11 月，震惊全球的"基因编辑婴儿"事件[1]为尖端医疗技术的法律规制敲响警钟，体现了尖端医疗技术刑法规制的必要性，不过法院认定贺某奎的行为构成非法行医罪，不无问题，但也具有类推适用的嫌疑。因为贺某奎进行基因编辑的对象并非人体，而是体外的细胞或者胚胎，将基因编辑、克隆的人类胚胎植入人体的行为，并不属于我国《刑法》第 336 条规定的非法行医罪的处罚对象，需要通过新的刑事立法加以惩治。因此，《刑法修正案（十一）》回应社会现实需求，新增非法植入基因编辑、克隆胚胎罪，不仅包括将基因编辑、克隆的人类胚胎植入人体的行为，也包括将其植入动物体内的行为；基因编辑、克隆的对象也不限于人类胚胎，即使是对动物胚胎进行基因编辑、克隆，只要是植入人体，都属于犯罪行为。将严重违反伦理、危害人类遗传安全的行为纳入了刑事处罚范围，对于防范基因技术的误用或谬用造成的不可控风险具有重要意义。

以实施生殖为目的对人类生殖系基因进行编辑严重违反伦理，具有不可控的风险，世界上许多国家立法进行限制，将人类生殖系基因编辑的临床应用规定为犯罪。例如，法国《新刑法典》、德国《胚胎保护法》、澳大利亚《禁止生殖性克隆人法案》，都规定了此类犯罪。[2]我国增设非法植入基因编辑、克隆胚胎罪是符合目前的科学技术水平和国际通行做法的正确立法举措。

（三）业务型医疗卫生犯罪惩罚性治理的司法现状

本部分分为医疗业务犯罪和卫生业务犯罪，通过检索相关裁判文书[3]分析

---

[1] 2018 年 11 月 26 日，时任南方科技大学副教授的贺某奎宣布，一对名为露露和娜娜的基因编辑婴儿已经于 2018 年 11 月在中国诞生。这对双胞胎的一个基因经过修改，使她们出生后即能天然抵抗艾滋病——这是世界首例免疫艾滋病的基因编辑婴儿。后经查，该事件是贺某奎明知违反国家有关规定和医学伦理的情况，为了追逐个人名利与广东省某医疗机构张某礼、深圳市某医疗机构覃某洲共谋而进行的人类胚胎基因编辑活动。贺某奎、张某礼、覃某洲 3 人未取得医生执业资格，追名逐利，故意违反国家有关科研和医疗管理规定，逾越科研和医学伦理道德底线，贸然将基因编辑技术应用于人类辅助生殖医疗，扰乱医疗管理秩序，情节严重，法院判决其行为已构成非法行医。参见李帅飞：《"基因编辑婴儿"案宣判！贺建奎一审获刑三年，罚款 300 万》载雷锋网，https://www.leiphone.com/category/industrynews/eKfR8CvM3zYf0itx.html，最后访问时间：2021 年 2 月 21 日。

[2] 参见曹菲：《加强国家生物安全刑事法治保障》，载《民主与法制时报》2021 年 1 月 21 日，第 6 版。

[3] 对相关裁判文书检索的截止时间为 2022 年 1 月 22 日。

业务型医疗卫生犯罪惩罚性治理的司法现状。

1. 医疗业务犯罪的司法现状

医疗业务犯罪涉及的罪名有医疗事故罪，非法行医罪，非法进行节育手术罪，非法植入基因编辑、克隆胚胎罪，通过裁判文书分析考察其司法现状。

（1）以"医疗事故罪""一审判决书"为关键词在威科先行法律信息库进行检索，共检索到69篇法律文书。2021年2份，2020年3份，2019年6份，2018年7份，2001~2017年共51份判决书，印证了医疗事故刑事案件被诉诸刑事诉讼程序并最终判处刑罚的案件十分少见这一结论。在涉嫌医疗事故罪的案例中，危害结果的发生与医疗行为之间因果关系的认定及医疗过失的判定是案件争议的焦点，案例中患者往往患有基础性疾病，并且医疗活动的专业性强，单纯依靠法官的智慧和经验进行裁断比较困难，需要借助鉴定来认定案件事实。"鉴定"既包括医学会的医疗事故技术鉴定，也包括司法鉴定所的司法鉴定。当两种鉴定意见存在矛盾时，其效力不存在高低之分，要求法官结合案件事实，对不同的鉴定意见作出客观分析，以得出法律上的判断。

（2）以"非法行医罪""一审判决书"为关键词在威科先行法律信息库进行检索，共检索到9028篇法律文书。可见，非法行医刑事案件的发案率远高于医疗事故刑事案件。非法行医罪是情节犯，必须达到情节严重才构成犯罪。同时，根据情节严重、严重损害就诊人身体健康、造成就诊人死亡三种情形将非法行医罪划分为三个量刑档次，厘清行为人的行为与危害结果之间的因果关系，确定行为对危害结果发生的原因种类及原因力大小，是认定行为人是否构成犯罪及其所适用量刑档次的重要因素。

（3）以"非法进行节育手术罪""一审判决书"为关键词在威科先行法律信息库进行检索，共检索到380份一审刑事判决书，分别是2021年2份，2020年4份，2019年10份，2018年17份，2001~2017年347份。非法进行节育手术罪的相关案例逐渐减少，这与我国的计划生育政策息息相关，《人口与计划生育法》2001年12月通过，经过2015年12月和2021年8月两次修正，从提倡一对夫妻生育一个子女，到提倡一对夫妻生育两个子女，再到当前一对夫妻可以生育三个子女，同时赋予育龄夫妻自主选择避孕节育措施的自由，使得非法进行节育手术罪事实上已经处于虚置状态，适用该条款认定犯罪的情形越来越少。

（4）非法植入基因编辑、克隆胚胎罪在威科先行法律信息库没有检索到相关裁判文书，由于该罪是《刑法修正案（十一）》新增罪名，实施时间短，所以没有相关案例。

2. 卫生业务犯罪的司法现状

（1）妨害传染病防治罪。以"妨害传染病防治罪""一审判决书"为关键词在威科先行法律信息库进行全文检索，搜索到 66 份判决书，2020 年裁判 61 份，2021 年裁判 5 份。

（2）传染病菌种、毒种扩散罪在威科先行法律信息库没有检索到相关裁判文书。以"妨害国境卫生检疫罪""一审判决书"为关键词在威科先行法律信息库进行检索，共检索到 182 篇法律文书，只有 3 篇符合条件。

（3）以"非法组织卖血罪""一审判决书"为关键词在威科先行法律信息库进行检索，共检索到 475 篇一审刑事判决书，其中，2021 年 26 篇，2020 年 41篇，2019 年 49 篇，2018 年 42 篇，2001~2017 年 317 篇。以"强迫卖血罪""一审判决书"为关键词，在威科先行法律信息库进行检索，共检索到 2 篇符合条件的裁判文书，分别是 2019 年 1 篇和 2020 年 1 篇。

以"非法采集血液罪""非法供应血液罪""非法采集、供应血液罪""制作血液制品罪""供应血液制品罪""制作、供应血液制品罪"为关键词，在中国裁判文书网判决结果部分检索刑事判决书，均没有检索到符合条件的裁判文书。以"采集血液事故罪""供应血液事故罪""采集、供应血液事故罪""制作血液制品事故罪""供应血液制品事故罪""制作、供应血液制品事故罪""采集、供应血液、制作、供应血液制品事故罪"为关键词，在中国裁判文书网判决结果部分检索刑事判决书，均没有检索到符合条件的裁判文书。

以"非法采集人类遗传资源罪""走私人类遗传资源材料罪""非法采集人类遗传资源、走私人类遗传资源材料罪"为关键词，在中国裁判文书网判决结果部分检索刑事判决书，均没有检索到符合条件的裁判文书，可能与该罪是《刑法修正案（十一）》新增罪名且施行时间不长有关。

（4）以"妨害动植物防疫、检疫罪""一审判决书"为关键词在威科先行法律信息库进行检索，共检索到 135 篇一审刑事判决书，2014~2017 年 12 篇，2018 年 6 篇，2019 年 47 篇，2020 年 52 篇，2021 年 18 篇。可见，对该罪的适用

2019～2020 年最多，2021 年次之，2018 年之前每年的判决书都是个位数。该罪是 2009 年《刑法修正案（七）》从"逃避动植物检疫罪"修改为"妨害动植物防疫、检疫罪"的，从 2009～2013 年都没有查到该罪适用的案例，同样也没有检索到有关适用逃避动植物检疫罪的案例。

综上，业务型医疗卫生犯罪整体来说在《刑法》中是比较"冷门"的罪名，司法适用案例较少，但是不管是中国裁判文书网还是威科先行法律信息库都不可能收集全国所有的判决，因此有些罪名适用较少甚至从未适用，并不能说明其只具有象征意义。罪刑规范的适用量与其实效性并不是等同概念，可以这样理解：罪刑规范适用频繁可以表明这一规范没有起到预防犯罪的作用，完全不适用表明这一规范具有实效性。只要某种严重危害行为具有发生的可能性，就有必要规定为犯罪；规定为犯罪后适用少，正好说明刑事立法起到了行为规制作用。[1]

（四）加强业务型医疗卫生犯罪惩罚性治理的对策分析

犯罪是多种多样的原因相互作用的结果，因而犯罪治理必须针对犯罪产生的原因，从综合治理或者系统论的观点出发，各种手段相互配合、相互衔接、综合发挥作用，才能消除诱发犯罪的各种可能性。业务型医疗卫生犯罪治理应该是一个多环节、多层次的对策体系，从刑事政策、罪行规范、刑事司法三方面构建对策体系。

1. 完善刑事政策

现代意义上的刑事政策是犯罪学发展的产物。刑事政策关注如何有效控制与预防犯罪，因此，对犯罪事实的正确把握是国家合理有效地对犯罪做出反应的前提。刑事政策是基于实际的犯罪状况与控制、预防犯罪的现实社会需要而产生，具有灵活性与变动性。我国的刑事政策对立法和司法都发挥着深远影响，从 20 世纪 50 年代的"镇压与宽大相结合"，到 20 世纪 80 年代的"严打"，再到晚近的"宽严相济"，我国的各种刑事政策一直在对司法实践发挥着强大的导向功能，深远地影响着刑事司法。[2]

业务型医疗卫生犯罪的刑事政策是预防、惩治和控制业务型医疗卫生犯罪，

---

[1]　参见张明楷：《增设新罪的观念——对积极刑法观的支持》，载《现代法学》2020 年第 5 期。

[2]　参见车浩：《刑事政策的精准化：通过犯罪学抵达刑法适用——以疫期犯罪的刑法应对为中心》，载《法学》2020 年第 3 期。

通过这一政策要实现的最终目标是维护公众生命健康。通过发布司法文件和典型案例指导基层司法，最高司法机关对业务型医疗卫生犯罪的积极回应，都集中体现了刑事政策的面貌，在要求"从严从重"打击相关犯罪、保护人民群众的生命健康安全上，司法机关在实践中应当适用精准化的刑事政策，避免"从严从重"刑事政策异化为毫无限制的扩张式、粗放式适用。

一方面，应当厘清"从严从重"与"宽严相济"的关系，"从严从重"是一种在特殊时期总体犯罪形势严峻的情况下，对特定具有严重社会危害性犯罪的应急性、特殊性处置要求，是"宽严相济"政策中"当严则严"的细化表现，应当从属于"宽严相济"这一总体刑事政策；同时不得忽视"宽严相济"中以人权保障为核心的"从宽"这一侧面，坚守"当宽则宽"。另一方面，应当厘清刑法与刑事政策的关系。"从严从重"的刑事政策必须受到罪刑法定原则、罪责刑相适应原则等刑法基本原则的制约，定罪量刑必须遵循刑法规范。因为在法治社会，刑法是刑事政策不可逾越的藩篱，刑事政策不能脱离刑法的制约进而使刑法沦为政策化的工具。[1]

具体的犯罪类型需要具体的刑事政策，应当针对具体犯罪类型确立细化、有差异性的刑事政策，划定不同犯罪刑事政策的宽严尺度，通过法教义学操作，指引个罪的解释和适用。刑法对业务型医疗卫生犯罪的介入存在滞后性，体现在具体危险犯的设置。《刑法》在"危害公共卫生罪"一节中共设置了3个具体危险犯，即妨害传染病防治罪，妨害国境卫生检疫罪，妨害动植物防疫、检疫罪。但是，这种设置形式却并不合理。具体危险犯与实害犯相比，在一定程度上体现了刑法介入的提前化，但其仍然要求出现一种现实的、紧迫的具体危险状态，即构成犯罪仍然需要具备具体的危险结果。在此意义上可以说，具体危险犯实际上还是以结果为本位的古典主义刑法观的体现，与现代倡导的以行为为本位的预防刑法还相去甚远。因此，将具体危险犯运用于那些以侵害个体的生命、身体、自由和财产为中心的传统犯罪，可以基本实现相应的预防效果；而运用于那些侵犯公共利益、危害重大且结果具有不特定性的"高风险"犯罪，在预防效果上则明显具有滞后性。

---

[1] 参见孙万怀、邱灵、侯婉颖：《论公共安全刑事政策的合法性》，载《政治与法律》2011年第9期。

无论是传染病的传播，还是重大动植物疫情的扩散，都具有潜在性、复杂性和蔓延性，特别是一些新型传染病，由于人类对其传染源、病理生成机制以及治疗方式等缺乏足够的认识，不仅传播方式难以把握，而且一旦感染往往在短期内无法有效救治；所以，"对于疫情防控来说，积极预防是最佳的法律策略，也是争取战略主动的重要前提。一旦传染病预防这一防线失守，我们很容易在疫情防控战役中陷入被动。"[1] 也正因如此，公共卫生立法必须强调主动预防，即从积极预防出发来防范和控制传染性疾病的蔓延。[2] 而如果采取具体危险犯这种立法形式，则由于紧迫的传播危险与传播结果之间在很大程度上存在不可逆性，无疑会导致刑法的堵截功能明显滞后，这并不利于刑法积极预防效果的发挥。更何况，这种具体的危险在判断上并不具有放火、爆炸等犯罪的直观性，实践中如何认定本身就是一个难题，将其作为入罪标准也并不合适。[3]

因此，业务型医疗卫生犯罪的刑事政策应当体现刑法介入的早期化。在复杂化的风险社会背景下，我国面临日益严峻的安全问题。公共卫生风险是不可恢复的典型风险，一旦变为现实，就很可能对人类社会造成灾难性影响。公众对公共卫生安全具有更高诉求的社会现实迫切要求国家积极介入与干预，作为社会治理手段的刑法有必要预防与管制公共卫生风险，提前介入风险社会中的安全问题。

晚近以来，刑法作为社会治理手段积极干预社会生活，将刑事违法判断的重心前移，只要具有危险行为即可处罚，而不必等到实害发生之后；改变法益原则的功能，从"没有法益侵害，就没有犯罪"转向"有法益侵害，就有犯罪"，使刑法从消极被动介入向积极主动介入转变；改变刑法的机能，淡化刑法与警察法的界限，将刑法视作社会防卫机制的一部分，消除传统刑法的最后手段性与辅助性特征。刑法介入早期化是晚近刑法立法活跃的突出表现和特色。如果某类行为社会危害性大、具有高风险特质，那么对该类行为刑法有必要早期介入，即刑事立法从实害结果向潜在危险不断前移，从实行行为向"前实行行为"延伸，强化刑法的社会保护和一般预防功能。业务型医疗卫生犯罪侵害或者威胁公众健

---

[1]　任颖：《从回应型到预防型的公共卫生立法》，载《法制与社会发展》2020 年第 4 期。
[2]　参见赵敏、何振主编：《卫生法学概论》，华中科技大学出版社 2016 年版，第 104 页。
[3]　例如，对于妨害传染病防治罪中的"有传播严重危险"，不仅要和以危险方法危害公共安全罪中的危险状态相区分，也要和"一般的传播危险"甚至行为本身的危险性相区分，这无疑是一个复杂的问题，将其作为入罪标准显然欠缺明确性。

康，在公共卫生风险现实化之前刑法早期介入危害公共卫生行为，本质上是刑法体系预防走向的必然结果。

刑法介入早期化最典型的体现是抽象危险犯的设置。但这种"超前保护"也必须有刑法上的正当性基础，亦即，只有"通过危险行为威胁到了法益"，才可以肯定刑事不法的存在。[1] 考虑到并非所有破坏公共卫生管理秩序的行为都会直接威胁到公众的人身健康，有些可能只属于单纯的"行政不服从"，一律采取抽象危险犯的设置形式并不适当，而采取具体危险犯的设置形式在预防上又太过滞后，所以准抽象危险犯就成为一种较为合理的立法选择。[2] 具体而言，对于妨害传染病防治罪，妨害国境卫生检疫罪，妨害动植物防疫、检疫罪这三种具体危险犯，应当效仿非法采集、供应血液、制作、供应血液制品罪，将其转换为"足以"型的准抽象危险犯。

2. 健全罪刑规范体系

业务型医疗卫生犯罪在罪刑规范设计方面存在构成要件缺乏类型性、罪过形式模糊、实害犯与危险犯的法定刑幅度不合理等问题。具体来说，主要表现为如下几个方面：

（1）构成要件缺乏类型性，容易形成处罚漏洞。《刑法修正案（十一）》修改妨害传染病防治罪的构成要件行为，将列举的实行行为由四种增加为五种，这样具体详尽的列举描述使法条的适用范围明确，有利于保证刑法安定性，但是也限定了处罚范围，使得其他值得科处刑罚的妨害传染病防治行为难以受到《刑法》规制。例如，《传染病防治法》（2013修正）第73条第2项"涉及饮用水卫生安全的产品不符合国家卫生标准和卫生规范的"没有纳入妨害传染病防治罪的规制范围，如果上述产品的销售金额没有达到5万元以上，却引起甲类传染病以

〔1〕 参见〔德〕乌尔里希·齐白：《全球风险社会与信息社会中的刑法：二十一世纪刑法模式的转换》，周遵友、江溯等译，中国法制出版社2012年版，第208页。

〔2〕 在世界上，确有一些国家对该领域的某些犯罪采取了抽象危险犯的设置形式，如挪威刑法中的"违反防范传染病或者保护公共卫生的规定罪"、匈牙利刑法中的"违反控制传染病流行的规定罪"、希腊刑法中的"违反传染病预防措施罪"和"违反植物传染病预防措施罪"，等等。但需要注意的是：一方面，这些国家一般都不存在类似于我国"刑罚+行政处罚"的双层次制裁体系；另一方面，对于其中一些不会对法益造成直接威胁的违法行为，在司法程序中一般也都会被"过滤"掉（因危险性不存在而出罪或者不起诉），很少会定罪处罚，也就是通常所谓的"立法定性、司法定量"。而我国则必须在立法中考虑"量"的要求。所以，对国外的相关立法也不能盲目追随。

及依法确定采取甲类传染病预防、控制措施的传染病传播或者有传播严重危险，则既不成立生产、销售伪劣产品罪，也不构成妨害传染病防治罪，由此形成处罚漏洞。究其原因，是因为妨害传染病防治罪的构成要件缺乏类型性描述。刑法立法贯彻类型性原则，要求立法描述犯罪构成要件的类型，而不应当将罪状规定得过于具体，因为对构成要件过于具体化的描述会导致刑法解释空间过小，难以适应不断发展变化的社会生活事实，出现处罚漏洞。

《刑法修正案（十一）》第 39 条增设非法植入基因编辑、克隆胚胎罪作为《刑法》第 336 条之一，将两类基因技术滥用行为纳入刑法的规制范围，即将基因编辑、克隆的人类胚胎植入人体或者动物体内，或者将基因编辑、克隆的动物胚胎植入人体内。非法植入基因编辑、克隆胚胎罪的构成要件行为限于以上两种类型，超出这些类型的基因技术滥用行为，即使具有严重的法益侵害性值得科处刑罚处罚，也不能入罪，这就容易导致处罚漏洞。例如，将基因编辑、克隆的人类胚胎植入人造子宫在人体外培养的行为对人类基因科学技术应用的伦理性和安全性造成侵害，威胁人类遗传安全，具有严重的法益侵害风险，但是，由于该行为没有被纳入《刑法》的规制范围，难以适用刑罚处罚。事实上，早在 2001 年，美国康奈尔大学刘鸿清教授团队研制出"人造子宫"；2019 年，欧盟"地平线2020 计划"拨出 290 万欧元（约合人民币 2320 万元），供科学家研发人造子宫；[1] 2020 年 12 月，我国已经成功实施人造子宫胎羊体外培育实验，[2] 所以，未来人类胚胎体外培养技术很有可能取得突破，用人造子宫孕育生产胎儿。而《刑法》第 336 条之一的类型性明显不足，对基因编辑的人类胚胎植入人造子宫，再通过该人造子宫生产婴儿的行为无法规制，可能重现贺建奎"基因编辑婴儿"事件的司法适用困境。

（2）罪过形式的模糊性导致是否存在过失危险犯成为问题。通常认为，过失犯的成立以造成相应的实害后果为必要，即过失犯一般都是实害犯。危害公共卫生罪中妨害传染病防治罪，妨害国境卫生检疫罪和妨害动植物防疫、检疫罪这

---

〔1〕　燕小六：《人造子宫来了，未来女性不用怀孕了？》，载中国医疗网，http：//med. china. com. cn/content/pid/148611/tid/1015，最后访问时间：2021 年 2 月 23 日。

〔2〕　郑州大学第一附属医院：《郑州大学第一附属医院成功实施国内首次人造子宫胎羊体外培育实验》，载郑州大学网，http：//www. zzu. edu. cn/info/1218/75721. htm，最后访问时间：2022 年 2 月 23 日。

三种具体危险犯的罪过形式在法律条文中并不明确，相关的司法解释也欠缺必要的说明，因而造成了认识上的混乱。例如，关于妨害传染病防治罪的罪过形式，有的认为只能是过失，[1] 有的认为只能是故意，[2] 有的认为可以同时包括过失与故意。[3] 其中，持过失论者的主要依据是：如果出于故意，会直接构成以危险方法危害公共安全罪。[4] 但问题是，持过失论者又认为，"公共卫生的含义完全不同于危害公共安全罪中'公共安全'的客体内容"。[5] 那么，同样的危害公共卫生行为（妨害传染病防治），又如何仅因罪过形式的转变就成为危害公共安全的行为呢？这是不可思议的。而持故意论者的主要依据则是：将其认定为过失犯罪缺乏"法律有规定"的前提。然而，法律是否有规定有时是需要解释和推断的，而不能仅看法条中是否存在表明过失的字眼。就本罪而言，如果按照"规范与事实相结合"的解释原理，恐怕既不能排除行为人基于侥幸心理认为传播结果不会出现的过失心态，也不能排除行为人基于报复社会等不良动机而希望或放任传播结果出现的故意心态。也就是说，本罪的罪过形式既可能是故意，也可能是过失。而妨害国境卫生检疫罪和妨害动植物防疫、检疫罪同样存在这样的情况。[6] 但是，这一结论的得出无疑又会形成新的法律问题，即故意犯罪和过失犯罪都可以是（具体）危险犯，且入罪条件一致，法定刑也完全相同。这种情况在理论上是难以接受的。

（3）实害犯与危险犯同处于一个刑罚幅度有违罪责刑相适应原则。妨害传染病防治罪，妨害国境卫生检疫罪和妨害动植物防疫、检疫罪，无一例外都是其本罪的实害犯与危险犯同置于一个刑罚幅度。危险犯对法益造成的只是一种威胁或危险，与实际侵害法益、严重损害公众健康的实害犯显然不能同日而语。所以，实害结果发生时的法定刑就应当高于危险状态发生时的法定刑，但我国《刑法》在这三种犯罪中却并未作此种区分，与世界其他国家（地区）的刑法规定

---

〔1〕 参见高铭暄、马克昌主编：《刑法学》，北京大学出版社、高等教育出版社 2019 年版，第 573 页。

〔2〕 参见张明楷：《刑法学（下）》，法律出版社 2021 年版，第 1468 页。

〔3〕 参见李希慧主编：《妨害社会管理秩序罪新论》，武汉大学出版社 2001 年版，第 448 页。

〔4〕 这也是过失论者一种较为普遍的见解。

〔5〕 参见孟庆华：《妨害传染病防治罪的几个构成要件问题》，载《法学论坛》2004 年第 1 期。

〔6〕 在其他一些犯罪中也存在这样的现象，比较典型的就是食品监管渎职罪，其主观罪过既可以是故意，也可以是过失，这是公认的。

相比，稍显不足。[1]

针对上述问题，可以从以下三个方面健全业务型医疗卫生犯罪的罪刑规范体系。

第一，实现犯罪构成要件的类型性描述。

刑事立法贯彻类型性原则，将构成要件描述为可以与具体案件相比较的类型。构成要件是违法类型，是类型化的法益侵害事实。类型通常是一般的、概括的，立法者需要归纳、整理出构成要件的类型。对性质相同的具体犯罪行为作类型性描述，不应当过于具体详尽，否则会导致刑法解释空间过小，而应使刑法条文能够包容应受刑罚处罚的行为，从而尽可能减少处罚漏洞，实现刑法立法的稳定性。

要实现犯罪构成要件的类型性，可以采用例示法。例示法比较详细地列举了行为的具体方式，同时以兜底条款防止刑法描述的遗漏，是介于概括条款与列举法之间的一种罪状描述模式。它将二者有机结合，允许法官对与例示行为相类似的情形作出同样处理。与概括条款相比，对类型作出描述会让条文内容更加具体明确，更能保障刑法条文适用的弹性与安定性，限制法官的自由裁量权；与列举法相比，更能适应不断发展变化的社会生活事实。因此，例示法越来越受到现代刑事立法的青睐。[2] 例如，妨害传染病防治罪的构成要件可以采用例示法表述，即在对妨害传染病防治行为的方式、手段作了比较详细的列举后，以"其他违反传染病防治法规定的"作为兜底条款，以后发生的事实可以涵摄在刑法规范中，以弥补立法漏洞。

对非法植入基因编辑、克隆胚胎罪的构成要件作类型性描述，不能完全按照具体的现实案件作"现象式"立法，而应当提炼出犯罪的本质和核心的事实特征，尽量涵盖最新生命科技的发展，符合刑法规定该罪的法益保护目的，即保护公众健康、保护人类遗传安全。从比较法角度考察，法国、加拿大、德国、澳大利亚等国家反对单纯为了商业利益的人类生殖系基因编辑的临床应用，以刑法或

<hr>

[1] 参见竹怀军：《妨害传染病防治罪立法的比较与借鉴》，载《西南政法大学学报》2006 年第 1 期。

[2] ［德］亚图·考夫曼：《类推与"事物本质"——兼论类型理论》，吴从周译，学林文化事业公司 1999 年版，第 63 页。

法令形式等禁止以实施生殖为目的对人类生殖系基因进行编辑的行为。例如，法国《新刑法典》第 511-17 条第 1 款规定："为工业、商业目的进行试管胎儿受孕的处 7 年监禁并处 100 000 欧元罚金。"[1] 加拿大《辅助人类生殖法案》（2004 年）第 5 条第 1 款规定："任何人不得在明知的情况下：（a）使用任何技术创造人类克隆体，或者将人类克隆体移植到人类或任何非人类生命形式或人工装置中；……（f）编辑人类或体外胚胎的基因，使这种编辑能够传播给后代；（g）将非人类生命形式的精子、卵子、胚胎或胎儿移植到人类中"，同时该法第 60 条也规定了相应的刑事责任。[2] 德国《胚胎保护法》（1990 年）第 5 条、澳大利亚《禁止生殖性克隆人法案》（2017 年）第 15 条也有类似规定。上述规定刑事责任的国家采用类型性罪状描述，即禁止人类生殖系基因被改变的临床应用，这样的罪状表述值得借鉴，为我国未来修改非法植入基因编辑、克隆胚胎罪提供了参考。

非法植入基因编辑、克隆胚胎罪是新兴的高科技犯罪，在维持现有罪名的前提下，可以采用例示法描述其罪状为："有下列危害人类遗传安全的情形之一，情节严重的：（一）将基因编辑、克隆的人类胚胎移植到人体或者非人体内；（二）将基因编辑、克隆的非人类形式的胚胎移植到人体内；（三）以其他方法使改造过的基因能够遗传给人类后代。"如此例示法的罪状描述模式，避免概括描述法与具体列举法的缺点，整合二者的优点，契合新兴犯罪发展变化较快的现实，通过比较现实案件是否与非法植入基因编辑、克隆胚胎罪例示的行为相类似，来判断行为能否成立该罪。

第二，故意犯罪与过失犯罪分别设置。

现代刑法理论认为，罪责（责任）的本质是非难可能性，故意和过失都是责任形式。其中，故意犯罪属于"明知故犯"，而过失犯罪的本质是"违反预见义务"，[3] 所以前者的可非难程度要明显高于后者，要承担更重的刑事责任。同时，这里的刑事责任轻重不仅仅表现为法定刑的轻重，还表现为入罪标准的高低

---

〔1〕《法国新刑法典》，罗结珍译，中国法制出版社 2003 年版，第 189 页。

〔2〕"Assisted Human Reproduction Act"，*https：//laws-lois.justice.gc.ca/eng/acts/A-13.4/index.html*，last visited November 16, 2021.

〔3〕参见黎宏：《过失犯若干问题探讨》，载《法学论坛》2010 年第 3 期。

或处罚范围的宽窄。基于此，将故意犯罪与过失犯罪分别设置，并在入罪标准和法定刑轻重上予以区别对待，几乎是世界各国的通例。

我国《刑法》大体上也贯彻了这一原则，不过仍有部分犯罪存在模糊故意责任与过失责任的问题。例如，通常认为滥用职权罪属于故意犯罪，玩忽职守罪属于过失犯罪。[1] 而《刑法》第397条却为两罪配置了相同的法定刑。甚至，在《刑法修正案（十一）》公布之前，《刑法》第408条之一规定的食品监管滥用职权和玩忽职守行为，还被设置成了一个罪名，即"食品监管渎职罪"。由此也就招致了学界的批判。例如，张明楷教授就明确指出，这种做法不仅会带来共同犯罪能否认定、教唆犯能否成立等司法适用上的难题，还可能会形成结果责任，因而是明显不当的。[2] 危害公共卫生罪中的妨害传染病防治罪，妨害国境卫生检疫罪和妨害动植物防疫、检疫罪，也同样存在类似的问题。或许，采取这一做法的原因是这些犯罪中的故意与过失很难区分，分立后容易为司法适用带来麻烦。但是，引发的问题是即使不在定罪阶段区分，也要在量刑阶段予以区分，因为故意与过失毕竟在责任程度上存在很大差异，不予区分会直接违反罪责刑相适应原则。对此，我们不能既认可故意杀人罪与过失致人死亡罪在法定刑上的巨大落差，又认为其他一些犯罪可以模糊故意与过失的界限，这是难以接受的。

有鉴于此，对上述危害公共卫生罪中的三种犯罪，必须明确区分其故意形态与过失形态，并分别设置相应的故意犯罪与过失犯罪，如妨害传染病防治罪与过失妨害传染病防治罪。对属于同一违法类型的故意犯罪与过失犯罪，除法定刑要体现出高低差异外，在入罪标准上也应当有所不同。其中，故意犯罪可以设置为准抽象危险犯（基本形态），那么，过失犯罪是否有必要设置危险犯呢？这就成为一个问题。应当说，"在20世纪中期以前，刑事立法规定的过失犯罪多为结果犯，即只有发生了实际危害结果才构成犯罪"。[3] 但是，在20世纪中期以后，随着人类逐步进入风险社会，为了更加积极有效地应对来自科技、交通、生物、环境等领域的公共危险，对过失犯罪也开始进行处罚前置化，即出现了所谓的过

---

〔1〕 参见高铭暄、马克昌主编：《刑法学》，北京大学出版社、高等教育出版社2017年版，第650、652页。

〔2〕 参见张明楷：《刑法学（下）》，法律出版社2016年版，第1266页。

〔3〕 储槐植、蒋建峰：《过失危险犯之存在性与可存在性思考》，载《政法论坛》2004年第1期。

失危险犯。例如，大陆法系的德国、日本、法国、意大利、瑞士、俄罗斯等国，英美法系的英国和美国等国，都出现了过失危险犯的立法，但一般都限于危害公共安全领域。[1] 同时，过失危险犯也主要表现为过失的具体危险犯，过失的抽象危险犯数量很少，所以过失危险犯通常指的就是过失的具体危险犯。

在我国学界，随着刑法的预防化转型，过失危险犯的立法形式也逐渐得到认可，且多数学者主张将其适用于涉及公共安全的特定领域。[2] 不过，也有学者存在不同的看法。例如，陈兴良教授就指出，"在我国目前行政处罚与刑事处罚的双重制裁体制下，没有发生实害结果的过失行为，仍然属于行政处罚的范畴，还没有达到刑事处罚的程度"。[3] 事实上，在我国广泛而有力的行政制裁制度之下，刑法中基本不可能存在过失的抽象危险犯，即便承认过失的具体危险犯，也只能将其限定在一个非常狭窄的高风险领域。至少，在危害公共卫生领域，是无必要设置过失危险犯的。具体理由是：一方面，该领域的相关规定多具有专业性特点，再加之疫情防控期间公众又往往处于紧张和焦虑的状态，偶有过失违反规定的行为，只要不引起严重后果，通常是可以理解的，即使需要惩治，相关的行政处罚也已足够；另一方面，对于那些故意违反规定实施危险行为的，通过设置抽象危险犯或准抽象危险犯即可进行有效规制，过失危险犯同样没有存在的必要。[4] 所以，在危害公共卫生罪中，对过失犯采取传统的实害犯或结果犯设置形式即可。

第三，危险犯与实害犯区别对待。

危险犯的危害性表现为对法益的威胁，抽象危险犯、准抽象危险犯和具体危

---

[1] 参见冀莹：《过失危险犯的基础及边界——以刑法的风险控制功能为视角》，载陈兴良主编：《刑事法评论·第28卷》，北京大学出版社2011年版，第171~172页。

[2] 参见刘仁文：《过失危险犯研究》，载《法学研究》1998年第3期；储槐植、蒋建峰：《过失危险犯之存在性与可存在性思考》，载《政法论坛》2004年第1期；吴富丽：《中国的过失危险犯立法——实然与应然的双重考量》，载《国家检察官学院学报》2005年第6期；冀莹：《过失危险犯的基础及边界——以刑法的风险控制功能为视角》，载陈兴良主编：《刑事法评论·第28卷》，北京大学出版社2011年版，第174页；付玉明、李泽华：《食品安全犯罪的立法完善——以过失危险犯为分析视角》，载《河南社会科学》2019年第6期。

[3] 陈兴良：《过失犯的危险犯：以中德立法比较为视角》，载《政治与法律》2014年第5期。

[4] 其实，规定抽象危险犯或准抽象危险犯，一个重要的立法缘由就是为了弥补在处罚过失犯罪过程中因受制于结果而形成的处罚漏洞。参见约尔格·艾泽勒、蔡桂生：《抽象危险型犯罪的立法缘由和界限》，载《法治社会》2019年第4期。

险犯都是如此，只不过威胁的紧迫程度不同而已。而实害犯则是对法益的实际侵害，危害程度显然要高于危险犯。因此，无论是国外还是国内，对同一种犯罪的危险犯与实害犯区别对待，并配置轻重不同的法定刑（前者轻、后者重），都是一种惯常的做法。

然而，我国《刑法》第 330 条、第 332 条、第 337 条却一反常态，将妨害传染病防治罪，妨害国境卫生检疫罪和妨害动植物防疫、检疫罪中的危险犯与实害犯规定在了同一法定刑幅度。尽管在量刑上对这两种犯罪形态可体现出轻重差别，但在立法上一视同仁的做法，却是有悖常理的。不过，也有一些学者基于这类犯罪的特殊性主张维持这种立法模式。例如，对于妨害传染病防治罪中的这一现象，有论者认为，该罪危险犯的社会影响和危害性也是相当大的，同样需要耗费大量的人力物力去挽回和消除，而且按照现行规定量刑也是适当的，不存在轻罪重刑的问题，所以无需与实害犯相区分。[1] 也有论者指出，传染病的实际传播与传播危险有时很难区别，甚至混同在一起，所以也无需区别，刑法为两者设定相同的法定刑是合理的。[2] 对于这些见解，本书不太赞同，理由在于：①衡量犯罪轻重的真正标尺是犯罪对社会的危害程度（或法益侵害程度），而不是为了消除犯罪影响所需支付的人力与物力成本；②按照现行规定对危险犯量刑适当，并不意味着对实害犯量刑适当，二者仍然存在罪刑均衡的问题；③传染病传播过程中因果关系认定的复杂性并不等于其无法认定，更不意味着无需区分实际传播与传播危险，而且二者不会出现混同的问题，哪怕只感染了 1 个人，也是实际传播，而不是传播危险。所以，认为此类犯罪无需区分危险犯与实害犯，并没有充分的根据。[3]

事实上，对于上述三种犯罪，按照我国通常的诉讼期限，从立案侦查到最终判决总有一段较长的期间，而在此期间内相关的传染病一般都经过了潜伏期，行为人的危险行为是否造成了实际传播，是能够得出结论的。只不过，相关的因果关系认定较为复杂，可能需要委托专门的医学鉴定机构来协助进行。另外，在司

---

〔1〕 参见康均心、李娜：《妨害传染病防治罪的立法缺陷及其补救》，载《中国地质大学学报（社会科学版）》2006 年第 3 期。

〔2〕 欧阳本祺：《妨害传染病防治罪客观要件的教义学分析》，载《东方法学》2020 年第 3 期。

〔3〕 参见敦宁：《危害公共卫生罪中危险犯的合理设置》，载《河北法学》2021 年第 7 期。

法判决中，对实际传播与传播危险也必须作出明确的区分。因为妨害传染病防治罪规制的是重大的传染性疾病，二者的危害性存在很大差异，即使不影响定罪，在量刑时也不得不考虑。也正是基于这种差别，对二者适用相同的法定刑不仅难言公正，在刑事政策上也并不适当，因为"对不同之罪的相同之刑经常促使人犯重罪"。[1] 所以，对该类犯罪的危险犯与实害犯进行区别对待，才是正确的选择。

3. 强化刑事司法应对

随着风险社会、数字时代的到来为了更好地实现对公共卫生风险的管控与预防，当涉及公众健康的重大法益保护时，刑法作为一种社会控制机制应积极参与公共卫生治理，《刑法修正案（十一）》修正和完善危害公共卫生罪，使刑事法网更严密。强化刑事司法应对业务型医疗卫生犯罪成为必然。

利用公共卫生专业知识促进刑事司法目标，涉及更广泛的社会和政治考虑。公共卫生专业人员凭借收集和调查方法，以及流行病学专业知识，得以更多介入刑事司法程序，这成为发展趋势。例如，因传染病传播的隐蔽性、复杂性和不确定性等特性，在妨害传染病防治罪、妨害国境卫生检疫罪中，行为与结果之间的引起与被引起关系往往无法在科学上得到确切的证明，传统因果关系理论对于解决该类罪的刑事责任归属问题也显得捉襟见肘。为了化解司法困境、实现合理规制，需要在该罪的因果关系判断中引入疫学因果关系理论，即运用统计学概率论原理和流行病学法则来认定因果关系。德国、日本等大陆法系的国家曾在 20 世纪 70 年代将疫学因果关系运用于公害犯罪领域。随着公共卫生形势的严峻化，引入疫学因果关系理论来解决妨害传染病防治罪中的因果关系判断问题，不仅具有适当性，也有助于风险社会下刑法积极预防功能的发挥。

所谓疫学，即流行病学。故而，疫学因果关系也称为流行病学因果关系。该理论的核心内容是：在根据现有的科学法则不能证明存在因果关系的情况下，运用统计学概率论原理和流行病学法则，基于统计学上的高度盖然性来认定存在因果关系。[2] 日本学者根据流行病学理论，总结出存在疫学因果关系应当遵守的

---

〔1〕 ［英］吉米·边沁：《立法理论》，李贵方等译，中国人民公安大学出版社 2004 年版，第 378 页。
〔2〕 参见 ［日］大塚仁：《犯罪论的基本问题》，冯军译，中国政法大学出版社 1993 年版，第 104 页。

四个基本规则。[1] 在司法实践中，疫学因果关系理论的应用有两个经典案例，一是日本的"熊本水俣病案"[2]，二是德国的"擦里刀米德案"[3]。在这两个案件中，依据当时的科技条件都无法证明行为人的行为与被害人所患疾病之间存在（相当的）因果关系，法院运用疫学因果关系理论推定行为与结果具有因果关系，从而追究了被告人的刑事责任。

　　我们生活的社会是复杂的，某种结果的出现往往是多个原因混杂交织在一起造成的，行为人的行为是否以及如何导致了结果的发生，在许多情况下无法用已知的自然科学作出充分和准确的证明。事实上，行为与结果之间的结合关系是多种多样的，并不是只有条件公式一种类型，因此难以用统一的条件公式认定刑法中类型多样的因果关联。例如，在妨害传染病防治罪的因果关系判断中，条件公式的适用就是失灵的，机械地适用这一公式不但不利于惩治犯罪，也无法满足有效防控疫情的刑事政策要求。疫学因果关系理论是作为条件公式的例外而兴起的一种因果关系理论，其并没有采用"非 P 则非 Q"的条件公式，而是以流行病学和统计学概率为基础，降低了行为与结果之间事实结合关系的标准。疫学因果关系涉及的事实因果具有独特性，不要求行为与结果之间存在绝对性或排他性的条件关系，只要行为与结果的发生概率升高之间存在条件关系就可以认定行为与结果之间存在因果关系，其目的就是通过放宽事实因果的认定标准来实现特殊情形下对行为人的刑事责任追究，从而填补刑事处罚的疏漏或空隙。

---

　　〔1〕　疫学因果关系要遵守的四个基本规则是：①该因子在发病前的一定期间已经发生作用；②该因子的作用程度越明显则疾病的发生率越高；③根据该因子的发生、扩大等情况作的疫学观察记录能说明流行的特性；④从该因子为原因的发生机制上可能予以生物学的说明而不发生矛盾。参见［日］野村稔：《刑法总论》，全理其、何力译，法律出版社 2001 年版，第 143 页。

　　〔2〕　该案的基本案情是：从 1953 年开始，在日本熊本县水俣湾附近的居民多发原因不明的怪病，被称为"水俣病"，成为很大的社会问题。发病原因在医学上、生理上、药理上都不能加以证明。但可以肯定的是，位于水俣市的肥料公司排出的含有汞的废液污染了水俣湾的鱼、贝等，吃了这些鱼、贝的人有很大可能患上该病。据此，法院根据流行病学的理论，认为肥料公司排出废液的行为与附近居民患水俣病之间存在疫学上的因果关系，进而判决该公司的经理、厂长构成业务上过失致死伤罪。参见［日］大塚仁：《刑法概说（总论）》，冯军译，中国人民大学出版社 2003 年版，第 167~169 页。

　　〔3〕　该案的基本案情是：在德国，许多妊娠期间服用了品牌为"擦里刀米德"的安眠药的妇女，生下的孩子多有先天性畸形，但当时的科学无法证明安眠药对胎儿先天性畸形的发病机理。1970 年，德国裁判所根据疾病的发生频度、地理分布以及药品的销售量、被害人服用药品的时间，推定"擦里刀米德"安眠药是疾病的发病原因，进而追究了被告的刑事责任。参见［日］藤木英雄：《公害犯罪》，丛选功、徐道礼、孟静宜译，中国政法大学出版社 1992 年版，第 29~33 页。

在刑事司法活动中引入疫学因果关系理论也遭到了学界的批评。有论者认为，疫学因果关系这种"存疑则罚"规则违反了刑法上因果关系的"存疑则不罚"原则；[1] 也有论者指出，只有确定了自然科学的因果法则之后，才能肯定有刑法上的因果关系；[2] 还有论者指出，自然科学原理不能证明因果流程，则刑法上的因果关系就无从谈起。[3] 概言之，批评意见主要是：疫学因果关系不等于刑法上的因果关系，后者必须经过确定的自然科学法则证明，如果精准的科学原理无法证明具体的因果流程，那么无论行为导致结果发生的概率有多高，都不能认定存在刑法上的因果关系。但是，上述批评意见是存在一些问题的，理由有以下两点。

第一，从刑事诉讼的证明标准来看，力求达到与客观事实完全相符的"客观真实"，只是一种理想的追求，"法律真实"才是可能达到的实际要求，即从法律的角度认为是真实的就可以。[4] 对因果关系的认定也是如此。即使运用科学法则"证明"了所谓的"因果流程"，也不能完全保证它与客观发生的事实是丝毫不差的。而且，随着社会的不断发展，某些"科学法则"的科学性本身也会发生变化，之前认为非常科学的技术，现在看来可能并不一定科学。因而，在刑事诉讼中，无论是对事实的证明，还是对因果关系的认定，本质上都是追求一种"最大的可能性"，只要在现有条件下达到了某种要求或标准（如"排除合理怀疑"），就可以认定其在法律上是真实的。就疫学因果关系而言，其只是将行为提升结果发生的概率作为归因基础，进而重新塑造了事实因果的判断标准。在实践中，这种概率当然需要达到较高的程度。但也不能认为，只要没有达到100%，就违反了"存疑则不罚"的原则，这是不符合认识规律的。

第二，从刑事政策的角度来看，引入疫学因果关系理论也是对风险社会的回应。随着风险社会的到来，人们面临的各种安全挑战不断增加，生物安全、生态安全、资源安全等成为国家安全体系的重要内容，安全价值被一再强调。作为风险控制手段的刑法也势必要做出调整以适应人们对安全的需求。而传染病犯罪、

---

〔1〕 参见〔日〕西田典之：《日本刑法总论》，王昭武、刘明祥译，法律出版社 2013 年版，第 79 页。

〔2〕 参见张明楷：《外国刑法纲要》，法律出版社 2020 年版，第 101 页。

〔3〕 参见董玉庭：《从客观因果流程到刑法因果关系》，载《中国法学》2019 年第 5 期。

〔4〕 参见宋英辉、甄贞主编：《刑事诉讼法学》，中国人民大学出版社 2013 年版，第 228~229 页。

环境犯罪、食品药品犯罪等具有公害性的高风险犯罪，不仅危害重大，其中的因果关系还极为复杂，因此必须在因果关系判断方面采取一些灵活性或变通性的措施，以满足积极预防的需求，而不能机械地固守传统的因果关系理论。基于这一背景，在传染病犯罪或其他公害犯罪领域引入疫学因果关系理论，也就是顺理成章的事情了。

疫学因果关系适用的基本判断逻辑如下：第一步，确定行为和结果的时序性；第二步，确定行为场所、活动轨迹和接触史的重合性；第三步，确定因果关系的合规律性。疫学因果关系的引入体现了刑法因果关系理论的发展，但其适用范围应限定于传染病犯罪，环境犯罪，食品、药品犯罪等公害犯罪领域，而不能广泛适用。换言之，只有在传统的"相当因果关系说"（或客观归责理论）难以解决的领域，才需要引入疫学因果关系理论，以填补刑事处罚的疏漏或空隙。这也是风险社会的背景之下，在惩罚犯罪与保障人权之间所进行的一种平衡或协调。从最高司法机关公布的妨害传染病防治罪的典型案例来看，司法人员在其中的因果关系判断上，其实已经自觉或不自觉地运用了疫学因果关系的判断逻辑，只是由于缺乏必要的理论依托或规范指引，在实际操作上还显得较为粗糙。有鉴于此，有必要通过引入疫学因果关系理论来指导司法实践，从而实现司法判断的规范化和精细化。

三、业务型医疗卫生犯罪的预防性治理研究

（一）业务型医疗卫生犯罪预防性治理概述

1. 业务型医疗卫生犯罪预防性治理的界定

（1）犯罪预防性治理。犯罪预防是犯罪学研究的出发点和落脚点。犯罪预防有广义和狭义之分，广义的犯罪预防是菲利提出具有现代意义的犯罪预防理论以来，直至20世纪80年代，各国犯罪学家几乎都是从广义上理解和界定犯罪预防，包括所有能对预防犯罪产生影响的事前干预措施和事后的处罚或矫正措施。广义的犯罪预防思想为新社会防卫学派所推崇，在不少西方国家的刑事政策中也有反映。我国长期以来的理论界和实务界，也奉行广义的犯罪预防观念。狭义的犯罪预防是自20世纪80年代以来产生的预防概念，是一种积极的事前预防，以消除或限制犯罪行为发生的可能性为唯一目的或主要目的的各种措施和活动的总

称。在当代，更为严谨的、具有可操作性的狭义预防概念得到了提倡和推动。[1]例如，我国有学者指出，犯罪预防是指"在犯罪行为发生之前所采取的防范行动和措施，具体说，是指有助于消除犯罪原因、避免犯罪发生的社会的组织管理和建设发展方面的各种活动与措施。"[2] 可见，狭义的犯罪预防是在犯罪行为发生之前所采取的各种措施或行动，这些措施或行为应当是针对全体公众或公众中的某一群体。

"治理"是指多主体共同参与、协同配合，[3] 犯罪治理是指运用国家正式力量和社会非正式力量解决犯罪问题的诸多方式的总和，是各方针对犯罪问题采取联合行动的过程，目的在于限制、消除产生犯罪的原因、条件，以防止、控制和减少犯罪。[4] 我国犯罪治理的根本方针是综合治理，"是指在各级党委统一领导和政府主导下，动员和组织全社会的力量，运用政治的、法律的、行政的、经济的、文化的、教育的多种手段，打防结合，预防为主，标本兼治，对违法犯罪问题进行综合性整治，从根本上预防和减少犯罪，维护社会秩序，保障社会稳定。"[5] 犯罪预防性治理是一种犯罪治理方式，在刑事政策层面上不宜局限于狭义的犯罪预防概念。本书认为，从我国综合治理的犯罪预防实践模式出发，犯罪预防性治理应当是采取各种措施和手段去减少社会中存在的各种可能诱发犯罪的因素，以减少和遏制犯罪的发生。

（2）业务型医疗卫生犯罪预防性治理。业务型医疗卫生犯罪预防性治理的治理主体不应仅是刑事司法机关，也应包括国家、社会和公民个人通过实行不同的政策，综合运用政治、经济、行政、法律、文化、教育等各种手段统筹协调，以有效预防业务型医疗卫生犯罪的发生。

---

〔1〕 张远煌主编：《犯罪学》，中国人民大学出版社 2022 年版，第 211~213 页。

〔2〕 许章润主编：《犯罪学》，法律出版社 2016 年版，第 249 页。

〔3〕 联合国全球治理委员会（Commission on Global Governance）在《我们的全球伙伴关系》的研究报告中提出：治理是各种公共的或私人的个人和机构管理其共同事务的诸多方式的总和。它是使相互冲突的或不同的利益得以调和并且采取联合行动的持续过程。这既包括有权迫使人们服从的正式制度和规则，也包括各种人们同意或以为符合其利益的非正式的制度安排。它有四个特征：治理不是一整套规则，也不是一种活动，而是一个过程；治理过程的基础不是控制，而是协调；治理既涉及公共部门，也包括私人部门；治理不是一种正式的制度，而是持续的互动。

〔4〕 焦俊峰：《犯罪控制中的治理理论》，载《国家检察官学院学报》2010 年第 2 期。

〔5〕 张远煌主编：《犯罪学》，中国人民大学出版社 2022 年版，第 304 页。

业务型医疗卫生犯罪主要是行政犯罪，其预防治理与公共卫生行政执法密不可分。公共卫生法贯彻风险预防原则，亦即，面对科学不确定性，按照预防原则管理风险。"风险预防原则的四个组成因素是：面临不确定性时采取预防性措施、由风险活动的倡导者承担举证责任、探索应对可能的有害行为的系列可供选择的方案、提高决策形成的公众参与度。"[1] 党的十八大以来，坚持预防为主是公共卫生法治建设的基本原则。习近平总书记提出，要"坚持预防为主"，"将预防关口前移"[2]，"更精准更有效地防"[3]。这既是对社会成员健康意识的重要指引，也是对突发公共卫生事件预防与公共卫生立法的新的更高要求。

风险社会下，公共卫生风险升级，公共卫生立法及时跟进新的疫情防控要求，实现从回应型到预防型的立法进展，采取公共卫生风险源头监管立法：一是传染源管控，这是阻断传播的关键环节。二是食品溯源，这是防控动物源性疾病的重要领域，即针对公共卫生风险发生的原因，对引起疫情的病原体来源进行核查，从源头上控制疫情蔓延。业务型医疗卫生犯罪预防性治理从保障和促进公众健康出发，采取正式和非正式的预防措施，全面提升疫情防控能力，预防和减少危害公共卫生犯罪的发生。

2. 业务型医疗卫生犯罪预防性治理的类型

业务型医疗卫生犯罪预防性治理是一个综合多种力量、运用多种手段，以防止和减少犯罪的体系。在预防途径上，除传统的社会预防和刑罚预防之外，还有情境预防。这些犯罪预防类型各有其优势和局限性，应当结合起来共同发挥作用，形成科学的犯罪预防体系，以达到真正减少业务型医疗卫生犯罪，保护公共卫生安全的目的。

（1）社会预防。社会预防是相对于犯罪原因中的社会因素而言的，是国家和社会针对影响犯罪现象存在和变化的社会原因所采取的各种措施与行动，目的在于减少犯罪的社会性诱因，强调整体社会政策与犯罪预防对策的衔接与统一。德国刑法学家李斯特名言"最好的社会政策就是最好的刑事政策。"在制定社会

---

〔1〕［美］劳伦斯·高斯汀、林赛·威利：《公共卫生法：权力·责任·限制》，苏玉菊、刘碧波、穆冠群译，北京大学出版社 2020 年版，第 70 页。

〔2〕施芳：《把健康嵌入城市整体规划》，载《人民日报》2020 年 4 月 22 日，第 5 版。

〔3〕人民日报评论员：《坚持预防为主 改革完善疾病预防控制体系——论学习贯彻习近平总书记在专家学者座谈会上重要讲话》，载《人民日报》2020 年 6 月 5 日，第 1 版。

政策时，就必须从有利于社会稳定与社会和谐这一客观要求出发进行综合考虑。通过强化家庭、同伴、学校、邻里、社区等环境以及教育、文化、体育等领域中存在的促进个人守法的措施与活动，来降低个人或组织实施犯罪行为的概率。[1]在职业生涯中注重犯罪的社会预防，对于形成减少犯罪的文化氛围具有重要意义。社会预防是根本的犯罪预防的治本之策，但也存在见效缓慢的局限性。

业务型医疗卫生犯罪原因复杂多元，不论是医疗业务犯罪还是卫生业务犯罪，通过社会预防这种积极的事先防范，限制、消除导致业务型医疗卫生犯罪的社会因素，遏制犯罪于未然，达到社会效果与法律效果的统一。

（2）情境预防。情境预防是晚近世界范围内犯罪预防的主要流派之一。有关情境预防的概念，在理论上有不同表述，其中尤以英国学者克拉克（Ronald V. Clarke）提出的概念最具代表性：情境预防是通过确认、管理、设计、调整等方式，持久、有机地改变情境，影响行为人的理性选择，减少犯罪的机会情境因素和促成情境因素，从而达到犯罪预防的目的。[2]可见，情境预防分析犯罪行为发生的一般规律，采取增加潜在犯罪人被发现和被检举的风险、增大犯罪实施难度、消除引诱犯罪的动机、减少犯罪收益等措施，改变或控制微观环境（情境）以预防犯罪，最终达到减少犯罪的目的。情境预防将犯罪预防的重点由强调正式或非正式的社会控制转移到同时注重对犯罪行为发生过程的控制，不仅使犯罪预防措施更具有操作性、现实性和成效性，而且极大地降低了犯罪预防成本。

运用情境预防理论，预防业务型医疗卫生犯罪，可以从以下方面着手：其一，尽可能减少诱发业务型医疗卫生犯罪动机或实施业务型医疗卫生犯罪的机会；其二，通过治理可能诱发业务型医疗卫生犯罪的环境来达到预防目的；其三，增大实施业务型医疗卫生犯罪的危险性，尽量减少行为人实施犯罪所得利益。当然，情境预防的运用领域目前较多用于财产犯罪预防，对于业务型医疗卫生犯罪预防的预防效果有待进一步探索。

（3）刑罚预防。刑罚预防是国家通过设立和适用刑罚来遏制犯罪和震慑犯罪人以防止犯罪再发生的预防活动。刑罚预防是在广义犯罪预防概念下讨论的，

---

〔1〕 张远煌主编：《犯罪学》，中国人民大学出版社 2022 年版，第 223 页。

〔2〕 Derek B. Cornish, Ronald V. Clare, "Opportunities, Precipitators and Criminal Decisions: A Reply to Wortley's Critique of Situational Crime Prevention", *Crime Prevention Studies*, 2003（16）, pp. 79–80.

作为犯罪预防的最后一道防线，刑罚预防是犯罪预防体系不可或缺的组成部分，为社会预防和情境预防功能的充分发挥提供强有力的后盾支持。刑罚预防犯罪的目的包括两方面：一般预防与特殊预防。一般预防是通过刑法的预告和执行，一般性的告诫人们不要实施犯罪，不然会受到刑罚的惩罚，从而预防一般人犯罪；特殊预防是通过对犯了罪的人适用刑罚，让其亲身感受犯罪给自己带来的痛苦，并对其进行教育改造，防止犯罪人再犯罪。

刑罚对业务型医疗卫生犯罪的预防具有一定的作用，但是刑罚具有自身的局限性，其并不能消除犯罪产生的社会根源和经济根源，因而不可能从根本上预防和消灭犯罪。因此，不可把刑罚预防功能绝对化，否则就会出现重刑主义倾向。刑罚是犯罪的法律后果的基本表现形式，并且是最严厉的强制方法。此外，犯罪的法律后果还有两种：一是实体上的非刑罚处罚与保安处分方法。例如，《刑法》第37条规定的非刑罚性处置措施，[1] 是犯罪的法律后果的表现形式；再如，《刑法》第38条第2款保安处分措施。[2] 二是仅宣告行为构成犯罪，但免除刑罚处罚，并且不给予非刑罚处罚与保安处分。刑罚的适用保持在最必要的范围内，能够通过其他措施预防的行为解决，尽可能不适用刑罚。

3. 业务型医疗卫生犯罪预防性治理的功能

业务型医疗卫生犯罪预防性治理的功能就是应当具有的客观效用。社会预防的内容和措施具有广泛性和多样性，后文也将多从社会预防措施层面阐述业务型医疗卫生犯罪预防性治理，因而，本书以社会预防的功能为例分析业务型医疗卫生犯罪预防性治理的功能。

（1）社会构建功能。社会预防是通过建设一个健康、完善的社会环境，最大限度地消除和抑制诱发犯罪的因素。所以，业务型医疗卫生犯罪的社会预防措施对经济、政治、文化建设的发展与完善有着积极的促进作用，具体表现在两个方面：一是社会整合功能。业务型医疗卫生犯罪社会预防活动的开展，在有效防止和减少业务型医疗卫生犯罪发生的同时，有力地促进了社会的整合，使社会成

---

[1] 《刑法》第37条规定："对于犯罪情节轻微不需要判处刑罚的，可以免予刑事处罚，但是可以根据案件的不同情况，予以训诫或者责令具结悔过、赔礼道歉、赔偿损失，或者由主管部门予以行政处罚或者行政处分。"

[2] 《刑法》第38条第2款规定："判处管制，可以根据犯罪情况，同时禁止犯罪分子在执行期间从事特定活动，进入特定区域、场所，接触特定的人。"

为一个具有共同价值取向的、具有凝聚力的团结整体。二是规范控制功能。规范控制功能分为正式控制和非正式控制两种，正式控制是指由政府、法庭等国家职能机构实施的制度化控制，具有强制性；非正式控制是指凭借舆论、习俗等进行的非制度化控制，具有非强制性。例如，业务型医疗卫生犯罪社会预防措施中的公共卫生行政法规与行政执法（如人类遗传资源法规）促使个人遵从行政法规的要求，从而遏制犯罪的发生。

（2）犯罪防控功能。业务型医疗卫生犯罪的各种社会预防措施相互作用，能够抑制犯罪动机，限制犯罪机会和条件，从而从根本上防止或者减少犯罪行为发生。一是抑制犯罪动机。例如，对医药院校的医学生及医疗机构的医务人员开展的医德医风医道教育，推进医学人文素质教育，培养法治思维，遵守法律法规和诊疗护理规范，树立责任意识，从根本上抑制医疗事故罪的犯罪动机，防患于未然。二是限制犯罪机会和条件。通过限制业务型医疗卫生犯罪的机会和条件，来防止犯罪的发生。例如，通过相关行政部门对非法采集我国人类遗传资源或者非法运送、邮寄、携带我国人类遗传资源材料出境的行为进行行政监管，实施行政处罚，减少诱发非法采集人类遗传资源、走私人类遗传资源材料罪的因素，起到抑制该类犯罪的作用。

（二）业务型医疗卫生犯罪预防性治理的措施

业务型医疗卫生犯罪预防性治理就是要运用多维度的预防性治理手段，使之相互协调，形成科学、合理的预防性治理体系。其中，法治教育、职业道德教育属于非正式的预防性治理措施，行政监管和处罚属于正式的预防性治理措施。

1. 法治教育

法治即法的统治，是一个古老而又常新的概念。法治的根本原则是法律至上，任何权力都必须在法律的范围内行使，依照法律的程序规定来运行，不得凌驾于法律之上。法治的核心是严格依法办事，将法律作为真正的行为准则。当代中国法治的基本要义比较集中地体现为两个"十六字方针"。1978年，党的十一届三中全会将我国对于法制建设的基本要义概括为"有法可依、有法必依、执法必严、违法必究"，法学界将其称为"十六字方针"。2012年党的十八大报告将新时代中国特色社会主义法治的基本要求概括为"科学立法、严格执法、公正司法、全民守法"，法学界称之为"新十六字方针"。[1]

法治教育对业务型医疗卫生犯罪预防性治理至关重要，不应仅是单纯的宣讲相关案例和普及卫生法律、刑法常识，而应当是通过法律知识的普及和法律意识的宣讲，努力使社会公众形成法律意识、守法观念和对法律的信仰。公众法律意识、守法观念和法律信仰的形成，不仅会使其自觉遵守卫生法律规范，而且会培育其权利保护意识以及与业务型医疗卫生犯罪作斗争的勇气，应当特别重视对犯罪分子依法惩处的法治教育意义。通过法治教育，发挥法律的教育作用和规范作用，通过公民的自我约束和自我矫正达到减少和预防业务型医疗卫生犯罪的目的。

2. 职业道德教育

道德是一套评价善恶的规则和标准。从客观上讲，它凭借社会舆论、传统习惯和人们的内心信念等道德评价和制裁而得以执行；从主观上讲，它通过个人的良心以及对道德责罚的畏惧而得到遵从。我国当前的"宽严相济"刑事政策，就源于古代的"宽猛相济"政论，体现了预防犯罪的思想。在道德教化方面，更是提出了"道之以政，齐之以刑，民免而无耻。道之以德，齐之以礼，有耻且格"[2] 的思想，认为道德教化是最好的犯罪预防之策和社会治理之本。

运用道德力量预防犯罪，主要表现在两个方面：一是加强道德建设和道德教育。道德建设是指对道德规范体系的确立；道德教育是指对道德规范的宣传和灌输。道德教育除了政治信念的灌输，更主要的是对基本伦理规范的传授，促使人们自觉遵守社会公德、职业道德、家庭美德，培养人们的道德观念、道德境界和道德行为。二是道德规范的维持和执行，主要表现为人们的内心信念、传统习惯以及普遍的社会监督和舆论谴责。[3]

职业道德教育作为业务型医疗卫生犯罪预防性治理措施，更多地体现在其中的过失犯罪中，如医疗事故罪。医疗事故罪是医务人员由于严重不负责任，不履行或不正当履行职务，疏忽大意，过于自信，工作马虎草率，不按规定操作，造成就诊人死亡或者严重损害就诊人身体健康的严重后果。因此，有必要对医务工

---

〔1〕 张文显主编：《法理学》，高等教育出版社 2018 年版，第 368 页。

〔2〕 《论语·为政》。

〔3〕 王娟主编：《犯罪学（修订版）》，中国政法大学出版社 2020 年版，第 276 页。

作人员进行职业道德教育，预防医疗事故罪的发生。

医务人员的职业道德，也可以称为医德，是医务人员必须具备的思想品质和道德修养，也是医学人文素质的重要组成部分。我国古代医家非常推崇医德，主张"医乃仁术"。如唐代名医孙思邈提出"人命至重，贵于千金"，在《备急千金要方序》中指出："凡大医治病，必当安神定志，无欲无求，先发大慈恻隐之心，誓愿普救含灵之苦。"[1] 当今，尤其要重视医务人员的医德教育，大力弘扬爱岗敬业、仁爱救人、敬畏生命的医德精神。

3. 行政监管和处罚

业务型医疗卫生犯罪绝大多数属于行政犯，兼具行政违法与刑事违法，同时承担行政责任和刑事责任，一般在行政监管严重失灵且适用行政处罚并不足惩戒时，才能启动刑事追诉。由于业务型医疗卫生犯罪多是以违反前置性行政法规为前提，并且有学者认为，"后现代刑法"最主要的特征之一就是专业性，[2] 因而，对业务型医疗卫生行为的专业行政监管和处罚是预防业务型医疗卫生犯罪必不可少的举措。

卫生行政主管部门以行政手段对医疗卫生机构的医疗卫生服务活动详加规制，例如，医疗机构的设置审批、执业登记、备案和校验，医疗机构执业活动的检查指导以及医疗机构的评审都需要卫生行政部门的监督管理，以保障内部管理规范；监督指导辅助生殖机构按照有关法律法规技术规范要求，加强内部管理、依法执业、规范服务；对违反卫生行政法律法规的行为人实施行政处罚，预防潜在犯罪人进入业务型医疗卫生犯罪的犯罪圈。

例如，《刑法修正案（十一）》新增的非法植入基因编辑、克隆胚胎罪，卫生监管部门对实施基因编辑、克隆胚胎的行为，要严格按照法律法规及医学伦理原则，加强辅助生殖技术准入和监督管理，建立审批备案制度，落实定期校验制度。设立违法违规开展辅助生殖、基因编辑、克隆胚胎的机构和人员黑名单，定期向社会公布。对违法违规开展基因编辑、克隆胚胎的机构和个人，依法给予警

---

〔1〕 夏候妙卿、董玉节：《医德医风医道与高等医药院校人文素质教育》，载《成都中医药大学学报（教育科学版）》2022年第1期。

〔2〕 〔法〕米海依尔·戴尔玛斯-马蒂：《刑事政策的主要体系》，卢建平译，法律出版社2000年版，第71页。

告、罚款、没收违法所得、暂扣或吊销许可证与执照等行政处罚，防止情节严重的犯罪行为发生。

（三）业务型医疗卫生犯罪预防性治理存在的问题

在国家治理体系和治理能力现代化语境下，在全面依法治国、建设社会主义法治国家的进程中，推行业务型医疗卫生犯罪预防性治理，符合我国犯罪治理方略。然而，业务型医疗卫生犯罪预防性治理措施仍然存在不足，影响预防性治理效果，可能会威胁公共卫生安全。

为了预防业务型医疗卫生犯罪，行为人应当严格遵守前置的医疗卫生行政法律法规，相关行政部门对行为人的行为应加强监管和规制，对行政违法行为实施行政处罚。实践中，行政执法机关存在行政不作为或者"一罚了之"等监管不到位问题。行政执法机关的行政处罚手段单一，例如，在行政处罚种类中，除了罚款，还有暂停6个月以上1年以下执业活动、吊销医师执业证书、停止非法执业活动，5年直至终身禁止从事医疗卫生服务或者医学临床研究。[1] 罚款不能代替其他行政处罚措施，仅用罚款往往也不能起到惩治医疗卫生行政违法的作用。

行政执法机关的专业监管力量不足，在遇到专业性较强的行业监管时，行政机关的监管显得捉襟见肘，容易出现行政不作为的情形，这时就需要依靠行业协会发挥作用，对专业性问题进行指导和建议。行业协会相较于政府部门具有专业性、中立性、实效性等先天优势，因此将行业协会纳入监管主体、充分发挥行业协会在监管过程中的积极作用，以弥补政府监管的不足，将会为医疗机构监管工作带来不少新的方法和思路。[2] 此外，行政机关在监管手段方面存在方法传统、信息滞后的问题，暂不太能适应数字时代行政监管的要求。

（四）完善业务型医疗卫生犯罪预防性治理的对策

1. 加强法治教育和职业道德教育

由于业务型医疗卫生犯罪具有行政犯的特点，往往以违反一定的行政法规为前提，很难通过社会道德标准判断自己行为的性质，因此加强法治宣传教育就显

---

〔1〕 参见《医师法》第55~58条。

〔2〕 魏亮瑜等：《〈医疗机构管理条例〉中监督管理相关问题的探讨》，载《中国卫生法制》2020年第1期。

得尤为必要。法治教育要根据业务型医疗卫生犯罪的具体罪名类型开展相应的医疗卫生行政法律法规宣传教育。例如，妨害传染病防治罪违反的是《传染病防治法》规定；传染病菌种、毒种扩散罪违反的是国务院卫生行政部门关于传染病菌种、毒种的保藏、携带、运输的具体规定；妨害国境卫生检疫罪违反的是国境卫生检疫规定；非法采集人类遗传资源、走私人类遗传资源材料罪违反的国家相关规定主要是指《生物安全法》《人类遗传资源管理条例》等；妨害动植物防疫、检疫罪违反的有关动植物防疫、检疫的国家规定，主要是指违反《动物防疫法》《进出境动植物检疫法》《植物检疫条例》《中华人民共和国进出境动植物检疫法实施条例》等。

在对不同的行政法律规范进行宣传教育的同时，要让民众了解认同业务型医疗卫生犯罪的刑事立法和刑事政策。在媒体发达的时代，民众容易获取相关案件的判决并通过一个个案例了解法律，因此，通过对刑事司法实践中业务型医疗卫生犯罪的案例进行法治宣传教育能取得更好的社会效果。例如，医疗事故罪的主体是医务人员，对医务人员的法治教育应当从医药院校为学生开设《卫生法学》等法律课程开始。医药院校作为培养医务人员的摇篮，自然是医疗法治教育的重要场所。医药院校学生学习包括卫生法律在内的法律，有利于明确医务人员在医药卫生工作中享有的权利和承担的义务，从而更好地在未来履行岗位职责，预防医疗事故罪的发生。对于医务人员，要加强法治教育，邀请有关专家开展法律讲座，普及法律知识，增强法律意识，引导医务人员在实践中不仅维护患者的权利，也维护自身的合法权益。

医务人员要增强责任感，加强医德医风建设，树立人命关天的职业观念，切实履行好自己的职责。提高医务人员的职业道德素养，要从医药院校大学生的医德实践抓起。医药院校大学生从入学时起就要培养实践意识，引导其参与到医护劳动、医院实习、义诊等社会活动中，从不同角度、不同渠道与患者近距离接触，在实践中感知医德教育的重要性，牢固树立自身的医德信念，将"尊医重道"的理念融入教学的各个环节，为日后医疗职业生涯打下坚实的基础。

医务人员的医德实践活动可以与法治宣传教育相结合，通过实践中真实案例开展警示教育，丰富警示载体，以案为鉴，警醒医务人员在医疗活动中遵守法律、行政法规、规章以及其他有关诊疗规范的规定。组织医务人员参加与医德相关的学术实践活动，加强学习引导，培育医学人文精神，增强职业理想信念，不断加强职业道德教育和法纪教育，规范医疗执业行为。

2. 健全行政监管机制

健全行政监管机制能有效预防业务型医疗卫生犯罪。行政执法机关可以借助第三方专业机构的力量代行行政监管。针对目前全国各地的卫生行政部门中专业性的监管人员严重不足，可以委托医院管理协会、医学会等各类行业协会等非政府组织在内的第三方专业性机构进行指导和规范。例如，对于医疗机构的监管，充分发挥行业协会的行业自律作用，有效避免医疗机构监管对政府的单一依赖性，缺乏积极性和自律性。对于监管工作中遇到的某些专业技术问题，应当交给行业协会进行处理，以行业自律的形式规范各级各类医疗机构的执业行为。行业协会可发挥作用的地方有很多，如技术准入与审批、技术标准的规范、技术质量的监督，等等。[1]

当前数字时代背景下，数字医疗兴起，很多医院开展"互联网＋医疗"。2021年8月11日公布的《法治政府建设实施纲要（2021-2025年）》第5条中指出："健全以'双随机、一公开'监管和'互联网＋监管'为基本手段……根据不同领域特点和风险程度确定监管内容、方式和频次，提高监管精准化水平……"因而，在医疗卫生领域，要充分运用大数据技术、人工智能技术等先进的科技手段，提高行政监管的信息化现代化水平，增强卫生行政部门的监管能力，及时发现业务型医疗卫生犯罪的诱导因素。

3. 加大行政处罚力度

行为人违反医疗卫生行政法律的行为，必须先由行政执法机关进行查处，我国已经建立了比较全面、完备的行政制裁体系，行政处罚的种类包括申诫罚、财产罚、行为罚、人身罚。[2] 罚款只是财产罚的一种，还有大量行为罚的类型。例如，《医师法》规定的暂停6个月以上1年以下执业活动、吊销医师执业证书、

---

〔1〕 魏亮瑜等：《〈医疗机构管理条例〉中监督管理相关问题的探讨》，载《中国卫生法制》2020年第1期。

〔2〕《中华人民共和国行政处罚法》第9条规定："行政处罚的种类：（一）警告、通报批评；（二）罚款、没收违法所得、没收非法财物；（三）暂扣许可证件、降低资质等级、吊销许可证件；（四）限制开展生产经营活动、责令停产停业、责令关闭、限制从业；（五）行政拘留；（六）法律、行政法规规定的其他行政处罚。"

停止非法执业活动，5 年直至终身禁止从事医疗卫生服务或者医学临床研究等处罚对行为人的生活、职业前程影响巨大；《医疗机构管理条例》规定的责令限期改正、吊销《医疗机构执业许可证》、责令停止执业活动等也都是行为罚的类型，对行为人能力或者资格的限制剥夺对行为人的惩处力度更大。行政机关在处理医疗卫生行政违法时，应当依法适用各类行政处罚，遵循过罚相当原则和比例原则，适当适用行为罚，改变"一罚了之"的局面，真正起到震慑潜在违法犯罪人、有效预防业务型医疗卫生犯罪的作用。

第五章

职务型医疗卫生犯罪治理研究

生命健康权是个人基本权利的核心，是其他一切权利存续和为人所享有的前提，保护国民的生命健康权就是社会生活中最重要的内容。目前，我国绝大多数医疗机构为事业单位，属公有性质，在医疗机构之上还有医疗行政管理部门，因此，掌握医疗资源、管理医疗活动的公职人员是否能够依法履行职权，直接决定了医疗工作的整体质量。依法惩治并积极预防医疗卫生领域中产生的职务犯罪行为——职务型医疗卫生犯罪——是保证医疗卫生工作正常运行的重要手段，对保护国民的生命健康权具有不可估量的价值。

一、职务型医疗卫生犯罪治理研究成果概述

当前，针对职务型医疗卫生犯罪预防方面的研究较为薄弱，[1] 社会科学方面研究水平的提升，应当建立在对既有研究成果的了解、传承与批判性思考中，因此，在展开对我国医疗职务犯罪行为的讨论前，有必要梳理既有文献关注的重点内容与研究成果。当前相关文献的研究主要集中在"职务型医疗卫生犯罪的基本特点""职务型医疗卫生犯罪的原因"与"职务型医疗卫生犯罪的应对或预防措施"三个方面，而上述三个方面内容亦是本书研究的主题。下文将梳理这三个方面研究成果的主要内容，考察当前研究是否存在有待修正之处，或者是否存在可拓展的空间。

---

〔1〕　在知网以"医疗职务犯罪"为主题进行检索，共检索 42 篇报刊文章、3 篇学位论文（其中一篇为博士学位论文），剩余 104 篇期刊文献中，仅有 6 篇发表在核心期刊。目前关于医疗职务行为的著作仅有 2 部，分别是池强主编：《医药卫生领域职务犯罪预防与警示》，法律出版社 2013 年版；上海市人民检察院编：《医疗卫生领域职务犯罪警示与预防》，上海人民出版社 2017 年版；两部著作中虽然出现了针对特定地区的调研报告，但主要内容则是大量的医疗职务犯罪案例。论文查阅截止时间为 2023 年 9 月 11 日。

（一）我国预防职务型医疗卫生犯罪治理研究成果的梳理

1. 关于职务型医疗卫生犯罪的基本特点的讨论

有论者讨论了在药品购销领域医疗机构从业人员职务犯罪的情况，在案件事实层面上有五个特点，分别是案件发生率较高，涉案金额高，大多犯罪主体为分管药品采购方面的院领导及科室负责人，基层医疗机构内部管理混乱，犯罪行为普遍具有较强的持续性、重复性；在定罪量刑层面上的特点，则以受贿罪为主，整体上刑事处罚相对较轻。[1] 有论者研究了某基层人民检察院办理的医疗卫生领域职务犯罪案件，发现存在涉案人员通常对相关事宜具有发言权或决策权、医疗器械、药品采购及基建工程环节犯罪高发、"窝案串案"现象突出、犯罪行为具有连续性且时间跨度较大以及案件侦破难度较大五个特点。[2] 有论者以某县窝案为例，专门探讨了新农合领域职务犯罪问题，提出此类案件存在"上下联合、内外勾结""顶风作案，明目张胆"以及"手段多样，隐蔽性强"三个特点。[3] 考察 2010~2016 年上海市医疗卫生领域职务犯罪情况的基本情况，可以发现该领域案件主要表现为受贿罪，占比为 67.2%，具体案例类型分为医药购销环节案件、信息统方案件、资金管理案件三种，群体性腐败案件多发；同时，涉案人员的范围覆盖面广、年龄段分布比较均匀、文化程度总体较高；虽然传统职务犯罪手法占比高，但不断出现更具隐蔽性的新型犯罪手法，贪腐的财物类型多样，涉案人员利益关系的固化增加了查处难度。[4] 也有论者将医疗职务犯罪置于医疗改革的大背景下进行考察，认为医疗职务犯罪的基本特点表现为犯罪主体主要是领导与高学历者，犯罪类型集中在受贿与收受回扣方面，作案次数多且持续时间长，犯罪具有隐蔽性、团体性特点。[5] 梳理北京地区 2008~2012 年医药

---

〔1〕 参见王梓丞、谈在祥：《医疗机构药品购销职务犯罪情况研究——以中国裁判文书网 82 份判决书为样本》，载《医学与哲学》2020 年第 3 期。

〔2〕 参见钱学敏、洪良：《基层医疗卫生领域职务犯罪的特点、原因及防治对策——以重庆市某基层人民检察院办理的此类案件为蓝本》，载《西南政法大学学报》2013 年第 4 期。

〔3〕 参见范文博：《新农合领域职务犯罪研究——以云南省广南县新农合窝案为例》，载《人民论坛》2013 年第 23 期。

〔4〕 参见上海市人民检察院编：《医疗卫生领域职务犯罪警示与预防》，上海人民出版社 2017 年版，第 111~118 页。

〔5〕 参见南京市职务犯罪与预防研究课题组等：《医疗体制改革中的职务犯罪预防》，载《江苏社会科学》2009 年第 4 期。

卫生领域职务犯罪的基本情况可知，此类案件集中发生在医药购销环节、犯罪人员多为负责人，同样窝案、串案突出，罪名则集中在受贿罪、贪污罪与挪用公款罪，且社会危害性很大。[1]

2. 关于职务型医疗卫生犯罪产生原因的讨论

有论者从经济学层面对此展开探讨，提出医疗卫生系统职务犯罪的产生既有客观原因即医疗资源较为稀缺而药品生产企业众多，也有主观原因即医务工作人员付出收益不成比例与国家资金投入不足引发的医生逐利。[2] 有论者提出药品购销方面职务犯罪的原因有五种，分别是该领域内不同主体利益关系复杂、部分医疗机构基础管理制度不健全、医生实际收入与工作强度不匹配造成的心理失衡、"拿回扣"这一行业潜规则盛行形成了"破窗效应"，以及部分医务工作人员道德水平的滑坡。[3] 有论者认为基层医疗卫生领域职务犯罪的原因首先是医药体制存在一些弊端，而医药行业不正当竞争则进一步加剧了"拿回扣"这一"潜规则"的盛行；其次是内部与外部监管的缺失使医疗腐败行为有了可乘之机；最后是部分医务工作者因投入产出不成比例产生的心理失衡及其法律意识的淡薄。[4] 有论者从以下方面揭示了医疗职务犯罪的原因，一是某些制度缺失可能导致公立医院缺乏公益性，而不太合理的市场化考核指标、付出收入不匹配与医疗"潜规则"盛行则可能使医护人员产生了逐利心理；二是医疗器械的使用与收入挂钩、医药采购权与决定权的合一与采购赞助约束规则的缺失等管理制度方面的不规范，导致医疗职务犯罪的频繁出现。[5] 也有论者集中探讨医疗卫生系统领导干部职务犯罪的原因，认为医药不分、市场经济负效应、医院内部监督乏力以及不良文化影响是其社会性诱因；主体价值观的错位、不健康心理的支

〔1〕 参见池强主编：《医药卫生领域职务犯罪预防与警示》，法律出版社 2013 年版，第 1~3 页。

〔2〕 参见陈子军、徐海军：《医疗卫生系统职务犯罪惩罚和预防的经济学分析——兼论两高〈关于办理商业贿赂刑事案件适用法律若干问题的意见〉》，载《学术论坛》2010 年第 2 期。

〔3〕 参见王梓丞、谈朴祥：《医疗机构药品购销职务犯罪情况研究——以中国裁判文书网 82 份判决书为样本》，载《医学与哲学》2020 年第 3 期。

〔4〕 参见钱学敏、洪良：《基层医疗卫生领域职务犯罪的特点、原因及防治对策——以重庆市某基层人民检察院办理的此类案件为蓝本》，载《西南政法大学学报》2013 年第 4 期。

〔5〕 参见南京市职务犯罪与预防研究课题组等：《医疗体制改革中的职务犯罪预防》，载《江苏社会科学》2009 年第 4 期。

配、道德品质的低劣以及医患关系的不对等性是其个体诱因。[1] 司法实务部门工作人员认为，医疗卫生领域职务犯罪的产生，犯罪主体主观贪念起决定作用，同时医药购销、信息统方、财务管理、后勤基建方面的制度也有不完善之处，且存在一定的监管漏洞。[2] 医院能够从药品销售中获取较大收益，使其能够容忍医药公司的"营销公关"，医药卫生领域行政审批、监管的分离没有配套的职权分配体系，许多医疗工作缺乏完善的运行和管理机制，且存在较大的监管漏洞。[3]

3. 关于职务型医疗卫生犯罪的应对或预防措施的讨论

针对药品采购环节产生的职务犯罪，有论者建议应当从"建立药品耗材科学定价采购的机制""构建科学的现代医院管理制度""提高医疗机构从业人员薪资""创新医疗机构从业人员职业道德、法制与廉洁教育""运用信息化的监管手段提升监管效率"五个方面入手进行预防。[4] 对于基层医疗卫生领域的职务犯罪，有论者认为首先是要加快医疗系统的内部改革，完善营收体制实现"以医养医"，打破医疗管理活动中的"绝对权力"；其次是加强对医疗管理活动的监管，要充分利用既有的监管力量的同时引入第三方监督，让检察力量深入医院发挥预防作用，进一步完善法律规定以严惩不法行为，再通过公开信息实现采购招标竞争的有序性；最后是加强思想政治教育和职业道德教育等廉政教育活动。[5] 对于新农合领域医疗职务犯罪的预防，有论者认为应当首先通过立法加强新农合制度建设；其次通过入院信息核查、简化报销程序、对医疗活动进行评估、严格审计医疗基金使用活动以及定期考核医疗机构并公布考核结果的方式，健全新农合管理制度；再次是提升检察机关对犯罪行为的打击力度，阻断犯罪的源头；最后是通过业务培训、法制培训与政策宣传，提高新农合相关工作人员与参合农民

---

〔1〕 参见王碧华：《医疗卫生系统领导干部职务犯罪防治对策》，载《卫生软科学》2007 年第 5 期。

〔2〕 参见上海市人民检察院编：《医疗卫生领域职务犯罪警示与预防》，上海人民出版社 2017 年版，第 118~123 页。

〔3〕 参见池强主编：《医药卫生领域职务犯罪预防与警示》，法律出版社 2013 年版，第 3~12 页。

〔4〕 参见王梓丞、谈为祥：《医疗机构药品购销职务犯罪情况研究——以中国裁判文书网 82 份判决书为样本》，载《医学与哲学》2020 年第 3 期。

〔5〕 参见钱学敏、洪良：《基层医疗卫生领域职务犯罪的特点、原因及防治对策——以重庆市某基层人民检察院办理的此类案件为蓝本》，载《西南政法大学学报》2013 年第 4 期。

的法律意识。[1] 有论者认为，要减少医疗系统职务犯罪的发生，首先需要加大对公共医疗的投入力度，以增强医疗服务的公益性；其次需要优先发展基础卫生服务，多渠道满足医疗服务需求；再次是完善医疗考核分配制度，形成优质服务的激励机制；最后是完善内部制度，提高医院自治能力。[2] 上海的检察机关认为，应当从三个方面解决医药购销环节回扣的问题：一是尽快细化和落实《国务院办公厅关于完善公立医院药品集中采购工作的指导意见》；二是提高医疗服务价格，合理优化医院和医务工作者的收入结构；三是坚持惩防结合的从严治理态度。[3] 北京的检察机关建议从五个方面预防医药卫生领域的职务犯罪：一是建立和完善有效的药品耗材流通监管制度；二是规范医药监管部门的权力运行以避免权力寻租与失控；三是构建医疗机构科学合理的权力运行机制；四是深入推进廉政风险防控机制建设；五是加强医药卫生领域廉洁自律教育。[4]

（二）对我国职务型医疗卫生犯罪研究成果的评价

梳理当前职务型医疗卫生犯罪的研究情况可以发现，大部分研究都注意到了职务型医疗卫生犯罪的五个特点：一是案件几乎发生在医疗活动的各个方面，包括医药用品和器械采购方面、医院基建与设备招标方面、新农合等医保基金的使用与管理方面；二是案件通常持续时间较长，表现为实施持续性、重复性的犯罪行为；三是案件主体的学历水平较高，因为医疗活动的专业性强，获取医师资格难度大；四是案件具有群体性特点，即许多案件都是窝案、串案，共同犯罪现象突出；五是案件涉及罪名集中在受贿罪，同时涉及贪污罪与挪用公款罪，行为方式隐蔽，社会危害性很大。既有的研究成果较为准确地把握了当前职务型医疗卫生犯罪的基本情况，只是由于从实证方面对该问题进行研究的素材并不多见，其中，以一定数量案件为对象开展的实证研究更多将研究视角限定在特定城市，如北京、上海、南京等。虽然也有文章注意到了农村地区存在的职务型医疗卫生犯

---

〔1〕 范文博：《新农合领域职务犯罪研究——以云南省广南县新农合窝案为例》，载《人民论坛》2013年第23期。

〔2〕 参见南京市职务犯罪与预防研究课题组等：《医疗体制改革中的职务犯罪预防》，载《江苏社会科学》2009年第4期。

〔3〕 参见上海市人民检察院编：《医疗卫生领域职务犯罪警示与预防》，上海人民出版社2017年版，第143~144页。

〔4〕 参见池强主编：《医药卫生领域职务犯罪预防与警示》，法律出版社2013年版，第12~14页。

罪活动，但大多是以个案或者少量案件为研究对象，个案的研究可以较为深入地揭示具体案件产生的原因，并提出针对个案的预防措施，但囿于个案的特殊性，针对个案的预防措施无法直接将研究结论加以推广。总体而言，当前针对职务型医疗卫生犯罪基本情况的研究更多集中在宏观层面，且主要围绕受贿罪进行讨论。因此，有必要在更为广阔的层面审视当前我国职务型医疗卫生犯罪的基本情况，同时对案件内容进行较为细致的剖解，以发现不同地区、不同罪名下职务型医疗卫生犯罪的具体特点，以便揭示此类犯罪的深层原因，进一步对现有的解决措施加以完善。

当前，学者认为职务型医疗卫生犯罪产生的原因主要有社会层面、个体层面两类。社会层面的原因主要是不完善的医疗制度，包括医生的付出与收入不成比例，以及医疗资金、基金的使用和管理中的监管缺位，和行业内"拿回扣"潜规则盛行等。个体层面的原因主要表现为个人价值观的错位与法律意识的淡薄，具体来说，有市场经济背景下的利益驱动导致的对金钱的追求，个人道德品质在外部负面因素刺激下的滑坡，以及远离刑事法律造成的规则意识的淡漠。整体而言，当前研究成果主要是从主观面与客观面两方面探讨了职务型医疗卫生犯罪产生的原因，只是在重要性的排序方面，有的将原因主观面放在首位，有的将原因客观面放在首位。只是既有的原因探析同样着重在宏观层面展开探讨，注重的是主客观诱因的抽象对应性，在具体分析中更多是从事实层面进行，即医疗活动不同环节出发探讨犯罪的原因，尚未进一步对触犯不同罪名的医疗犯罪活动的原因做更多的考察。

在防治措施方面，既有研究提出了多样化的建议，包括完善药品采购机制、强化内部监督、提升薪资水平、加强法治与道德教育等，这体现了多维度治理的思路。不过，现有防治措施的研究也存在一定可提升的空间。一是缺乏针对推动操作路径和监督重点的讨论；二是对信息化、大数据、人工智能等新技术如何应用着墨较少；三是缺乏针对地区治理差异、犯罪类型治理差异和长期动态治理的考量，使得提出的防治措施是否可以落地生根存在一定的疑问。

二、职务型医疗卫生犯罪的基本特点

如前所述，当前已经出现了通过对实际判例进行梳理、分析等实证方式对职务型医疗卫生犯罪的基本特点进行考察的研究成果，但存在研究的被告人数量相对较少、研究地域范围相对特定，以及未对不同类型犯职务罪行为进行比较分析三个方面的问题。因此，本书尝试依托裁判文书网，在全国层面对不同类型的职务型医疗卫生犯罪行为进行综合性考察，以更详细地描摹当前我国职务型医疗卫生犯罪的基本样貌与具体特点。

本书依托裁判文书网，以"医疗"为案件事实关键词，对刑事判决文书进行检索[1]，共检索到7197篇贪污贿赂罪的刑事判决书，再以"利用职务之便"为关键词进一步限缩，得到875篇刑事判决书。裁判文书网只显示前600篇判决文书，通过系统抽样[2]的方式，选取300篇刑事判决书，经过阅读剔除重复性、非确定性的判决书后，剩余有效刑事判决书244篇。其中以受贿罪为主体罪名[3]的判决书116篇，以贪污罪为主体罪名的判决书91篇，以挪用公款罪为主体罪名的判决书37篇。被告人数量为334人，涉及的罪名包括贪污罪、受贿罪、挪用公款罪、滥用职权罪、玩忽职守罪与私分国有资产罪，被认定成立上述罪名的被告人数量依次为173人、130人、54人、10人、14人和3人。[4] 滥用职权罪与玩忽职守罪主要和受贿罪共同出现，因此，下文对判决书的内容进行统计分析时，将以受贿罪、贪污罪和挪用公款罪为主要罪名，对相应犯罪的基本情况进行汇总与梳理。

需要说明的是，本书采用的实证研究方法，表现为通过对刑事判决书进行随机抽样，进而对其中载明的案件事实信息进行统计分析，然后基于抽样的统计结论对其所代表的群体进行推断。依托随机抽样的统计分析在一定程度上扩大了研

---

〔1〕 检索和下载刑事判决书的时间为2021年1月12日。

〔2〕 以裁判文书网登载的顺序为基础，每隔1个案件抽取一篇判决书；系统抽样需要选择起始序号，为保证抽样的随机性，采用的是"=RANDBETWEEN（1，600）"这一Excel软件的随机整数生成函数式，其含义为随机生成一个1~600之间的数字，然后将该随机数字（122是随机生成的整数）作为第一篇判决书，按照前述方式依次抽取。因为抽取的判决书数量恰好是可下载文书数量的一半，而抽取的判决书要么是奇数部分，要么是偶数部分，所以起点数字实质上就是1和2的选择问题。关于随机抽样的方式，可以参见贾俊平、何晓群、金勇进编著：《统计学》，中国人民大学出版社2018年版，第14~17页。

〔3〕 因共同犯罪的存在，所以只能以主要罪名为主，既有贪污、又有受贿的案件，则根据犯罪数额来认定主体罪名，后文是以被告人为单位进行统计分析，所以此处的分类不会影响后续统计分析的准确性。

〔4〕 需要说明的是，因存在一人实施多起犯罪事实而犯数罪的情形，所以成立相应罪名的人数（384人）多于犯罪人的数量（334人）。

究视野，使得对群体中部分样本进行研究可以较为科学地揭示该群体的特点，但无法摆脱群体本身的有限性。本书以裁判文书网上传的相关案例作为群体进行抽样，如果裁判文书的上传存在一定问题，就会影响到研究结论的准确性。此外，如果上传的裁判文书存在信息缺失，立足部分数据得出的统计结论亦可能不够准确。因此，统计分析虽然实现了数学式的精确性，但是统计结论却必然有局限性，所以统计分析从不标榜当然的正确，而是承认研究价值的有限。即便如此，研究视野的扩大、研究方法的提升仍能为人文学科的研究提供些许价值，在推进前人研究的基础上，为后续更为深入的探索铺路，即是本书研究的意义所在。

（一）职务型医疗卫生犯罪中被告人的身份特征

年龄、性别、文化程度、具体职位是被告人的身份信息，通过对此部分信息的汇总和梳理，可以揭示职务型医疗卫生犯罪更易在哪类人群中发生，从而在整体层面确定犯罪预防的基本方向。

1. 被告人年龄的分布情况

在搜集到的判决书中，有286人被标注了明确的出生年份，约占被告人总数的74.5%，剩余98人未注明出生年份。考虑到不同判决书的判决时间并不相同且存在一定跨度，且职务、级别也更多与年龄挂钩，而不是直接通过出生年份来体现。因此，相对于出生年份，将年龄作为考察对象更能揭示被告人犯罪时的身份特点。

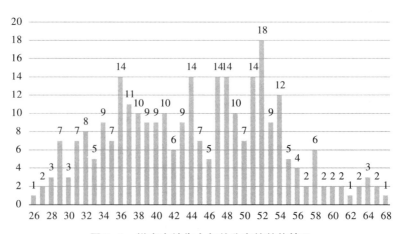

图5-1　样本中被告人年龄分布的整体情况

　　图 5-1 展现了样本中 286 位被告人的年龄分布情况，其中可以直观地观察到职务型医疗卫生犯罪中被告人年龄主要集中在 36~54 周岁之间。样本中被告人年龄的平均数与中位数相同，对应的年龄均为 44 周岁，众数对应的年龄为 52 周岁。与河北省醉酒型危险驾驶罪中被告人的年龄分布情况相比[1]，本类犯罪中被告人年龄较大，原因在于作为职务犯罪，被告人必须拥有一定的职权，即在所属单位中具有一定的地位，通常情况下个人的地位、职权与其年龄呈正相关，即人们是通过在工作中不断积累经验实现职级的提升，而年轻的工作人员难以在短时间内获取充足的工作经验以具备相应的工作能力，所以客观上实施职务犯罪的机会不多，这也是有论者重点针对领导干部进行调研的原因。

　　如前所述，本书的研究不止于单一罪名，因而整体上的年龄分布情况只是揭示了整体上职务型医疗卫生犯罪被告人的年龄情况，若依次从不同罪名切入予以考察，是否三个主要罪名中被告人的年龄分布情况会与整体情况保持一致？

表 5-1　不同罪名被告人的年龄分布情况

	平均值	中位数	众数	最小值	最大值	标准差
贪污罪	42	41	36	26	68	9
挪用公款罪	43	41	52	27	66	9
受贿罪	49	50	54	29	64	7
滥用职权罪	48	48	44[a]	44	51	5
玩忽职守罪	48	49	40[a]	40	54	6

　　如表 5-1[2] 所示，不同罪名被告人的年龄分布特点存在一定差异，其中犯贪污罪与挪用公款罪的被告人年龄大致相当，两类被告人年龄的平均值、中位数都明显小于犯受贿罪、滥用职权罪、玩忽职守罪的被告人。此外，比较不同罪名

---

　　[1]　醉酒型危险驾驶罪中被告人的平均年龄为 38.08 周岁，中位数对应的年龄为 37 周岁，众数对应的年龄为 33 周岁，最小年龄为 19 周岁，最大年龄为 69 周岁。参见田旭：《河北省醉酒型危险驾驶罪量刑实证研究》，载《河北法学》2023 年第 6 期。
　　[2]　表 5-1 中滥用职权罪、玩忽职守罪的众数值右上角有 a，意思是其众数有多个。由于两个罪名下被告人数量很少（分别为 10 人、14 人），且众数受随机抽样的影响较大，因而本书不对其进行比较。

下被告人年龄的标准差[1]可以发现，贪污罪、挪用公款罪中被告人的年龄离散程度大于受贿罪等三类罪名中的被告人，即后三类罪名中被告人相对更为集中。换言之，与贪污罪、挪用公款罪可能在较长的年龄跨度内相对均匀地出现不同，受贿罪等三类犯罪更可能在靠近某一年龄时集中出现。

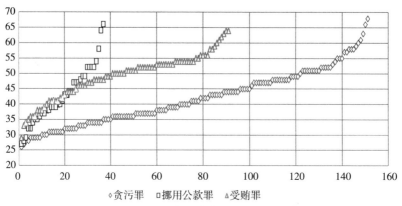

图 5-2　不同罪名下被告人的年龄分布情况

图 5-2 是对不同罪名下被告人的年龄分布情况做的进一步考察，其中纵坐标是年龄，横坐标是人员编号。其中，贪污罪被告人数最多，且在 30~60 周岁间基本分布较为均匀；受贿罪人数次之，也可以明显看到被告人在 30~45 周岁间分布较为均匀，在 45~55 周岁间分布较为集中；挪用公款罪的被告人人数不多，且分布整体较为均匀地分布在 30~55 周岁之间。可见，在职务型医疗卫生犯罪中，受贿罪相对于贪污罪、挪用公款罪，在年龄上确实呈现出滞后性和集中性的特点，意味着在进行犯罪预防时可能需要根据年龄划定重点人群。

---

[1]　标准差度量的是样本的离散程度；在正态分布中，以均数为中心，在加减 1 倍标准差的区间会覆盖大约 68.2% 的面积，加减 2 倍标准差的区间会覆盖大约 95.4% 的面积，加减 3 倍标准差的区间会覆盖大约 99.7% 的面积。参见冯国双：《白话统计》，电子工业出版社 2018 年版，第 26 页。

2. 被告人的性别分布情况

表 5-2　不同罪名下被告人的性别分布情况

	男性犯罪人	女性犯罪人
贪污罪	113	51
受贿罪	101	14
挪用公款罪	33	8
滥用职权罪	2	1
玩忽职守罪	4	0
私分国有资产罪	0	1

经统计，样本中注明性别的被告人数量为 328 人，其中男性被告人 253 人，女性被告人 75 人，二者所占比例分别约为 77.1% 与 22.9%，比值约为 3.37。表5-2 对不同罪名下的被告人性别作进一步考察，贪污罪中二者的占比分别约为 68.9% 与 31.1%，比值约为 2.22；受贿罪中二者的占比分别约为 87.8% 与 12.2%，比值约为 7.2；挪用公款罪中二者的占比分别约为 80.5% 与 19.5%，比值约为 4.13。比较而言，挪用公款罪、受贿罪中的被告人绝大部分为男性，而贪污罪中的被告人则有相当比例的女性。

3. 被告人文化程度的分布情况

样本中明确注明文化程度的被告人数量为 287 人，只有 1 人为小学文化水平，18 人为初中文化水平，19 人为高中文化水平，46 人为中专文化水平，85 人为大专文化水平，105 人为本科文化水平，13 人为研究生文化水平。图 5-3 是不同学历被告人占被告人总数的百分比，从中可以明显发现被告人的文化程度集中在中专、大专和本科文化水平层面，其中本科文化水平的被告人数量最多，紧随其后是大专文化水平与中专文化水平的被告人，三者合计占注明文化程度的被告人总数的 82.2%。同时研究生文化水平的被告人也占了一定比例，且出现了 2 位拥有博士学位的被告人。

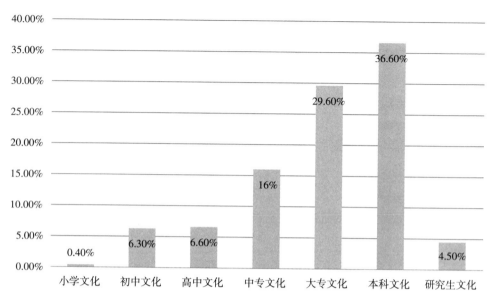

图 5-3　样本中被告人文化程度的分布情况

表 5-3　不同罪名下被告人的学历分布情况

	小学文化	初中文化	高中文化	中专文化	大专文化	本科文化	研究生文化
贪污罪	1	18	13	27	45	42	5
受贿罪			1	8	22	52	8
挪用公款罪			4	10	14	10	
滥用职权罪			1		1		
玩忽职守罪				1	2	1	
私分国有资产罪					1		

以罪名为标准对被告人的文化程度做进一步分析，从表 5-3 中可以发现除贪污罪外，受贿罪、挪用公款罪等其他罪名中被告人的文化程度均为高中以上文化水平。虽然因为抽样误差的存在，无法直接将样本本身的特征视为其代表的总体的特点，但可以认为贪污罪、受贿罪、挪用公款罪中的被告人的文化程度均较

高，且与贪污罪中被告人相比，受贿罪、挪用公款罪中被告人的文化程度更高，与前者存在明显差异。具体来看，受贿罪与挪用公款罪中被告人的文化程度也有差别，前者中的被告人集中在本科文化水平，大专文化水平的被告人数量明显降低，且中专文化水平以下的被告人数量非常少；而后者中被告人则集中在大专文化水平，中专文化水平与本科文化水平的被告人则大致相当。

4. 样本中被告人所属单位的分布情况

样本中明确说明单位所在地域信息[1]的被告人数量为 329 人，整体而言，被告人单位覆盖的区域非常广泛。职务型医疗卫生犯罪被告人单位集中在市（106 人，占比约为 32.2%）和区县（144 人，占比约为 43.8%），二者合计占比 76%；此外，村（10 人，占比约为 3.1%）、乡镇（49 人，占比约为 14.9%）也是职务型医疗卫生犯罪频发的区域，二者被告人数量占比为 18%。而社区单位的被告人（7 人，占比约为 2.1%）、省级单位的被告人（5 人，占比约为 1.5%）以及部级单位的被告人（3 人，占比约为 0.9%）数量较少。此外，还存在少量无业的被告人（5 人，占比约为 1.5%）。

对被告人单位的具体类型进行梳理后，发现职务型医疗卫生犯罪中被告人大部分集中在医疗行政管理部门（202 人，占比约为 62.2%），次之是医疗部门（90 人，占比约为 27.7%），二者合计占比高达 89.9%。国有企业被告人（10 人，占比约为 3.1%）与非国有企业被告人（11 人，占比约为 3.4%）的数量较少；同时出现了少量具有双重身份的被告人，如既在医疗部门又在行政管理部门任职的被告人（4 人，占比约为 1.2%）与既在医疗部门任职又在非国有企业中任职的被告人（3 人，占比约为 0.9%），也有少量无单位的被告人（5 人，占比约为 1.5%）。

---

[1] "村"指被告人为村委干部；"乡/镇"指被告人所在单位是乡镇卫生院，或者在乡镇职能部门负责医疗卫生业务的工作人员；"社区"是指社区卫生服务中心以及在社区负责医疗卫生工作的人员；"区/县"指区医院、县医院，与在区、县级行政部门负责医疗卫生工作的人员；"市"指市医院与在市级行政部门负责医疗卫生工作的人员；"省"指省医院与在省级行政部门负责医疗卫生工作的人员；"部"指在部级行政部门负责医疗卫生工作的人员。此外，药房、医药公司、非医药公司按照其所在或所负责区域分别归入上述分类。

表5-4 不同罪名下被告人单位所在地域信息的分布情况

	无业	村级	乡/镇	社区	区/县	市	省	部
贪污罪	5	10	35	4	57	51	1	
受贿罪			4	2	58	48	4	3
挪用公款罪			10	1	23	7		
滥用职权罪					3			
玩忽职守罪					3			

进一步对不同罪名下被告人所在单位地域信息进行分析，可以发现贪污罪中的被告人有三个聚集领域，分别是乡镇、区县和市级，受贿罪中的被告人有两个聚集领域，分别是区县和市；挪用公款罪的被告人有两个聚集区域，分别是乡镇与区县。值得注意的是，在省级层面绝大部分为受贿罪的被告人，在部级层面则只有受贿罪的被告人，表明在职务型医疗卫生犯罪中，较高级别的人员可能并不倾向于主动实施职务犯罪，即直接利用职权贪污公共财物或者挪用公款，而是更可能被动地实施职务犯罪，即因收受他人贿赂而为他人谋取利益。

表5-5 样本中不同罪名下被告人单位类型的分布情况

	无单位	国有企业	非国有企业	医疗部门	医疗行政管理部门	医疗与行政部门	医疗部门与企业
贪污罪	5	6	9	56	81		2
受贿罪		2	1	32	79	4	1
挪用公款罪		2	1	2	36		
滥用职权罪					3		
玩忽职守罪					3		

如表5-5所示，在职务型医疗卫生犯罪中，贪污罪、受贿罪的被告人集中在行政部门、医疗部门，而挪用公款罪的被告人则集中在行政部门。对于同时在医

疗部门和行政部门兼任职务的被告人，实施的犯罪行为是受贿；对于同时具有医疗人员身份和企业人员身份的被告人，实施的犯罪行为则既包括贪污也包括受贿。此外，样本中出现了无单位、非国有企业单位的被告人，此类犯罪人不可能直接实施职务型医疗卫生犯罪，只可能成立相应犯罪的教唆犯和帮助犯，此类犯罪人更多出现在贪污罪中。其中，无单位的被告人仅出现在受贿罪中，而非国有企业的被告人也主要集中在贪污罪中。

（二）职务型医疗卫生犯罪中案件事实的基本情况

案件事实是实证分析的重要方面，通过对犯罪行为持续的时间、犯罪行为发生的次数、犯罪行为发生的具体情境、被告人共同犯罪的情况、犯罪的数额等案件事实的统计分析，可以清晰地展现职务型医疗卫生犯罪行为的基本特点，并以此为基础提出有针对性的应对措施。

1. 犯罪行为持续的时间

许多针对职务型医疗卫生犯罪的研究都提到此类犯罪具有持续时间长、发生次数多的特点，但遗憾的是没有通过较为精确的方式对该特点进行展现，导致研究结论停留在较为抽象的层面。本书对样本中犯罪行为的持续时间进行了测算，对贪污罪、受贿罪考察的是被告人首次犯罪行为与最后一次犯罪行为之间的时间差值，以年为单位进行计算，不足一年的则使用犯罪行为持续的月数与年的比值来进行估算；如果是仅有一次贪污或者受贿行为，则按照样本中最短时间（0.1年）来处理。对挪用公款罪考察的是被告人首次挪用行为与案发前最后归还日期之间的时间差值，案发前未归还公款的，则以案发日为犯罪行为的终点，同样以年为单位进行计算，不足一年的则使用犯罪行为持续的月数与年的比值来进行估算。需要说明的是，挪用公款罪并非瞬时性犯罪，因此，即使仅有一次挪用公款行为，其依然可能持续一定时间，不能像贪污罪、受贿罪那样按照最短时间来处理，所以样本中仅实施一次犯罪行为的被告人数量，多于最短时间（0.1年）的被告人数量。

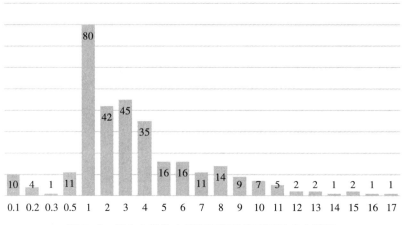

图5-4　样本中被告人所犯罪行持续时间的分布情况

图5-4中横坐标为犯罪行为持续的年数,纵坐标为被告人数量。如图5-4所示,犯罪行为持续1年的被告人数量最多,占比约为25.4%;绝大部分被告人犯罪行为的持续时间在1年以上8年以下,合计占比约为82.2%。整体上看,职务型医疗卫生犯罪持续时间的平均值为3.634年,中位数为3年,时间跨度将近17年。

表5-6　不同罪名下被告人犯罪行为持续时间的基本情况

	平均值	中位数	众数	最小值	最大值	标准差
贪污罪	2.5	2	1	0.1	13	2
受贿罪	5.6	5	1[a]	0.1	17	3.8
挪用公款罪	2.2	1	1	0.1	11	2.6
滥用职权罪	2.3	1	1	1	5	1.7
玩忽职守罪	3.5	3	4	1	11	2.9

以不同罪名为标准对被告人犯罪行为的持续时间做进一步分析可以发现,贪污罪与挪用公款罪中犯罪行为持续时间的基本特点大致相当。二者的平均值、中位数、最大值和标准差都十分接近,同时与受贿罪存在明显差别。比较而言,受

贿行为的持续时间明显长于前两者，其平均值和中位数均远大于前两者，受贿罪中 50% 的被告人实施的犯罪行为超过 5 年。考虑到犯罪行为持续在 14 年以上的均为受贿罪的被告人，而平均值受极端值影响较大，所以剔除上述极端值后重新进行统计，发现受贿罪的平均值（5.1 年）、中位数（4 年）和标准差（3.2）虽然有所降低但并不明显。因此，可以认为受贿罪中被告人犯罪行为持续的时间较贪污罪、挪用公款罪更长，也可以从侧面反映出受贿罪相较其他两类犯罪，被发现的可能性更低，即隐蔽性更强。

此外，也有论者提及职务型医疗卫生犯罪行为发生的次数较多，对样本进行梳理发现，仅有 173 个被告人的犯罪行为的次数能够确定，其余被告人的犯罪行为次数无法确定，原因在于判决书中只做了统一性说明，而没有明确说明清楚具有几起犯罪事实，部分案件无法从判决书所描述的内容准确区分犯罪行为的次数，因而存在较多的缺失值。对有限的数据进行统计，发现职务型医疗卫生犯罪行为次数的平均值为 14.4 次，中位数为 5 次，即在能够确定犯罪次数的 173 个被告人中，50% 的被告人实施的犯罪行为超过了 5 次，犯罪次数的最小值为 1，最大值为惊人的 668。若以三次为多次实施的标准，则有 74.6% 的被告人满足多次实施犯罪行为的标准。虽然对犯罪次数的统计因部分案例中信息的缺失而并不完整，但在统计中，并未发现无法明确犯罪次数信息的被告人均仅实施一次犯罪行为的规律，在随机抽样的条件下，可以合理推测那些无法明确犯罪次数信息的被告人同样"大多数实施了多次犯罪行为"，这一点亦可由前述对犯罪行为持续时间的统计结果加以证明。由此可以认为，在职务型医疗卫生犯罪中，大多数被告人都多次实施犯罪行为，其中受贿罪被告人实施的犯罪行为次数最多，持续的时间最长，换言之，与贪污罪、挪用公款罪相比，受贿罪的犯罪行为更具有隐蔽性。

2. 犯罪行为发生的具体情境

任何犯罪都是在具体情境下实施的，忽视其行为所处的具体环境，很可能无法看清楚犯罪行为的特点。在职务型医疗卫生犯罪中，"具体情境"是指被告人所利用的具体职权。根据被告人利用职务的差异，将犯罪行为的具体情境分为医院专业部门领域、医院行政部门领域、医疗行政部门领域、医药企业领域、非医药企业领域和其他领域六个类别。

表 5-7 样本中被告人犯罪行为所处具体情境的分布情况

所处领域		被告人数量	百分比
医院专业部门领域	工作人员	10	3
	管理人员	12	3.6
医院行政部门领域	工作人员	15	4.6
	管理人员	62	18.8
医疗行政部门领域	工作人员	71	21.6
	管理人员	131	39.8
	医院行政部门、医疗行政部门管理人员	1	0.3
医药企业领域	工作人员	1	0.3
	管理人员	5	1.5
	药房负责人	3	0.9
非医药企业领域	工作人员	3	0.9
	管理人员	6	1.8
其他领域	村委干部	4	1.2
	无业人员	5	1.5
	总计	329	100

表 5-7 是对样本中被告人犯罪行为所处具体情境的分类，同时根据其是否具有管理人员身份为标准，对不同领域内的被告人进行了二次划分，以便观察不同领域内，利用职权的工作人员与管理人员分别所占的比例，以检视不同领域内被告人犯罪的差异性。经统计可以发现，整体上看，职务型医疗卫生犯罪集中在医疗行政部门领域，被告人数量为 203 人，占比约为 61.7%；次之是医院行政部门领域，被告人数量为 77 人，占比约为 23.4%；医院专业部门、医药企业和其他领域的被告人较少，共计 49 人，占比约为 14.9%。

进一步考察各个领域内被告人的具体身份，可以发现不同领域内工作人员和管理人员所占的比例并不完全相同。犯罪行为发生在医院专业部门内的被告人（22 人）中，工作人员与管理人员所占比例（约 45.45% 与约 54.55%）大致相当；犯罪行为发生在医疗行政部门内的被告人（203 人）中，工作人员与管理人员（包括医院行政部门、医疗行政部门管理人员）所占比例也存在一定差异，前者的占比（约 34.98%）明显小于后者的占比（约 65.02%）；然而在犯罪行为发生在医院行政部门内的被告人（77 人）中，工作人员与管理人员所占比例存在较大差异，前者的占比（约 19.48%）远远低于后者的占比（约 80.52%）。

职务型医疗卫生犯罪是需要利用一定职务便利的犯罪行为，在经验层面很可能得出管理人员比一般工作人员更可能实施犯罪行为的结论。但统计结论表明，在不同的情境中，管理人员在被告人中所占的比例并不总是明显高于一般工作人员。换言之，需要根据犯罪行为发生情境的不同，同时考察被告人是否具有一定的管理权限，来决定犯罪预防的具体措施。

3. 被告人共同犯罪的情况

无论是围绕特定罪名、还是针对个案进行的研究，均认为职务型医疗卫生犯罪中大多数案件都属于窝案、串案，但并未进一步深入考察不同罪名中的窝案、串案究竟如何表现，以及是否具有相同的规律性。然而，一旦将视角转换为具体罪名便可以发现，基于宏观信息得出的"职务型医疗卫生犯罪案件大多数为窝案、串案"的观点很可能并不准确。

表 5-8 样本中被告人共同犯罪的分布情况

	犯罪行为数量	百分比
非共同犯罪	235	61.2
共同犯罪	149	38.8
总计	384	100

需要说明的是，样本中存在一个被告人被数罪并罚，且有的罪名中被告人属于共同犯罪有的罪名中被告人为个人犯罪的情形，因此，表 5-8 是以被告人触犯的罪名为标准进行统计。具体来说，若被告人两个犯罪行为最终被数罪并罚，则

分别对两个犯罪行为进行"是否属于共同犯罪"加以判断。样本中被告人数量为 334 人，共计实施 384 个犯罪行为，其中 149 件犯罪行为属于共同犯罪，而 235 件犯罪行为并非共同犯罪，比较而言，职务型医疗卫生犯罪中共同犯罪并非普遍现象。本书搜集的样本获取的统计结论与之前的研究结论似乎并不一致，但是宏观层面的整体特点并不必然与微观层面保持一致，因此，有必要进一步以不同罪名进行详细考察。

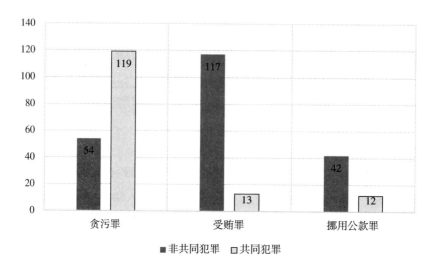

图 5-5　不同罪名下被告人共同犯罪的分布情况

　　图 5-5 是对不同罪名下共同犯罪分布情况的考察，其中左侧柱表示非共同犯罪，右侧柱表示共同犯罪。以不同罪名对犯罪行为进行分类，可以发现不同罪名中的共同犯罪情况存在明显差异。在贪污犯罪行为中，共同犯罪行为所占的比例（约 68.79%）明显高于非共同犯罪的占比（约 31.21%）；但是在受贿罪和挪用公款罪中，非共同犯罪的比例（依次为 90%、约 77.78%）均远远高于共同犯罪行为所占的比例。

表5-9 不同身份被告人共同犯罪的分布情况

	医院专业部门工作人员数量	医院专业部门管理人员数量	医院行政部门工作人员数量	医院行政部门管理人员数量	医疗行政部门工作人员数量	医疗行政部门管理人员数量
共同犯罪	6	5	11	34	26	29
非共同犯罪	4	7	4	28	45	102
总计	10	12	15	62	71	131

以被告人的身份为标准对共同犯罪考察，可以发现在医院内部，医院行政部门的工作人员中共同犯罪人明显多于非共同犯罪人[1]，但医院专业部门的工作人员和管理人员，以及医院行政部门的管理人员中，共同犯罪的被告人与非共同犯罪的被告人所占的比例均大致相当，三者中两类被告人的占比依次为60%与40%，约41.67%与58.33%，约54.84%与45.16%。但是在医疗行政部门内部，无论是一般工作人员还是管理人员，共同犯罪的比例均明显低于非共同犯罪的比例，二者中两类被告人的占比依次约为36.62%与63.38%，约22.14%与77.86%。

表5-10 样本中共同犯罪被告人中主从犯的分布情况

	被告人数	百分比
从犯	59	39.6
主犯	90	60.4
总计	149	100

在职务型医疗卫生犯罪中，行为人之所以选择与他人共同犯罪，往往是因为要获得利益所需利用的职务便利超过了自己的职权范围，因而需要与有职权的其他人配合，即疏通关系；或者是因自己的行为容易被他人发现，而需要将可能影

---

[1] 此部分被告人数量较少，无法排除该结论可能源于抽样误差的可能。如果从被告人数量方面考察，则可以发现此部分被告人的数量差异并不大。

响自己获利的人员"拉下水",以保证犯罪的顺利实施;或者是自己无法实施全部的犯罪行为,而需要他人提供一定的材料加以配合。如表5-10所示,职务型医疗卫生领域的共同犯罪中,主犯人数远大于从犯人数,这意味着许多案件中法官没有对被告人区分主从犯,即共同犯罪人作用相当,即被告人主要表现为互相利用、相互配合的"平等合作"关系,而非由主犯掌控犯罪过程的"支配"关系。

可以说,职务犯罪中共同犯罪实施的比例,在一定程度上代表了职权被限制、约束的程度;虽然不能认为共同犯罪的被告人所拥有的职权必然受到更多限制,但是能够单独实施犯罪行为获取收益的被告人所拥有的职权,必然受到更小的约束。根据统计结论可以确定在医院内,无论是专业部门还是行政部门,其职权具有更强的约束性;在医疗行政部门中,即使是一般工作人员,其职权也较少受到约束,从而可以一个人单独实施职务犯罪行为;而医疗行政部门中的管理人员,则最缺乏制度性的约束,因此,其单个人实施职务犯罪的比例最高。

就三种罪名而言,贪污罪表现为利用职务便利盗窃、骗取或侵吞本单位财物,其行为方式较为复杂,而职务型医疗卫生犯罪主要表现为骗取和侵吞,其中尤以骗取行为最为常见。贪污行为的实施必然要接触职权体系中的其他人,或者需要仰赖外部人员提供相关材料加以配合。因此,贪污罪的被告人更多实施的是共同犯罪。而受贿罪中,被告人只是以本人职权为对价获取他人输送的利益,或者利用自己的职权向他人索取贿赂,两种情况都不一定需要牵涉他人职权,因而被告人大多实施的是非共同犯罪。挪用公款罪中,被告人大多已经直接占有公款,挪用行为的实施也不需要他人的配合即可完成,所以被告人的犯罪行为同样主要表现为非共同犯罪。

经过统计,可以发现不同罪名下被告人是否倾向与他人共同实施犯罪行为,存在不同规律。因此,应当有的放矢,根据不同罪名、不同领域来选择和制定犯罪预防的基本策略与具体措施。

4. 被告人犯罪数额的分布情况

严重的社会危害性是犯罪的核心特点,而犯罪数额最能直接彰显犯罪行为的社会危害性,考察职务型医疗卫生犯罪牵涉的具体数额,能够直观地描绘此类犯罪行为社会危害的严重性。

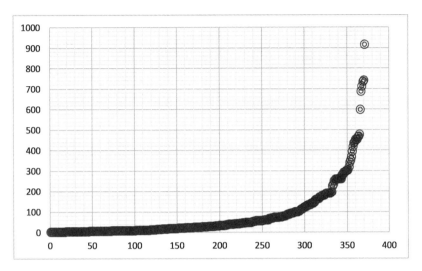

图5-6　样本中被告人犯罪数额的分布情况（1000万元以下）

经统计分析，职务型医疗卫生犯罪中犯罪数额的平均值为177.8 692万元，中位数对应的犯罪数额为28.5 367万元，最小值为0.54万元，最大值为5466.05万元。犯罪数额的平均值远远大于中位数，意味着平均值很可能是受极端值影响较大。将犯罪数额从低到高排列，发现76.3%的犯罪数额在100万元以下，86.5%的犯罪数额在200万元以下，95.1%的犯罪数额在500万元以下，96.6%的犯罪数额在1000万元以下；仅有8个超过1000万元的犯罪数额。[1] 图5-6[2]是剔除超过1000万元的极端值后所作的犯罪数额分布图，从图中可以直观看到，绝大部分犯罪数额都在500万元以下。

---

〔1〕　需要说明的是，由于重复的数额均为共同犯罪中的数额，众数不能代表犯罪数额的集中趋势，因而不再单独叙明。

〔2〕　图5-6中横坐标是为方便统计分析对被告人实施犯罪行为所作的编号，范围是1~384，由于横坐标以50为单位显示数字，所以坐标轴范围是0~400。横坐标表示犯罪数额，单位是"万元"。

表 5-11　不同罪名下犯罪数额分布特点的对比

		贪污罪犯罪数额	受贿罪犯罪数额	挪用公款罪犯罪数额
平均值		48.178	48.8 335	184.1 666
中位数		24.808	15	86.8 171
最小值		0.54	1	6.41
最大值		392.43	475	914.12
百分位数	25	7.3 069	5.31	30.2 286
	50	24.808	15	86.8 171
	75	66.06	41.868	292.8 542

表 5-11 是剔除掉 1000 万元以上极端值后不同罪名下犯罪数额的统计情况,可以发现,贪污罪与受贿罪的最小值非常接近,平均值基本相同,只是受贿罪中犯罪数额的最大值高于贪污罪。将犯罪数额从低到高排列后,对比二者三个百分位数对应的犯罪数额,可以发现受贿罪的数额整体低于贪污罪的数额。而挪用公款罪的犯罪数额则明显比二者高出一个量级,无论是其平均值、中位数、最小值和最大值,还是将其数据排列后三个百分位数对应的犯罪数额,均远远高于贪污罪、受贿罪中相对应的犯罪数额。在 1000 万元以上的犯罪数额中,贪污罪涉及的数额为 1477.14 万元、1497 万元和 4000 万元,受贿罪涉及的犯罪数额为 3362.2 万元、2192.2 万元和 1714.92 万元,挪用公款罪涉及的数额为 5466.05 万元。比较而言,三种犯罪行为都可能造成极其严重危害性后果的可能。

虽然犯罪数额是行为社会危害性的核心因素,但不能忽视被告人对犯罪行为危害后果补救的价值,如果被告人积极退赃,可以在一定程度上减少犯罪行为对社会的现实损害。因此,不能仅仅通过直接对比三者犯罪数额而得出哪一种犯罪行为危害更重的结论。

表 5-12 样本中被告人退赃情况

	犯罪行为数量	百分比
未退赃	43	12.4
退赃	304	87.6
总计	347	100

因存在一个人犯数罪的情况，而被告人需要对每一个犯罪行为负责，因此，在统计中需要考察被告人对自己所有罪行危害后果的补偿情况。需要说明的是，因为玩忽职守罪、滥用职权罪牵涉行为造成的损失，此类损失往往与被告人之外的他人犯罪行为直接相关，不需要由被告人担负直接补偿义务，而私分国有资产罪的情形太少，因此，表 5-12 中仅对贪污罪、受贿罪与挪用公款罪的退赃情况进行考察。在搜集的样本中，贪污罪、受贿罪和挪用公款罪的犯罪行为数量为357 个，明确是否退赃的犯罪行为数量为 347 个，其中约 87.6% 的犯罪行为造成的损害后果都经由被告人的退赃得到了补偿。进一步考察，在退赃的 304 个犯罪行为中，全部退赃的数量为 252 个，约占退赃犯罪行为的约 82.9%。这意味着大部分犯罪行为的危害后果都得到了恢复，超过一半的犯罪行为造成的损失在审判时全部得到恢复。

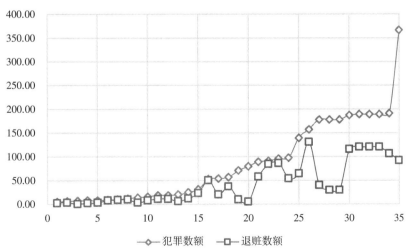

图 5-7 样本中未全部退赃情形下犯罪数额与退赃数额的分布情况

图 5-7 进一步对未全部退赃情形下犯罪数额与退赃数额进行了比较，其中纵坐标是犯罪和退赃的数额，单位为万元，横坐标是对被告人的编号[1]，从中可以看到在未全部退赃的情形中，也存在部分犯罪数额和退赃数额相差不大的情况。可见，虽然从整体上看职务型医疗卫生犯罪的具体数额较高，甚至可能远高于一般财产犯罪的数额，但是多数犯罪行为的危害后果都得到了补偿和恢复，其实际的社会危害性并没有犯罪数额显示的那么严重。

表 5-13　不同罪名下被告人退赃的基本情况

	未退赃数量	退赃数量	未全部退赃数量	全部退赃数量
贪污罪	31	141	29	112
受贿罪	8	121	17	104
挪用公款罪	4	42	6	36

如表 5-13 所示，对不同罪名下的被告人退赃情况进行考察，可以发现在受贿罪和挪用公款罪中被告人退赃的比例很高，分别约为 93.8% 和 91.3%，而贪污罪中被告人退赃的比例低于二者，约为 81.98%。而三者中被告人全部退赃的比例（贪污罪约为 79.43%，受贿罪约为 85.95%，挪用公款罪约为 85.71%）则大致相当，只是贪污罪依然低于受贿罪和挪用公款罪。

虽然挪用公款罪的犯罪数额很高，但是考察被告人的具体用途，发现仅有 5.6% 的被告人存在将公款用于非法活动的情况[2]，即将公款用于赌博行为；57.4% 的被告人存在将公款用于营利活动的情形，主要表现为将公款借给他人使用，或者购买银行理财产品，27.1% 的被告人并未将公款用于非法或营利活动。

---

〔1〕 经统计，52 个未全部退赃的犯罪行为中，法官在判决书中注明退赃数额的犯罪行为数量为 36 个，由于存在极端值（犯罪数额 5 466.046 837 万元，退赃数额为 1 390.393 394 万元），若将其绘制在图中会导致纵坐标单位过高，从而无法对其他犯罪行为的退赃信息进行有效观察，因此，仅在图中展现除极端值外 35 个未全部退赃犯罪行为的信息。

〔2〕 因为挪用公款罪中的被告人存在多次、多用途挪用公款的情况，因此，此处统计的"用于非法活动"，是指被告人挪用公款的用途中包含了非法活动的情形，并非指公款仅被用于非法活动。后文"用于营利活动"的统计也是指用途中包含了营利活动的情况，不是指仅用于营利活动。

考虑到一旦案发，被告人将挪用公款归还的比例也较高，因此，虽然涉案金额明显高于前两种犯罪行为，但并不能据此认为该类犯罪行为的社会危害性必然明显高于前两者。比较而言，三者中贪污罪的犯罪行为的恢复行为比例低于受贿罪、挪用公款罪，且统计分析发现贪污罪的犯罪数额整体上高于受贿罪，可见，无论是从数额方面进行比较，还是从事后对危害后果的恢复方面比较，贪污罪都属于更为严重的犯罪行为。

（三）职务型医疗卫生犯罪中的量刑情节与所判刑罚

刑罚是刑事责任最主要的实现方式，量刑也是刑事诉讼活动的终点，因此，考察职务型医疗卫生犯罪中被告人的量刑情况，对认识职务型医疗卫生犯罪的社会危害性和规制现状具有重要意义。在以往的研究中，没有针对医疗职务犯罪中法官的量刑活动进行系统性的实证研究，本书尝试通过统计样本案例中的量刑情节与刑罚信息来填补这一空白。具体考察内容包括被告人是否自首、坦白或者立功，是否被判处刑罚、被判处何种刑罚、判处的具体刑期、是否被宣告缓刑以及确定的缓刑考验期。

1. 职务型医疗卫生犯罪中被告人自首、坦白的情况

因为退赃是针对既有犯罪行为危害结果的修复，所以将其置于案件事实部分进行考察，而自首、坦白则属于犯罪后的表现，因而将其置于本部分进行考察。

表 5-14　样本中被告人自首、坦白和立功的情况

	犯罪行为数量	百分比	有效百分比
自首	180	46.9	52
坦白	166	43.2	48
合计	346	90.1	100
未自首、坦白	38	9.9	
总计	384	100	

由于存在一个人犯数罪的情况，而自首、坦白的内容及其发挥的法律效果都指向具体的犯罪行为，因此，表5-14统计的是被告人对自己犯罪行为自首和坦

白的情况；此外，因为立功并不指向具体的犯罪行为，其法律效果归属的是行为人，同时立功的情形很少（11个被告人具有立功情节），所以并没有在表5-14中加以体现。整体来看，职务型医疗卫生犯罪中被告人对自己的犯罪行为自首和坦白的比例很高，超过了90%。

表5-15 不同罪名下被告人自首、坦白的情况

	自首的犯罪行为	坦白的犯罪行为
贪污罪	89	64
受贿罪	53	64
挪用公款罪	31	21

具体看来，贪污罪中自首、坦白的犯罪行为共计153个，约占贪污罪犯罪行为总数（173人）的88.44%；受贿罪中自首、坦白的犯罪行为共计117个，约占受贿罪犯罪行为总数（130人）的90%；挪用公款罪中自首、坦白的犯罪行为共计52个，约占挪用公款罪犯罪行为总数（154人）的96.3%。具体比较，可以发现在贪污罪和挪用公款罪中，自首的犯罪行为数量明显高于坦白的犯罪行为数量，但受贿罪恰恰相反。虽然诸多研究都发现了职务型医疗卫生犯罪行为具有隐蔽性这一职务犯罪行为的共同特点，但是并没有进一步分析，对不同罪名的隐蔽性加以考察。考虑到犯罪行为人并非在犯罪行为发生后、其他人并未发觉前进行自首，而是因为自己的犯罪行为牵涉其他案件，在其他案件查处过程中主动投案，或者是因为自己的犯罪行为被他人发现但尚未进入司法机关视野而主动投案，那么，自首的比例在一定程度上表现出了犯罪行为被发现的难易程度。质言之，虽然三种犯罪行为均具有相当的隐蔽性，但是自首比例较高的犯罪行为属于相对而言更容易被发现的犯罪行为。挪用公款罪中自首的犯罪行为数量与坦白的犯罪行为的比值约为1.48（即前者是后者的1.48倍），贪污罪中这一比值约为1.39，受贿罪中这一比值约为0.83。可以认为三种犯罪中挪用公款行为被发现的可能性最高，其次为贪污行为，而受贿行为则具有最强的隐蔽性。

2. 被告人被判处的刑种

因为被告人存在数罪并罚的情况，而每一个犯罪行为都有相对应的量刑结

果，因此，本书以犯罪行为为单位对被告人的判罚情况进行考察。需要说明的是，因为 2016 年 4 月 18 日最高人民法院、最高人民检察院联合发布了《最高人民法院、最高人民检察院关于办理贪污贿赂刑事案件适用法律若干问题的解释》，该解释大幅度提升了三种犯罪行为定罪、量刑的数额标准，而司法解释发布即生效，导致 2016 年 4 月 18 日前审理的案件与之后审理的案件，在量刑标准方面存在较大差异，因此，本书将对两类犯罪行为的量刑活动分开进行考察。

表 5-16　样本中被告人是否被判处刑罚以及被判处具体
刑罚种类的分布情况

	犯罪行为	百分比
免除处罚	45	11.7
有期徒刑	326	84.9
拘役刑	12	3.1
无期徒刑	1	0.3
总计	384	100

整体来看，法官对职务型医疗卫生犯罪判处的主要刑罚是有期徒刑，极少适用无期徒刑，拘役刑的比例也很低；值得注意的是，被免除处罚的犯罪行为则占有相当的比例。具体来看，2016 年 4 月 18 日前被免除处罚的犯罪行为有 13 个，之后被免除处罚的犯罪行为有 32 个；2016 年 4 月 18 日前没有被适用拘役刑的犯罪行为。

表 5-17　样本中不同罪名下被告人是否被判处刑罚以及
被判处刑罚种类的分布情况

	免除处罚	有期徒刑	拘役刑	无期徒刑
贪污罪	23	147	3	0
受贿罪	15	110	5	0

续表

	免除处罚	有期徒刑	拘役刑	无期徒刑
挪用公款罪	6	45	2	1

具体来看，在被免除处罚的犯罪行为[1]中，贪污犯罪行为占比最高，约为 51.11%；其次为受贿罪，占比约为 33.33%；挪用公款犯罪行为占比最低，约为 13.33%。就贪污罪而言，2016 年 4 月 18 日前被免除处罚的犯罪行为有 4 个，之后有 19 个；受贿罪的上述犯罪行为的数量分别为 8 个和 7 个，挪用公款罪的上述犯罪行为数量分别为 1 个和 5 个。可见，司法解释将量刑标准大幅提升后，职务型医疗卫生犯罪中被判处免除处罚和拘役刑的犯罪行为数量出现了明显的提升，相较之前，司法解释客观上降低了此类犯罪行为的处罚力度。

3. 被告人被判处的刑期

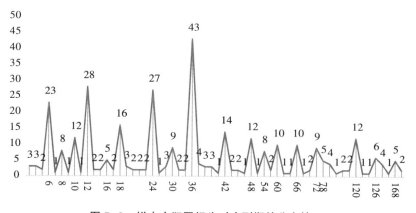

图 5-8 样本中犯罪行为对应刑期的分布情况

图 5-8 是样本中被判处拘役刑、有期徒刑的被告人所犯罪行（不包括 45 个免除刑罚和 1 个无期徒刑）对应刑期的分布情况，其中纵坐标是犯罪行为的数

---

〔1〕 滥用职权罪中，有 1 个被免除处罚的犯罪行为，8 个被适用有期徒刑的犯罪行为，1 个被适用拘役刑的犯罪行为；玩忽职守罪中，有 14 个被适用有期徒刑的犯罪行为，没有被免除处罚和被适用拘役刑的犯罪行为；私分国有资产罪中，有 2 个被适用有期徒刑的犯罪行为，1 个被适用拘役刑的犯罪行为，没有被免除处罚的犯罪行为。

量，横坐标是所判刑期的月数。考虑到判处的刑期较多，全部在图中标注会导致横坐标过度拥挤，因此，图5-8中仅在横坐标部分标注了对应犯罪行为数量在5个以上的刑期。结合实际量刑情况，在职务型医疗卫生犯罪中，可以将对应10个以上犯罪行为数量的刑期视为量刑聚集区。经统计，量刑聚集区共有10个，判处刑期的月数分别为6、10、12、18、24、36、42、48、60、120，基本为半年的倍数；其中，有4个对应20个以上犯罪行为的刑期，分别为半年、一年、一年半、两年和三年。就样本（不包括无期徒刑这一极端值）而言，职务型医疗卫生犯罪行为对应刑期的平均值为42.22个月，最小值为3个月，最大值为180个月，60.7%的犯罪行为对应的刑期在36个月（三年）以下，79.3%的犯罪行为对应的刑期在60个月（五年）以下。直观来看，法官对职务型医疗卫生犯罪判处的刑期主要集中在三年以下，整体上量刑较轻。

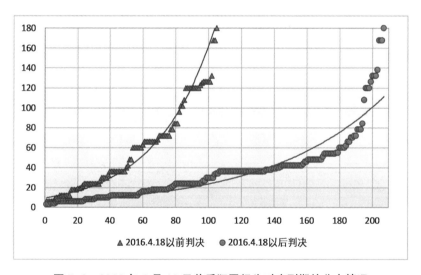

图5-9　2016年4月18日前后犯罪行为对应刑期的分布情况

因为司法解释大幅提升了三种犯罪行为的量刑标准，因而有必要考察司法解释出台前后对犯罪行为的量刑情况，才可以更为准确、科学地回答职务型医疗卫生犯罪的量刑规律问题。图 5-9[1]（纵坐标是犯罪行为对应的刑期，单位为月；横坐标为犯罪行为的编号）是司法解释出台前后，犯罪行为对应刑期的分布情况，为了更直观地看到两者的不同，在图中通过细线方式标注了其分布趋势。将司法解释出台前后三种犯罪行为对应的刑期从低到高排列后进行比较，可以明显发现司法解释出台前刑期上升的速率更快，虽然有一定的聚集区，但每个聚集区大致相当；但是司法解释出台后，在最高刑期保持不变的情况下，不仅刑期上升的速率明显变缓，而且在 36 个月的位置上出现了明显多于其他位置的聚集区。通过独立样本 T 检验，发现司法解释出台前后刑期均值（依次为 51.57 个月和 30.41 个月）的差异（二者相差 21.16 个月）存在统计上的显著性，所以可以说司法解释出台后，整体上法官对职务型医疗卫生犯罪判处的刑期明显降低。分别考察三种犯罪行为被判处的刑期均值在司法解释出台前后的差异，同样发现法官判处的刑期均值在司法解释出台后存在明显下降，其中，贪污犯罪行为被判处的刑期均值下降了 26.99 个月，受贿犯罪行为被判处的刑期均值下降了 18.73 个月，挪用公款犯罪行为被判处的刑期均值下降了 17.85 个月。[2]

　　一般认为，处罚力度对犯罪行为的产生发挥影响，因此，在经验上可能产生处罚力度减弱将导致犯罪行为反弹的判断。若以司法解释出台的时间节点为界将样本分为两部分进行统计检验，发现在整体层面上，虽然处罚力度明显弱化[3]，

---

〔1〕 横坐标为犯罪行为的编号，其中 2016 年 4 月 18 日之前判决的三类犯罪行为数量为 105 个，之后判决的三类犯罪行为数量为 207 个。剔除了滥用职权罪、玩忽职守罪和私分国有资产罪三种前后无变化的犯罪行为。

〔2〕 司法解释出台前后，贪污犯罪行为被判处的平均刑期分别为 60.4 个月、33.41 个月；受贿犯罪行为被判处的平均刑期分别为 50.96 个月、32.23 个月；挪用公款犯罪行为被判处的平均刑期分别为 39.48 个月、21.63 个月。对三者的差异进行独立样本 T 检验，均不满足等方差条件（F 值依次为 9.936、21.699 和 4.588，方差同质性检验中的 P 值依次为 0.002、0.001 和 0.037），所以应采用不假定等方差下表示显著性的 P 值（依次为 0.001、0.016 和 0.006），因 P 值均小于 0.05，可以认为三种犯罪行为被判处的刑期均值，在司法解释出台前后的差异具有统计上的显著性。

〔3〕 以司法解释是否出台为类别变量，对贪污、受贿、挪用公款犯罪行为对应的刑期进行独立样本 T 检验，其平均值为 59.02 个月（出台前）、36.15 个月（出台后），二者方差不等，应采用不假定等方差的 P 值判断二者的差异是否具有显著性，P 值小于 0.001，表明二者差异具有显著性，检验结论也与司法解释的规定相符。

但是无论是犯罪行为持续的时间[1]、犯罪行为的次数[2]，还是犯罪数额[3]的差异上都不存在显著性。

表5-18 司法解释出台前后贪污行为中犯罪数额的分布情况

	平均值	最小值	百分位数25	中位数	百分位数75	百分位数95	最大值
解释出台前	24.42	0.54	4.97	8.82	27.16	98.14	110.41
解释出台后	56.29	1	7.6	28.98	71.92	189	392.43

表5-19 司法解释出台前后受贿行为中犯罪数额的分布情况

	平均值	最小值	百分位数25	中位数	百分位数75	百分位数95	最大值
解释出台前	17.84	1	3.18	7.88	22.91	66.75	112.2
解释出台后	68.96	1.5	8.2	20.16	83.46	316	475

表5-20 司法解释出台前后挪用公款行为中犯罪数额的分布情况

	平均值	最小值	百分位数25	中位数	百分位数75	百分位数95	最大值
解释出台前	162.97	9.52	30	60	260	450	450
解释出台后	198.08	6.41	31.56	93.28	292.85	740.18	914.12

---

[1] 司法解释出台前后犯罪时间的均值分别为 6.94 年与 9.19 年，二者方差不等（F=4.003，P 值为 0.047），假定不等方差下显著性检验的 P 值为 0.192，远大于 0.05 的临界值，表明二者的差异不存在显著性。

[2] 司法解释出台前后犯罪次数（剔除了 668 次的极端值）的均值分别为 9.59 次、11.03 次，二者方差相等（F=0.192，P 值为 0.662），等方差下显著性检验的 P 值为 0.645，远大于 0.05 的临界值，表明二者的差异不存在显著性。

[3] 司法解释出台前后犯罪数额的平均值为 193.7 830 万元和 170.2 795 万元，二者方差相等（F=1.847，P 值为 0.175），等方差下显著性检验的 P 值为 0.718，远大于 0.05 的临界值，表明二者的差异不存在显著性。

以个罪进行考察，统计结论则发生了部分变化。其中，司法解释出台前后，犯罪行为持续时间与犯罪行为次数的均值差异不具有显著性[1]；但是，在犯罪数额方面，仅挪用公款罪犯罪数额的均值差异（35.1050万元）不存在显著性，贪污罪、受贿罪的均值差异均存在显著性，司法解释出台后的犯罪数额均值明显更高（二者在司法解释出台前后的犯罪数额均值差依次为31.8750万元和51.1167万元）。进一步对三类犯罪行为司法解释出台前后犯罪数额进行详细考察，如表5-18、5-19、5-20所示，可以发现除挪用公款行为双方的数据较为接近外，贪污行为、受贿行为犯罪数额的数据存在较大差距。

是否可以据此认为司法解释弱化了自由刑的处罚力度，导致了犯罪数额的增加呢？本书认为答案是否定的。货币作为犯罪数额的最主要表现形式，本身就具有变动性，价格的上涨并不等于价值的升高。样本案例中判决日期最早为2005年，最晚为2020年，考察我国货币发行量情况可知，2004年12月末我国广义货币供应量（M2）余额为25.3万亿元；[2] 至2016年12月末，该数值上升为155.01万亿元[3]，约为2005年的6.12倍；而至2020年12月末，该数值跃升为218.68万亿元[4]，约为2005年的8.64倍。GDP、基本生活物资价格的变化与货币发行量的增加，导致相同的货币量在不同历史时期的购买力大相径庭，这也是"两高"通过司法解释提升三种犯罪行为定罪量刑标准的重要原因。而犯罪行为持续的时间、犯罪行为发生的次数同样属于可以表征犯罪行为危害性的因

---

〔1〕 其中，司法解释出台前后贪污犯罪行为持续时间的均值分别为2.5703、2.4549，受贿犯罪行为持续时间的均值分别为5.3638、5.6806，挪用公款犯罪行为持续时间的均值分别为2.3944、2.1300；对其进行独立样本T检验，均满足等方差条件，该条件下检验均值差异是否具有显著性的P值分别为0.770、0.656和0.735，均远大于0.05，表明三组均值差异不具有显著性。司法解释出台前后贪污犯罪行为次数的均值分别为15.75、10.30，受贿犯罪行为次数的均值分别为10.42、10.33，挪用公款犯罪行为次数的均值分别为2.33、15.33；对其进行独立样本T检验，只有受贿犯罪行为次数满足等方差条件，该条件下检验均值差异是否具有显著性的P值为0.971；贪污犯罪行为次数、挪用公款犯罪行为次数不满足等方差条件，采用不假定等方差下检验差异是否具有显著性的P值，依次为0.648、0.107，均大于0.05，表明三组均值差异不具有显著性。

〔2〕 参见《金融运行健康平稳 调控目标基本实现》，载中国人民银行网，http：//www.pbc.gov.cn/diaochatongjisi/116219/116225/2823733/index.html，最后访问时间：2022年11月16日。

〔3〕 参见《2016年金融统计数据报告》，载中国人民银行网，http：//www.pbc.gov.cn/diaochatongjisi/116219/116225/3234246/index.html，最后访问时间：2022年11月16日。

〔4〕 参见《2020年金融统计数据报告》，载中国人民银行网，http：//www.pbc.gov.cn/diaochatongjisi/116219/116225/4161745/index.html，最后访问时间：2022年11月16日。

素，在二者没有发生系统性变化，而犯罪数额因受诸多因素影响客观上发生较大幅度变化的情况下，不宜依据司法解释出台后犯罪数额的升高，直接认定犯罪行为危害性出现了明显提升。

此外，从犯罪行为对应的刑期来看，大多数犯罪行为对应的刑期集中在 3 年以下，也说明职务型医疗卫生犯罪并未因为处罚力度的下降而出现危害性增强的趋势。原因可能是司法解释虽然降低了自由刑的量刑标准，却增加了罚金，而实践中，法官也充分运用了罚金对贪污、受贿行为进行严厉打击。在司法解释出台前，法官对贪污罪、受贿罪被告人判处没收财产的数额平均值为 7.4 140 万元，司法解释出台后法官判处的罚金数额的平均值为 23.7 094 万元，通过独立样本 T 检验，其满足等方差条件（F = 2.142，P = 0.145），在假定等方差下的 P 小于 0.001，表明二者的差异具有显著性[1]。换言之，司法解释在降低自由刑处罚力度的同时，强化了财产刑的处罚力度。

4. 被告人被适用缓刑的情况

需要说明的是，因为存在职务型医疗卫生犯罪之间并罚，以及职务型医疗卫生犯罪与非职务型医疗卫生犯罪并罚的情况，而是否可能适用缓刑针对的是数罪并罚后被告人最终被判处的刑罚，因此，计算缓刑适用的比例时，应当以被告人而非犯罪行为作为统计分析的基本单位。经统计，在 333 个被告人中，共有 165 人最终被判处的刑罚在 3 年以下而具有被适用缓刑的可能性。其中，被适用缓刑的被告人数量为 96 人，占比约为 58.2%，约占被告人总数的 28.83%。具体来看，贪污犯罪中被告人被适用缓刑的比例为 61.6%，受贿罪中被告人被适用缓刑的比例为 51.6%，挪用公款罪中被告人被适用缓刑的比例为 61.5%。[2]

---

　　〔1〕　判处没收财产数额的均值与判处罚金数额的均值差为 16.2 954 万元，表示该差异显著性的 P 值小于 0.001，远小于 0.05。这意味着，虽然客观上随机抽样本身会导致二者均值存在差异，但依据本次抽样计算出的二者的差异（即判处罚金数额均值比判处没收财产数额均值高出 16.2 954 万元），并不是因为随机抽样客观存在的误差导致的，确实是司法解释出台后法官对被告人适用了更严厉的财产刑。所谓"差异是否具有显著性"，是指该差异是否可能因随机抽样本身产生的误差导致，而不是指该差异的是大是小，特此说明。

　　〔2〕　需要说明的是，样本中存在被告人同时构成贪污罪、受贿罪、挪用公款罪中两罪甚至三罪，而被数罪并罚的情况，由于计算缓刑比例时只能以被告人为单位，因此，本书以被判处刑期较高的罪名来确定被告人的归属，如果数罪中贪污犯罪行为被判处的刑期最高，则将其归类为贪污罪的被告人，以此类推。

通过构建交叉列表，在司法解释出台前 39 名可以被适用缓刑的被告人中，有 25 人被适用缓刑，占比约为 64.1%；司法解释出台后 126 名可以被适用缓刑的被告人中，有 71 人被适用缓刑，占比约为 56.3%，相较前者约降低了 7.8 个百分点。对司法解释出台前后被告人被适用缓刑的比例进行卡方检验，其表示显著性的 P 值为 0.727，远大于 0.05，表明二者的差异不具有显著性，即司法解释出台前后缓刑比例的下降，是随机抽样本身的误差导致的。

需要说明的是，因为司法解释极大提升了定罪量刑的标准，司法解释出台前后存在被适用缓刑可能性的被告人数量并不一致，所以不能据此直接得出司法解释出台前后法官对职务型医疗卫生犯罪的被告人适用缓刑的可能性没有发生变化的结论。在 333 个被告人中，共有 172 人具有被适用缓刑的可能（即最终判处的刑期在 3 年以下），占比约为 51.65%；司法解释出台前审结案件中的被告人数量为 98 人，其中 39.8% 的被告人具有被适用缓刑的可能性；司法解释出台之后审结案件中的被告人数量为 235 人，有 53.62% 的被告人具有被适用缓刑的可能性。通过卡方检验（皮尔逊卡方值[1]为 7.816，P 值为 0.005，远小于 0.05），发现不同时期具有缓刑可能性的被告人所占比例的差异（13.82）具有统计上的显著性。

可见，虽然司法解释出台前后法官对具有缓刑可能性的被告人适用缓刑的比例大致相当，但司法解释出台后，具有缓刑可能性的被告人数量有了较大幅度的提升，因而总体上看，司法解释出台后被告人更可能被适用缓刑。

（四）职务型医疗卫生犯罪描述性统计小结

1. 职务型医疗卫生犯罪中被告人信息的特点

通过对样本进行统计分析，可以发现职务型医疗卫生犯罪中案发时被告人的平均年龄为 44 周岁，具体来看，贪污罪被告人的平均年龄最小，受贿罪被告人的平均年龄最大；虽然大部分犯罪人为男性，但女性被告人也占了一定的比例。

---

〔1〕 皮尔逊卡方（Pearson Chi-Square）是一种统计检验方法，用于评估两个分类变量之间的关联程度或独立性。其数值结果，即皮尔逊卡方值，具有特定的意义和解释方式。皮尔逊卡方值越大，表明两个分类变量之间的关联越强，或者说它们越不倾向于独立。较大的卡方值意味着观测数据与独立性假设之间存在较大差异。通过比较计算得到的卡方值与临界值，可以决定是否拒绝原假设（即两个变量独立）。通常设定一个显著性水平（如 0.05），如果计算的卡方值大于临界值，则拒绝原假设，认为两个变量之间存在显著的关联。

职务型医疗卫生犯罪中的被告人普遍具有较高的文化水平，初中以下学历的被告人占比不及 7%，大部分被告人拥有大专以上学历，同时出现了拥有博士学位的；就三种犯罪而言，受贿罪被告人和挪用公款罪被告人没有初中以下学历水平的。样本中贪污罪、受贿罪和挪用公款罪的犯罪行为发生地存在一定差异，贪污犯罪行为集中在乡/镇、区/县和市，但受贿犯罪行为则集中在区/县和市两级，而挪用公款犯罪行为则集中在乡/镇和区/县。被告人主要是医疗行政部门和医疗部门的工作人员，其中，贪污罪、受贿罪的被告人集中在医疗部门和医疗行政管理部门，而挪用公款罪的被告人则集中在行政部门。

2. 职务型医疗卫生犯罪中犯罪事实的特点

通过对样本进行统计分析，发现职务型医疗卫生犯罪中绝大多数犯罪行为具有持续性，但持续的时间集中在 4 年以下。其中，贪污罪、挪用公款罪中犯罪行为持续时间的均值大致相当，而受贿罪犯罪行为持续时间的均值则明显更长，超过了二者的两倍，相比前两者，受贿行为更具隐蔽性。就被告人利用的职权来看，在医院专业部门中的被告人中，工作人员和管理人员数量大致相当；在医院行政部门的被告人中，管理人员的数量远高于工作人员的数量，前者约是后者的 4.13 倍；而在医疗行政部门的被告人中，管理人员的数量虽然多于工作人员，但仅是后者的约 1.85 倍。就共同犯罪而言，虽然诸多研究成果认为职务型医疗卫生犯罪窝案、串案多，但样本中共同犯罪的比例不足 40%。具体而言，除了贪污犯罪行为中共同犯罪的比例超过 60% 外，受贿罪和挪用公款中共同犯罪的比例都很低；就不同身份者而言，医院内部被告人共同犯罪的比例略超 50%，而医疗行政部门内被告人共同犯罪的比例不超过三成。

职务型医疗卫生犯罪中犯罪数额的跨度非常大，最小值为 0.54 万元，最大值为 5466.05 万元，但是 90% 的犯罪数额在 300 万元以下。具体而言，贪污罪中的犯罪数额和受贿罪中的犯罪数额在分布特点方面大致相当，均远远小于挪用公款罪的犯罪数额。此外，79.17% 的犯罪行为造成的损害都通过退赃得到了一定程度的修补，65.63% 的犯罪行为造成的损害通过全部退赃得到了恢复。值得注意的是，在研究过程中发现某些被告人退赃的数额甚至超过了法院认定的犯罪数额。虽然退赃与犯罪行为存在一定的时间差，但如果关注到案发后退赃的情况，可以发现职务型医疗卫生犯罪的危害性，在事实层面小于犯罪数额展现的严重程度。

3. 职务型医疗卫生犯罪中量刑情节与所判刑罚的特点

整体而言，职务型医疗卫生犯罪中被告人自首、坦白的比例很高，其中，挪用公款罪中被告人自首的比例最高，其次为贪污罪中的被告人，最后为受贿罪中的被告人。因为自首并非被告人主动而为，所以受贿罪中自首比例最低的现象也从侧面证明了受贿行为更难被发现的特点。样本中有一定比例的被告人被免除刑罚，仅有 1 个被告人被判处无期徒刑，绝大部分被告人被判处的刑罚为有期徒刑。就被告人被判处的刑期而言，有四个明显的量刑聚集区均在 3 年以下的区间内。因为司法解释出台后大幅提升了三种犯罪行为的定罪量刑标准，整体上看来法官对被告人判处的刑期较短，处罚力度较轻。虽然犯罪数额在司法解释出台前后出现了一定幅度的提升，但考虑到我国近年来经济发展水平的提升和货币供应量的持续性增加，以及犯罪次数、犯罪时间并未因司法解释的出台而发生明显增加的改变，因此，不能以犯罪数额的变化直接得出犯罪行为危害性增加的结论。此外，虽然自由刑的处罚力度减弱，但是财产刑的处罚力度却得到了极大的提升，司法解释出台前，法官虽然也对被告人判处财产刑，但适用的人数不多，且没收财产的数额不高，而司法解释出台后，贪污罪、受贿罪应"并处罚金"的规定，极大扩张了财产刑的适用对象，且罚金的数额较高。

样本中被适用缓刑的被告人数量约占具有缓刑适用可能性被告人数量的58.2%，约占被告人总数的 28.83%。虽然司法解释出台前后法官对被告人适用缓刑的比例的差异不存在统计上显著性，但是因为司法解释出台后具有被适用缓刑可能性的被告人数量的显著提升，因此，客观上司法解释出台后被告人被适用缓刑的可能性也得到了明显提升。

三、职务型医疗卫生犯罪产生的原因

通过对当前我国职务型医疗卫生犯罪进行实证研究，可以发现职务型医疗卫生犯罪中行为人、犯罪行为与刑罚裁量活动的基本特点。在此基础上，从社会生活中寻找导致犯罪行为产生进而形成上述特点的事实根据，准确定位原因，才可能进一步提出能够有效治理职务型医疗卫生犯罪活动的解决措施。

（一）职务型医疗卫生犯罪产生的现实原因

当前，诸多针对职务型医疗卫生犯罪开展研究的理论文章都提出了造成相关

犯罪活动的原因，并依据原因属性的不同，将其进行了分类。[1] 经归纳后，可以将其总结为四个方面的原因。一是机制方面的原因。具体包括：医疗监督机制不健全；药品的集中招标制度不完善；医疗卫生管理机制不健全，计划与市场两条线并行；收入分配改革滞后，不健康的补偿心理；内部缺乏有效的监督和制约机制。二是操作管理方面的原因。具体包括：医药市场竞争不正当，存在各种"潜规则"；重业务考核，轻医德评价；医疗器械采购、医院基建中的决策机制不健全；新农合及医疗保险制度流程不完善；公共卫生服务项目监管措施滞后；药品和医疗器械的使用与收入挂钩。三是法治环境方面的原因。具体包括：有关

---

[1] 具体列举的原因有：医疗服务与药品销售不分家，医药市场竞争不正当，医疗机构的内部管理监督机制不健全，药品的集中招标制度不完善，医务人员的医德医风有待改善，有关部门的监督管理未及时到位，对医药腐败的打击需更及时，预防商业贿赂犯罪措施亟待完善。参见何红、余卓：《浅析基层医疗卫生系统职务犯罪特点、原因与预防对策》，载《今日南国（理论创新版）》2009年第11期。

医疗卫生系统的不够完善，医院采购、基建过程中决策机制不够健全，公共卫生服务项目监管措施未及时更新，部分医疗机构的内部管理监督机制不健全。参见潘云、杨晓：《关于对全县医疗卫生领域职务犯罪案件的调查报告》，载《河南法制报》2016年10月27日，第13版。

客观原因主要有：行业特殊，高风险职业，监督制约机制不健全；主观原因主要有：不注意职业道德修养，存在着侥幸心理。参见云华：《卫生系统职务犯罪的特点、原因及预防》，载《国际医药卫生导报》2004年第1期。

主观方面：教育不扎实、考核有缺陷、约束不得力；外部环境方面：机制不完善；机制管理方面：监督乏力、医疗设备和药品招投标管理制度不够完善。参见郭正元、邓义：《医疗卫生系统职务犯罪的预防——基于赫章县查办该类案件的调查思考》，载《中国检察官》2014年第22期。

药品、医疗器械采购制度不完善，宣传不到位；监管机制不健全，有待进一步加以完善；合作医疗基金监管能力不足；管办不分，既当运动员又当裁判员；各职能部门配合不畅。参见吕德均、李剑：《新型农村合作医疗领域 职务犯罪情况分析》，载《人民检察》2015年第17期。

利益关系复杂，多种矛盾集中；制度体系不够健全，法律意识需加强；部分医务人员道德水准有待提高。参见王梓丞、谈在祥：《医疗机构药品购销职务犯罪情况研究——以中国裁判文书网82份判决书为样本》，载《医学与哲学》2020年第3期。监督力度需加强；管理制度落实不够到位。参见孔繁亮：《医疗卫生领域职务犯罪的规律特点发生原因及预防对策》，载《新型城镇化进程中的法律问题研究——第十届中部崛起法治论坛论文集》，会议时间：2017年11月16日，第1806~1819页。

法律意识淡薄已经不是医疗卫生领域职务犯罪的思想成因，从犯罪成本计算、侥幸心理才是主要原因；内部机制已经初步建立但并不完善，配套制度还不够；已经建立的机制缺乏执行制度，行业陋习尚未得到根本纠正；商业贿赂有利可图，打击力度也有待加强。参见邓贵杰、曾祥璐：《医疗卫生领域职务犯罪问题研究》，载《犯罪与改造研究》2016年第12期。

思想认识错误、管理制度不完善、监督力度不够。参见王雷声、范秀娜：《医疗卫生系统职务犯罪多发在五个环节》，载《检察日报》2011年8月23日，第7版。

社会诱因：医院内部监督乏力、不良文化的影响；个体诱因：主体价值观的错位、不健康心理的支配、道德品质的低劣等。参见王碧华：《医疗卫生系统领导干部职务犯罪防治对策》，载《卫生软科学》2007年第5期。

部门的监督管理不到位，对医药腐败的打击处理不及时；预防商业贿赂犯罪措施不到位；相关立法不力，稽查力量薄弱，监管难；法律法规宣传不到位，医务人员和参合农民法律意识淡薄。四是道德环境方面的原因。具体包括：医务人员的医德医风不纯正，存在道德失范；社会诚信缺失，道德约束力弱化；义利观错位，部分医务人员逐利心理明显；潜规则日盛，破窗效应严重；医务人员法治意识淡漠，存在侥幸心理。

上述四个方面的原因确实能够较为妥当地解释职务医疗卫生领域为何会产生腐败行为。在机制方面，内部管理监督机制的不健全，以及药品集中招标制度的不完善等问题，揭示了医疗卫生领域腐败行为的结构性根源；医疗机构在市场经济中的盈利追求，可能破坏社会主义医疗活动的公共服务属性，而"收入分配改革滞后"导致了医疗人员产生了不健康的"补偿心理"，均是职务型医疗卫生犯罪产生的制度性诱因。在操作管理方面，医药市场的"潜规则"、医德评价的忽视以及医疗器械采购和医院基建决策机制不健全等问题，或者强化了有职权的医疗人员的犯罪动机，或者为职务型医疗卫生犯罪提供了实施空间和机会，揭示了职务型医疗卫生犯罪的具体操作路径。在法治环境方面，"监督管理不到位""打击处理不及时"和"相关立法不力"等问题直指医疗卫生领域法治建设的薄弱环节，医疗领域法治文化建设的滞后可以解释职务型医疗卫生犯罪治理的困难性。在道德环境方面，医德医风不纯正、社会诚信缺失大环境下引发的"义利观错位"造成了医疗卫生领域的"破窗效应"，同样对职务型医疗卫生犯罪的出现发挥了重要影响。

整体来看，虽然相关研究人员在提出原因时，既有的研究都对其进行了基本排序，但均未在文中对原因的排序进行解释；部分研究虽然对原因进行了归类，但仍是较为简单地将其划归"客观方面原因""主观方面原因"两个方面。概括而言，当前研究更注重对原因进行事实层面的揭示，尚未注意到原因本身的类型性，以及不同类型原因对职务型医疗卫生犯罪影响力的大小并不一致等问题，因而未能从整体性或者体系化的层面对导致相关犯罪行为的原因进行讨论，结果是不同研究中对原因的总结以及对原因的排列顺序存在较大的差异性，存在原因研究的无序性现象。

（二）职务医疗卫生犯罪产生的文化原因

人类是主观性的动物，意识对行为具有重要作用。我国传统犯罪构成理论认为，犯罪是主观罪过与客观行为的统一，客观行为即主观意志的外化。在大陆法系的阶层式犯罪构成理论中，亦存在承载主观内容的责任阶层。对于人为什么会实施犯罪行为，非决定论认为行为是由可以自由决定自己意志的人来实施的，即人的意志决定了行为；决定论认为行为是外部因果法则的结果，其与意志决定均是由素质和环境等外部因素来确定的。[1] 现代刑法理论已经不再坚持纯粹的决定论或者非决定论，而是将两者调和，认为人拥有的是相对的意志自由，会受到自身生理、所处社会环境等因素的影响，是内外多重因素交互作用的结果，并非单一因素的产物。

主观意志和生活观念对人的行为具有重要影响，这也是诸多研究注重考察医疗腐败人员主观方面的原因。但是，主观认识总是在一定的客观事实作用下产生的，二者相互交融、难以分割，当前的研究更多停留在表层，还未能揭示主观方面发挥作用的深层机制。从现代医学[2]的发展来看，追逐利益不仅仅是实施腐败行为的医疗人员的主观意愿，更是现代医学理念建构下的医疗机制本身的特点。中医立足于"天人合一"、人与自然和谐的哲学和生命整体性思维，认为人类正常的生命活动和人体健康是阴阳保持平衡、协调与和谐的结果，生病是阴阳不平衡、不协调或不和谐的结果。[3] 中医注重从整体层面理解疾病，要结合发病时的天气情况、地理特点、个人性格、体质状况等多方面因素提出个性化的治疗方案。[4] 望闻问切的诊疗方式，建立在病人感受的基础上，所以一个人是否身体不适，是由病人本人的主观性感受决定的，这种主观性的意义在于"病人拥有自己是否有病的首要发言权"[5]。但是，随着科学技术的进步，各种新型技术的快速发展，大幅提升了医疗诊治水平，也让依托仪器设备的现代医疗活动在当前社会医疗格局中占据了支配性地位。从思维模式方面看，现代医学是按照还原

---

〔1〕　参见张明楷：《刑法学》，法律出版社 2016 年版，第 244~245 页。

〔2〕　技术化的医学被命名为"现代——医学"，现代意味着进步、先进、与时俱进、占据技术制高点，一切成功与业绩都归于现代化。参见王一方：《现代性反思与好医学的建构》，载《医学与哲学（A）》2013 年第 1 期。

〔3〕　余谋昌：《西医和中医：两种哲学和两种医学文化》，载《郑州轻工业学院学报（社会科学版）》2012 年第 3 期。

〔4〕　姚春鹏：《中国传统哲学的气论自然观与中医理论体系——兼论中西医学差异的自然观基础》，载《太原师范学院学报（社会科学版）》2006 年第 4 期。

〔5〕　唐金陵、韩启德：《对现代医学的几点反思》，载《医学与哲学》2019 年第 1 期。

论的方法，把人视为由诸多零部件组合而成的机器，将疾病视为人体某一个或几个特定器官的变化，解决方式是通过物理或者化学的方式寻找病变之处，在无法通过药物缓解或者清除病灶的情况下，即采用手术方式将其与人体切割。[1] 在此种情况下，医生的工作常常被认为是按照规范操作各种仪器设备，医生变得无足轻重，人们对医学科技的推崇逐渐超过了对医生的重视，医务人员的主体地位也因此产生异化。[2]

过度依赖现代科学技术和设备，对现代医学理念以及人们的医疗观念影响深远，并导致了医学的异化，只有深刻了解医学、医疗活动的异化，理解医疗腐败生存的现实土壤，才能准确揭示医疗腐败的深层原因，从而形成应对医疗腐败问题的科学治理路径。

1. 疾病评价主体的改变

在完全依靠各种医疗仪器对人体种种生理指标进行测量和评判的环境下，疾病已经不再是导致病人难受的身体病变，而成为一种高于或者低于特定数值指标的检测结果。在科技加成下不断追求精细的医学仪器，医生便能够在人体尚未感觉到不适之前，凭借心电图、自动化分析仪等仪器设备而准确、动态、自动地诊断、分析疾病原因和机体的功能变化。[3] 然而，一旦脱离了病人的主观感受而进入仪器掌控的世界，何谓正常、何谓异常，便注定不再由病人的意志所影响，而成为一种带有坚实认知壁垒的专业性知识。在新特药品和高科技医疗、设备成为科学治疗象征的印象下，对新型医学技术的安全性认识不足的病人，习惯于将治愈疾病的希望寄托于"最新""最高效"的医疗方法。[4] 由此，疾病和治疗方式的决定权从病人转移至医疗行业人员，而内容庞杂、理论高深的现代医疗知识形成的专业壁垒，大大压缩了病人对医疗活动的监督的空间，这也是医疗行业人员通过"信息黑箱"滥用医疗权力的前提。

2. 疾病与治疗效果评价标准的改变

在疾病的判定方面，如前所述，认定、治疗疾病仰赖医学仪器这一疾病判断

---

〔1〕 参见余谋昌：《西医和中医：两种哲学和两种医学文化》，载《郑州轻工业学院学报（社会科学版）》2012年第3期。

〔2〕 郭建、徐飞：《现代医学的异化及其哲学反思》，载《自然辩证法研究》2017年第1期。

〔3〕 张大庆：《论医学的人文精神》，载《山西大学学报（哲学社会科学版）》2003年第4期。

〔4〕 参见郭建、徐飞：《现代医学的异化及其哲学反思》，载《自然辩证法研究》2017年第1期。

和处理的客观化趋势，使得是否使用某种药物、是否进行某种手术的决定权，"慢慢地转到了病人和医生以外的第三方，这个第三方包括医疗保险的制定者、医学指南的制定者、参与有关研究的科学家，以及医疗器械和检测试剂企业的从业人员，等等"[1]。现代医学的快速发展带来的检测能力的大幅提升，使医疗活动不再局限于对既有问题的处理，也注重甚至更为注重对未来身体风险的预防。这一做法当然有益于人们维护自身的健康、延缓死亡到来的时间，但也带来了两方面的问题："疾病不是非黑即白的事实，而是可以人为改变的规定"[2]，以及"疾病不但没有被消除，反而愈治愈多"[3]。以韩国为例，采用新的测量仪器后，甲状腺癌病人的数量急速增长，但是甲状腺癌的死亡率却基本维持稳定。[4]而在治疗效果方面，虽然随机对照双盲实验等科学方式在一定程度上保证了诊疗效果的客观性，但是对于诊疗前后差异是否具有统计上显著性的判断，也离不开人们的价值判断。可见，无论是疾病有无的认定，还是治疗效果好坏的判断，都不再界限分明，而成为一种可上可下的浮动区间。这就为医疗行业人员滥用医疗权力提供了现实可能。

3. 医患关系的疏远与陌生化

医学在于救治病人，医学的终极价值其实是人文价值，就此而言，医生应当注重对病人全方位的关怀和照顾。[5] 不过，现代医学将病从"人"中分离出去，过于关注医学技术，对个体的问题不够关注，医生可能忽视了病人在就医活动中的心理感受。[6] 作为一种生物医学模式，现代医学将目光集中在病变本身，忽视了病变对人心理方面的影响。人是感情动物，病人选择到医院就医不仅是为了解决身体层面存在的问题，同时希望通过与医疗专业人员交流来获得心理方面的安慰，但是医疗专业知识造就的认识壁垒，以及生物医疗模式导致的非人化倾向，削弱了病人对医生的信任，导致了医患关系处于紧张状态。因不信任引发的

〔1〕 唐金陵、韩启德:《对现代医学的几点反思》，载《医学与哲学》2019 年第 1 期。

〔2〕 参见唐金陵、韩启德:《对现代医学的几点反思》，载《医学与哲学》2019 年第 1 期。

〔3〕 参见张嵩、陈凡:《医学伦理的后现代反思》，载《东北大学学报（社会科学版）》2002 年第 3 期。

〔4〕 参见唐金陵、韩启德:《对现代医学的几点反思》，载《医学与哲学》2019 年第 1 期。

〔5〕 李芳、李义庭、刘芳:《医学、医学教育的本质与医学人文精神的培养》，载《医学与哲学（人文社会医学版）》2009 年第 10 期。

〔6〕 张嵩、陈凡:《医学伦理的后现代反思》，载《东北大学学报（社会科学版）》2002 年第 3 期。

诸多医患矛盾，可能会让医生的工作环境变差，进一步导致医生对病人和家属产生不信任。医患关系的疏远和陌生，可能会让医患双方处于对立面，无论是患者还是医者，都更倾向于维护自身利益。就使某些医疗工作人员轻视病人利益，可能将其作为自己扩大收入的工具。

4. 医疗的逐利化

在现代科技高度参与的医疗活动中，医务人员综合分析、个性化治疗等服务的价值容易被忽略，医疗劳动的价值可能被异化为药品和医疗仪器。[1] 科学的发展、仪器设备的精进，给公众造成了医疗活动主要表现为一种客观的测量、治疗工作的幻象，这是在社会层面医疗工作者的业务经验被压缩的根本原因。20世纪医疗技术的飞速发展形成的"技术至善主义"导致了两方面的社会问题：一是医疗工作人员的个人经验难以直接进行价值转化；二是医疗设备和药品成为医院收入的主要来源。二者互相作用，又促使医院将医疗活动与药品的售卖、仪器的使用相挂钩，设备采购等方式成为医院收入主要来源。一方面，现代医疗活动愈发仰赖医疗技术，技术本身无关价值，但运用技术的人员却存在利益诉求。因为疾病的判断、设备的使用、康复标准的认定中存在的"灰色地带"，为医学相关人员谋求个人利益提供了现实空间。另一方面，新药品、新技术和新设备的研发需要大量的资金投入，研究成果只有进入医疗机构才能产生商业价值，进而能给研发企业带来可观的收益，这又加强了药品、设备研发企业与医院的紧密关系，为医疗机构通过药品、设备采购获取额外利益打开了"方便之门"，双方结为了利益共同体。越来越多的证据显示，在医疗卫生服务活动中，病人的利益正在受到其他各方利益的侵蚀。[2]

总体而言，了解职务型医疗卫生犯罪的社会文化背景，是希望公众了解，犯罪行为本质上是社会发展过程中可以在一定程度上被遏制，但始终无法被消除的人类活动。要取得良好的控制和预防犯罪的社会效果，是一项复杂的社会性工程，这不仅是公检法等国家司法机关的任务，也离不开社会公众的助力。

（三）职务型医疗卫生犯罪诸多原因的互动作用

医疗腐败行为附着于一定的社会文化背景上，无论是导致职务型医疗卫生犯

---

〔1〕 郭建、徐飞：《现代医学的异化及其哲学反思》，载《自然辩证法研究》2017年第1期。
〔2〕 唐金陵、韩启德：《对现代医学的几点反思》，载《医学与哲学》2019年第1期。

罪的主观方面原因，还是客观方面原因，都与现代医学"技术至上""人病分离"的特点息息相关。了解职务型医疗卫生犯罪产生的社会背景不仅能够清晰地揭示背后的原因，即诸多研究者所提出的导致职务型医疗卫生犯罪的原因是如何出现和发挥作用的，而且有助于了解所提出的解决方式的作用边界。当前的诸多研究从不同层面提出了多样化的预防措施，从相关研究的表述上看，似乎都认为增加相关预防措施可以自然而然实现良好的预防效果。但在实际生活中，受到人员、经费、技术等条件的限制，并非必然能够做到相关的资源投入，而对于主观方面的认识，特别是心理层面的问题，因根源于人性本身也无法通过预防措施加以根除。此外，犯罪行为往往源于多个原因的综合作用，因此，在讨论某一个原因时，也需要关注该原因是否同时受到其他原因的影响，而不能采用割裂性思维，谈论不同原因时"就事论事"。

其实，既有研究发现的引发职务型医疗卫生犯罪的诸多原因之间也存在复杂的互动关系。如结果性根源揭示了掌握一定职权的医务人员在经济压力或者金钱刺激下的行为逻辑；对医德评价的忽视等操作方面的问题进一步强化了犯罪动机，也为犯罪的实施提供了机会；"潜规则"的盛行与尚不完善的法律规则大大削弱了刑事处罚对职务型医疗卫生犯罪的威慑力，也使得腐败行为难以被及时发现，已经被发现的腐败行为难以被有效处理；医德被忽视导致上述不正之风严重侵蚀了医疗诚信，而道德失范反过来又让医疗卫生人员在心理层面找到了合理化自己犯罪行为的借口。作为社会性生物，人们总是处于相互关系之中，犯罪的原因本质上是人的活动，同样也处于相互作用之中，因而才能展现出纠缠或者复杂状态。与之类似，更深层次的文化因素同样和体制、操作、法治道德环境等影响职务型医疗卫生犯罪现实原因存在互动关系，进一步强化了现实原因的作用力。

1. 对科学的过度崇拜蒸发了医生业务经验的社会价值

当前，社会公众生活在由各种科学技术建构的人工环境中，技术渗透到了生活的各个方面，并成为现代秩序的决定力量和终极价值。[1] 在医学方面，高新技术为现代的医疗活动提供了巨大的便利，而医生群体也越来越离不开高新技术，在医疗设备仪器越发精细化、智能化的环境下，医疗工作似乎就成为一种按

---

〔1〕　梅其君、陈凡：《自由与辩证法：埃吕尔技术哲学的另一种解读》，载《东北大学学报（社会科学版）》2005年第4期。

部就班的操作工作，疾病的治疗被视为医学科技发展和运用的结果。"医生主体的创造性劳动地位不断被弱化"[1]，人们不再关注甚至忽视了医生的自主性，医生的经验价值被医学技术耀眼的光芒所遮蔽。

由此可见，医生业务经验价值未得到充分发挥，以致医生无法通过医疗活动获取较高的收益，很大程度上是因为医疗科技的飞速发展以及医疗活动对科技的高度依赖，造成了医生不过是按照操作指南机械工作的偏颇性观念。由于医疗技术的发展是社会进步的必然结果，因此，不可能期待通过限制医疗技术发展来变相彰显医生的经验价值，而只能从认知层面对国民印象的改变中寻找突破口，让人们认识到医生在疾病类型、轻重的诊断，治疗方式的选择以及药品的准确运用方面有着重要价值。质言之，要反对的不是对医疗技术的使用和信任，应反对的是医疗技术作用效果的过度崇拜、盲从和迷信。

2. 忽视业务经验导致的不平衡心理与医疗体制之间存在相互强化作用

当前围绕职务型医疗卫生犯罪产生原因的讨论方面，诸多论者都提到了医药体制，不过值得探讨的是，人的行为主要是由客观环境所决定的吗？医药不分的制度真的存在"刺激""促进"职务型医疗卫生犯罪行为的客观作用吗？严格来说，医药不分的体制只是决定了医院的盈利方式，并不会直接刺激犯罪行为的产生。实际上，是人们对科技的崇拜压低了医生诊疗经验的价值，可能会造成医生心理的不平衡，在重视药品销售和仪器采购、使用的大环境下，无法依靠专业技术谋生的医生，只能再借由药品销售等非诊疗行为获取收益来支撑生活。质言之，对科技的崇拜，导致了对科技的产物——药品与设备——的盲目推崇，以及会使医生服务价值变低；因此，对于想要获得盈利的医疗机构、想要获取更多收益的医疗人员，只能开具需要服用先进的药品、使用先进医疗设备的药方。

医生、医院越是依赖科技产品，其专业劳动[2]的价值就越被弱化；国民越

---

〔1〕 郭建、徐飞：《现代医学的异化及其哲学反思》，载《自然辩证法研究》2017年第1期。

〔2〕 仪器设备可以检测出人身体状态或者各项指标的数值，但却不能输出是否存在疾病的结果；特定的药品只能针对特定的疾病发挥着功效，但是药品不具备识别疾病的功能。如何准确地判断患者是否得了某种疾病，如何正确使用对症的药品治疗疾病，这一专业知识的价值并不比药品、设备本身的价值低。

是相信科技产品，就越不会产生为经验知识付费的观念[1]；医疗专业知识的学习时间很久，而我国医生的挂号费长期处于极低水平[2]，短时间内难以依靠自身专业技术获取应有收益[3]，种种原因都强化了医生群体的"被剥夺感"。人总是渴求满足一定的需要并设法达到一定的目标，并根据过去经验判断自己达到某种目标的可能性，相对于事倍功半的诊疗收费，药品销售、仪器使用等事半功倍的方式，更容易对医生产生吸引力。

3. 群体性境遇形成的亚文化消除了医疗人员实施越轨行为时的心理负担

医疗行业存在行贿之风，在医疗卫生系统内部，存在医务人员"收受回扣"等问题，是职务型医疗卫生犯罪亚文化的典型特点。[4] 职务型医疗卫生犯罪作为一种群体性的失范行为，不能仅仅从个体层面找原因。不同于西方新教文化下产生的存在主义"一个人应从所有社会角色中撤出并对外在的社会角色进行内省式思考时，其存在才有意义"的观点，我国传统文化认为人是社会角色的综合，人不可能脱离社会角色独立存在；因此，在我国文化中，个体的自我肯定总是必须经由别人的表态来确认。[5] 在我国，一个人的价值观念可以由"人情"来塑造，而理性思考和道德判断又都已经被情感化，在个体完全被人情磁力场包围的条件下，人们习惯保持"和合"状态。[6] 在系统内部大多数人，特别是处于同一工作环境的特定群体可能会因为付出收益比的不匹配，而选择非正当方式对自己进行"补偿"时，个体就很难突破群体而独立行事。

---

〔1〕 通过 Bing 搜索过去一年（2022.9.8~2023.9.7）网络中关于"天价挂号费"的信息，可以查到6070 个结果。

〔2〕 我国医院医生的挂号费多年来一直是在 1 元之内上下浮动，而挂号费是政府为补偿医院在提供门诊、急诊、患者就诊服务时，所付出的设施设备消耗、水电气耗费、专业分诊人员的劳务等成本而设立的一个医疗服务价格项目。可见，不同级别医生的诊查费只是挂号费内含的诸多项目之一。参见《解答你的小疑惑：挂号为什么要收费?》，载人民网，http://health.people.com.cn/n1/2017/0307/c404177-29129116.html，最后访问时间：2023 年 9 月 8 日。

〔3〕 医科教育的时间较长，学生毕业后也无法及时在工作中得到适当的回报，如果依靠职称晋升提高收入，又需要在临床一线摸爬滚打 15 年，医学知识转化为价值的过程太过漫长。参见云华：《卫生系统职务犯罪的特点、原因及预防》，载《国际医药卫生导报》2004 年第 1 期。

〔4〕 陈子军：《经济犯罪亚文化论——以医疗系统职务犯罪的实证调查为视角》，载《贵州民族学院学报（哲学社会科学版）》2009 年第 5 期。

〔5〕 参见［美］孙隆基：《中国文化的深层结构》，中信出版社 2015 年版，第 15 页。

〔6〕 参见［美］孙隆基：《中国文化的深层结构》，中信出版社 2015 年版，第 24~30 页。

在相互关系中对个体进行社会定义的文化观念，以及"枪打出头鸟""木秀于林风必摧之"的观念，使个人可能会服从群体，而个体又因为自己与群体保持所谓的一致，将群体性行为作为自己选择的"正当化根据"，消除或者削弱对自己违法行为的负罪感，让自己心安理得。

4. 法律规范与监管制度的不完善放大了犯罪人员的侥幸心理

刑法既是裁判规范，也是行为规范，《刑法》分则明确规定了各种犯罪的构成要件和法定刑，通过威慑和惩罚来约束和规范人们的行为。然而，严厉的处罚后果，只有在刑罚具有确定性和及时性的条件下才能发挥作用[1]，缺少二者任何一个，都可能导致刑法构建的行为规范的崩塌。刑事程序具有一定的被动性，发生于医疗行业内部的职务犯罪行为，只有能够被及时发现，司法机关才能启动刑事诉讼程序追究相关人员的刑事责任。

职务型医疗卫生犯罪作为一种群体性越轨行为，表明医疗行业秩序规则无法正常发挥规制作用。既有研究成果也大多提到了医疗行业中存在"权力过于集中""监督力量不足"的现象。群体性越轨行为本身能够在一定程度上消除个体在实施越轨行为时的负罪心理和羞耻感，如果不能及时从外部对职务型医疗卫生犯罪行为加以干预和谴责或从规范层面予以否定，会进一步让犯罪人从"心存侥幸"变成"有恃无恐"。司法机关并不直接、主动接触和介入医疗活动，对医疗行业违法犯罪行为的发现和查处必须依靠医疗监管机关。"虎兕出于柙，龟玉毁于椟中""典守者不能辞其责耳"。

5. 商品社会中货币的一般等价物属性决定了部分人的逐利心理

德国古典社会学家和哲学家盖奥尔格·西美尔认为，货币本质上是最空洞的抽象符号，却变成了"一切价值的公分母"，以及一种普遍的价值标准。而拥有货币就意味着具有了购买和选择的权力，使得货币最终发展成为一种控制实践意识、牵动全部注意力的终极目的。于是，大多数现代人在生命中的大部分时间里都将赚钱作为首要的追求目标，并认为生活中的幸福和满足都与拥有一定数量的金钱紧密相关。[2]

---

〔1〕 参见［意］切萨雷·贝卡里亚：《论犯罪与刑罚》，黄风译，北京大学出版社 2008 年版，第 47、48、62 页。

〔2〕 参见赵文力：《论西美尔货币哲学的四个维度》，载《天津社会科学》2009 年第 3 期。

在逐渐商品化的社会中，似乎一切价值都被烙上了价格的标签，追求价值亦被等价为追求金钱。[1] 原有的道德秩序部分瓦解后，根植于新的商品社会而不断成长的道德规范未臻成熟，而无法对市场经济下的逐利心理进行有效约束，这就使得原本只是作为提升生活水平手段的货币成为某些人追求的最终目标[2]，深陷拜金主义的泥潭无法自拔。不同于其他具体的、依托于特定条件才可实现的目的，货币因其一般等价物的特性，反而是任何时候都可以追求的目标，这就给现代人提供了持续不断的刺激，而成为一种持续性的、无终点的目的。[3] 这也是许多职务型医疗犯罪人员不断攫取不正当收益，只有案发才被迫停手的心理原因。

（四）不同种类职务型医疗卫生犯罪产生的原因

前文实证研究的数据反映出不同类型职务型医疗卫生犯罪的特点不尽相同。从行为持续时间来看，受贿罪被告人犯罪行为的平均持续时间（5年）明显比贪污罪和挪用公款罪被告人犯罪行为的平均持续时间（2年）长。同时，受贿罪的隐蔽性更强，犯罪行为难以被发现。从被告人的年龄上看，贪污罪和挪用公款罪的被告人平均年龄较低，而受贿罪的被告人年龄相对较高。从被告人的学历水平上看，受贿罪的被告人学历水平普遍较高，集中在本科及以上，而贪污罪和挪用公款罪的被告人学历分布更广。在犯罪行为发生的具体情境方面，受贿罪多发生在医疗器械、药品采购等环节，而贪污罪和挪用公款罪多发生在资金管理和财务流转过程中。在共同犯罪的比例方面，贪污罪被告人共同犯罪的比例较高，而受贿罪和挪用公款罪被告人共同犯罪的比例较低。

从三类职务犯罪的差异可以看到三类职务犯罪的特殊性。受贿罪持续时间长的原因可能与权力结构中存在一定的"灰色地带"，难以对权力的"灰色地带"开展监管，以及受贿罪权钱交易本身的隐秘性有关。例如，医疗机构领导或管理人员利用的是决策权力，所受贿赂一般是行贿人的个人财产，且受贿行为往往是在私人场所或者非工作单位场所完成，因而难以被发现；但是贪污行为、挪用公款行为指向的对象都是单位占有的公共财物，而对单位对占有的资金或财物都制

---

〔1〕 参见苗春凤：《作为文化现象的货币——西美尔的〈货币哲学〉》，载《文化学刊》2008年第4期。

〔2〕 货币成为一切价值的等价物，让人们认为随时可以依靠货币来获取各种不同的价值，这种观念让货币具有了超越性，并给予人们一种"货币是终极目的"的印象。参见［德］西美尔：《货币哲学》，陈戎女、耿开君、文聘元译，华夏出版社2018年版，第221~222页。

〔3〕 参见赵文力：《论西美尔货币哲学的四个维度》，载《天津社会科学》2009年第3期。

定了一定的管理规定，贪污、挪用公款行为必然破坏相关管理规定，因而相对更容易被发现。受贿罪犯罪次数相对较多，可能与医疗行业中存在的药品回扣、设备采购佣金等"潜规则"有关，行贿者与受贿者的利益诉求相互绑定，形成了体系性、固定化的利益链条，使得行贿、受贿行为反复发生；贪污罪和挪用公款罪的犯罪次数相对较少，可能因为这些犯罪更依赖特定的机会，而犯罪机会的发生受到犯罪人的个人能力、单位的财物管理规定或者监管环境等诸多因素的影响，具有较大的偶然性。受贿罪的被告人平均年龄较高，可能与犯罪主体的职务层级较高有关，只有拥有决策权的领导或管理人员，才会成为受贿对象，而要达到管理位置一般需要在行政晋升系统中耗费较长时间；贪污罪和挪用公款罪的实施需要支配或者能够直接接触财务资源，此类犯罪的被告人平均年龄较低，可能在于财务管理岗位或者资金流动环节中，存在一定数量年纪较轻的参与人员。在共同犯罪方面，因为将单位财物据为己有要打通多个环节，所以贪污罪被告人需要他人配合而更容易形成共同犯罪，但接受利益的受贿行为大多是个人实施，挪用公款罪的被告人则往往直接接触资金，且转移行为一般不需他人配合，所以一般表现为独立犯罪。

可见，不同类型的犯罪对应的原因不尽相同。在制度层面，因为受贿罪多发于医疗器械、药品采购等环节，而贪污罪和挪用公款罪多发生在资金管理和财务流转过程中，所以针对药品、医疗器械采购"潜规则"、决策权力运行的封闭性，以及对权力监管的乏力等原因，主要用以解释受贿罪的发生；而财物使用缺乏明确的法律规范，对财物的支配缺乏实时、有效的监管等财物管理规则方面的制度漏洞，主要是解释贪污罪、挪用公款罪的发生。在法治和道德意识方面，贪污罪的被告人往往缺乏规则意识和职业道德，不能正确认识公共财产的归属和使用公共财物的权力边界；受贿罪的犯罪主体身处行业利益链的核心位置，更容易受到义利观扭曲的影响，被不良的逐利心理侵蚀，将职务的对价理解为自我能力的"合理回报"；挪用公款罪的犯罪主体因不具有将公款据为己有的意思，可能会认为其行为不过是违反财经管理规定的"暂借"，而非违法犯罪行为，这与法治意识的缺失以及对规则的淡漠密不可分。如果上述违法犯罪行为得不到有效规制，由此引发的"破窗效应"会进一步引起职务犯罪行为的发生。

总体而言，受贿罪是一种权力滥用型犯罪，所获收益为他人的财物，其发生主要源于医疗领域中医疗活动决策权力缺乏有效的约束和监督；贪污罪是一种利用职权将本单位财物据为己有，所以其发生主要源于单位在财物使用过程中监督和管理的缺漏；挪用公款罪主要表现为将本单位资金挪作他用，因而其发生主要源于单位在管理各项流转资金方面的不足。

四、职务型医疗卫生犯罪的防治措施

从以上的论述可知，职务型医疗卫生犯罪是现代市场经济社会中医疗行业道德规范、行业规则、法律制度等内外约束方式不完善导致的结果，不仅不同的原因之间存在相互作用、互相强化的情况，而且部分原因蕴含在社会的文化结构内。因此，在提出的解决方式本质上都是针对人性和社会的改进措施，以规制犯罪行为为目的的措施，主要是表现为对人类欲望的内外约束，以及对社会环境的改造。

（一）防治措施作用效果的有限性与长期性

腐败犯罪是一个社会问题，预防腐败犯罪也是一个系统性的社会工程，要有效约束职务型医疗卫生犯罪，需要医疗工作人员、医疗监管机关、司法行政部门、病患和其他社会公众共同努力。但是，人的欲望无法被消除，心理活动具有复杂性，社会环境、经济制度、文化观念不具有完美性，在人与外部各种环境、制度的互动中，也无法保持完全的和谐。

犯罪反映的是人性的弱点和社会的不完美，所以犯罪不可能被完全消除。因此，任何职务型医疗卫生犯罪的防治措施，都只能依托一定条件、在一定的范围内发挥作用，并不具有绝对的有效性。因为人性的弱点与社会的不完美是恒常性的存在，所以与之对抗的犯罪防治措施也必然是一项长久性的工作。理解职务型医疗卫生犯罪防治手段的有限性与长期性，能够让我们对下列问题有清醒的认识：一是对抗犯罪的本质是对抗人性，所以不存在一劳永逸地解决方式；二是任何解决方式都需要耗费相应社会资源，不可能无限地发挥作用；三是解决手段本身可能发生异化，走向自身的反面。

（二）预防职务型医疗卫生犯罪的具体方式

既有的研究并没有着重说明或者点明列举解决方式的基本思路，但是经梳理可以发现主要表现为"从主观心理到客观制度"与"从客观制度到主观心理"

两种类型。一般而言，解决方式的排列顺序表明了学者对解决方式的重视程度，或者说，表明了学者观念中解决方式的重要性程度。采用从主观到客观的顺序，表明学者认为造成职务型医疗卫生犯罪的根源在于个体的心理和观念的偏差，体制问题、法律规范的不完善则是创造了犯罪的机会；采用从客观到主观的顺序，表明学者认为问题的根源在于机制问题和法律规范的不完善，个体的心理和观念的偏差则是前者的表现。

犯罪是不完美的人性与不完美的社会互动的结果，但是心理层面的犯罪冲动，必须借由客观层面的制度缺陷来显现。道德教化、法治意识的培养，都属于需要借由行为人自我意志才能产生作用的软性防御机制，其作用效果无法检验和衡量，而监督规则、惩罚规范等硬性的防御机制可以发挥强制作用，其是否合理、有无效果在一定程度上可以进行检测。因此，本书的思路与以前的研究并不相同，是以"外部因素对犯罪人影响的远近"为标准安排解决方式的排列顺序。具体逻辑是：首先是付出收入不平衡的问题对医疗卫生人员影响最为直接；其次是医疗机制的不健全提供了犯罪的渠道；再次是医疗行业监督规则的不完善，使个体犯罪行为产生了"传染"效应；最后是法律规范的针对性不够，使行业内部形成了不良风气。

需要说明的是，本书关注的是从刑事法律层面如何对职务型医疗卫生犯罪行为进行预防，因此，本书讨论的重点并非医生付出收入不平衡、医疗机制如何改革的问题，[1] 而是具体讨论如何在医疗行业建立有效的监管以遏制犯罪行为的发生，如何及时发现犯罪行为而加以处罚。

1. 通过定价、采购决策信息公开制度以简化监督的复杂性

需要说明的是，医药不分或者医药分家，都可能存在药品价格较高的情形。在医药不分的情况下，受市场垄断、不透明的药品定价机制和销售环节公关成本

---

[1] 如果不改变国民的基本观念，不保障医疗工作人员专业技术价值的合理实现，就不能从根本层面上改变医疗部门工作人员的失衡心理，即使通过医药分家防止医院或医生通过药品销售获取收益，依然可能催生其他不良的盈利方式。如果全面禁止医生通过其他盈利方式填补自己的价值空缺，可以预见的结果是，医疗领域必然成为人才的禁区，长期来看，会严重影响我国医疗技术水平的提升和进步。不公平的利益分配机制造成的是经济层面的问题，如果不积极从客观层面进行调整，期望通过职业道德修养等心理层面措施解决这一问题，无异于缘木求鱼。宏观层面的医疗制度决定了医疗工作的大环境，只有在医生和患者之间建立公平、公正的利益分配模式，才能够不断压缩职务型医疗卫生犯罪的存在空间，削减其生长土壤。

的影响，药品的价格虚高的可能性更大；在医药分家的情况下，药品一般通过独立的药店销售，可能导致药品的运营成本上升，也可能影响药品的价格。[1] 因此，如何限制医疗产品价格虚高和医药是否分家其实是不同维度的问题。

要解决药品、医用耗材和医疗设备等价格虚高的问题，必须提升相关产品定价的透明度，提升政府机关采购工作的透明度，以此促进良性的市场竞争秩序。任何防治措施都需要一定的资源投入，公开定价机制的工作只能落在相关企业身上，即相关企业必须在公开的网络平台说明其生产销售产品的具体成本。以药品为例，因其价格受到生产、流通、物流和服务四个环节的影响[2]，因此，牵涉其中的企业应当说明其所负担环节的具体成本。在采购方面，国家已经采取集中带量采购的方式有效挤压了医药价格的虚高[3]；在信息公开层面，在 2020 年 9 月公布的《国家医疗保障局对十三届全国人大三次会议第 5936 号建议的答复》中，即提到了对药品、医用耗材招标采购信息予以公开的措施，在 2022 年 2 月公布的《国家医疗保障局关于进一步深化推进医保信息化标准化工作的通知》（医保发〔2022〕8 号）中提到将持续深化平台在药品和医用耗材招采等工作的支撑作用，但其信息公开的程度仍有提升的空间[4]。

在预防职务型医疗卫生犯罪方面，采购信息公开的重点不仅是采购流程基本信息的公开，更重要的是采购过程中的决策者、负责人信息的公开，应当要求参与决策的医疗工作人员说明其对于采购信息同意与否的具体原因，而不是仅作出同意与否的表态；对于招标过程中出现的多个投标人因为同一原因无法通过资格

---

〔1〕 在此基础上，无论是医药不分还是医药分家，都能够尽量地减少药品价格虚高的可能。另外，医药分开之后造成的负面影响也值得注意，特别是医生可能会逐渐失去对药品的了解和熟悉，影响其在药物治疗方面的能力。

〔2〕 其中生产成本包括原料及主要原材料费用、辅料费用、制造费用、包装材料费用和认证费用等；流通环节包括资金流、药品物流、信息流；物流成本是指运输成本、检验成本、包装成本、仓储成本等；服务成本包括两个渠道，医疗机构中的医疗服务成本，药店提供药品的服务成本。参见杨金娟、翁开源：《影响我国药品价格的成本因素研究》，载《现代商业》2017 年第 7 期。

〔3〕 参见梁倩：《药品耗材集中带量采购改革提速扩面》，载《经济参考报》2022 年 1 月 11 日，第 1 版。

〔4〕 国家医保服务平台已经于 2022 年 5 月基本建成，在其网址首页有"药品和医用耗材招采服务"板块，内有"统一标准、带量采购、监督检测、辅助决策"四个部分，但要想进一步查询相关信息，只能通过"生产企业登录"和"配送企业登录"两种方式进入，意味着当前尚未开通针对社会公众的查询服务。

初审、投标单位最后报价完全一致等异常现象，负责采购的医疗人员应当予以说明，从而将决策责任与决策人员进行对应；对于引入评审专家对相关投标单位进行评分的，应当说明评审专家的资格与评审经验、详细的评分方法和标准，投标单位在具体事项中的得分情况与专家判断分值的理由，以及医疗采购人员对评审专家评分的具体意见，破除信息黑箱中的关键内容。[1]

也有论者提出构建以 GPO（集体采购组织）药品采购为主体的新型采购模式来代替政府主导统一采购的模式，将采购的参与者与监督者的角色进行切割，并要求 GPO 在事前、事中、事后均有相关的信息公开、事先通告及公开咨询、救济、问责程序。[2] 无论是选择政府统一采购模式，还是选择部门分散采购模式，还是选用 GPO 采购模式，抑或是混合采购模式，防治职务型医疗卫生犯罪的关键都是做好决策环节中责任信息的公开工作。

2. 通过确定重点监督人员以提升监督的有效性

考虑到当前用于监督的社会资源本身的有限性，如果要获取较高的监督质量，就必须有意识地提升监督行为的针对性。例如，可以根据腐败风险程度和影响力对医疗机构、医疗工作人员进行分类，对于高风险机构和人员应加大监督频次和力度，反之则适当减少监督的频次和力度，实现监督资源的优化配置。

举例而言，根据前述的数据分析，可以发现职务型医疗卫生犯罪案发时被告人的年龄主要集中在 36~54 周岁，可以将其作为确定重点监督人群范围的基本依据。对不同罪名被告人的年龄进行分类考察，可以发现贪污罪、挪用公款罪案

---

〔1〕 当然，虽然中国政府采购网面向公众提供了医疗药品和设备采购的信息，但在具体内容的公开方面仍有提升的空间。在该网站"搜标题"栏中输入"药品采购"，可以看到 650 条内容（时间跨度为 2023.3.13~2023.9.11），通过对随机抽取的三条成交公告进行查阅，发现一条公告只是简单说明了中标结果，附件部分为乱码；一条公告公布了评审资料，但没有说明评审和选择的具体依据，虽然有谈判小组的签名，但是没有说明各个人员的具体意见；另外一条公告不仅有评审资料，也附带了采购请示、市场调查情况说明、作出采购决定的会议记录等详细的信息，但仍没有详细记录商谈内容、评审办法、评审方法和标准的文件。在"搜标题"栏中输入"医疗器械采购"，可以查询到 169 条内容（时间跨度为 2023.3.13~2023.9.11），对前三条采购结果公示信息进行查阅，发现一条公告只简单发布了采购结果，没有附带任何关于采购过程的文件；一条公告虽然有开标记录表、采购报价明细的附件和采购磋商文件的附件，但是要么下载后内容为空白，要么下载后无法用对应格式的软件打开；另外一条公告发布了《评审打分排名表》，虽然将分值精确到两位小数，但没有说明评审打分的依据，也没有对不同评委间所打分值差异过大的情况作出解释。

〔2〕 参见刘颖、王岳：《药品采购体制 GPO 模式构建研究》，载《岭南学刊》2019 年第 2 期。

发时犯罪人的平均年龄明显低于受贿罪、滥用职权罪，因此，对于 40 周岁左右的医疗工作人员，可以重点监督其是否存在贪污、挪用公款的违法犯罪行为，对于 50 周岁左右的医疗工作人员，可以重点监督其是否存在受贿、滥用职权的违法犯罪行为。严格来说，从犯罪预防的角度出发，不能仅止于考虑被告人案发时的年龄，还需要结合被告人实施犯罪行为的持续时间，以此来推断不同犯罪行为实施的初始年龄，以更为合理地确定重点监督人群。根据前述统计数据，贪污罪、挪用公款罪案件中犯罪行为平均持续时间约为 2 年，但受贿罪案件中犯罪行为平均持续时间则约为 5 年。因此，如果要提升监督力度，可以考虑以案发平均年龄减去犯罪行为持续的平均时间之后的初始犯罪平均年龄，作为重点监督人群的年龄起点，以二者之和对应的年龄作为重点监督人群的年龄重点。

职务型医疗卫生犯罪往往不是个人犯罪，但是不同犯罪类型在共同犯罪的比例方面也存在差异。在贪污罪中，共同犯罪的占比约为非共同犯罪的 2 倍，而受贿罪、挪用公款罪中，则是个人犯罪占绝大多数，特别是受贿罪，个人犯罪的比例高达 90%。从犯罪预防和监督的层面看，在职务型医疗卫生犯罪中，对可能涉嫌贪污的被告人有必要继续扩大监督范围，将与其在工作、职务方面存在紧密联系的人员纳入重点监督范围内；但是对于受贿罪，则不需要将主要精力放在对共同犯罪的监督方面。

此外，可以进一步分析职务型医疗卫生犯罪中被告人的身份情况，以确定重点监督对象的级别和职务；分析其所处的地域，以确定重点监督人群所在的行政区域的级别；分析其学历信息，以确定重点监督人群的学历层次；甚至通过进一步的研究，分析其腐败行为发生的具体环节，以确定重点监督的行为类型。

3. 将医疗活动信息数字化以提升监督的全面性

当前，在职务型医疗卫生犯罪的监督方面，有一个主要问题是监督力量不足，即少数的监督人员要面临处理庞大的监督事项，或者不同的工作人员只监督特定的环节，并不了解其他环节的事实情况。在手工记录时代，根本不可能期望少数的监督人员能够实现全面的、彻底的监督，这几乎成为无解的问题。例如，当前各地区往往是少数人负责县级区域的乡镇医保报销工作，且这只是负责人员的工作内容之一。在监督力量薄弱的条件下，工作人员只能通过抽检的方式进行监督，导致个案的发现具有很大的偶然性。又如，有些医院收费科人员在收费时使用手工票据，财务科并不清楚收费科每天的收费情况，只是按其所交的费用进账处理；在对收费科的收费票据进行核销时，收费票本的核销和当天收取的费用也并不一一对应，当天的票本可能几个月之后才进行核销。可见，监管的偶然性和滞后性，大大削弱了职务型医疗卫生犯罪的防治效果。

进入网络时代后，随着计算机的普及，我们已经有能力实现医疗活动信息的数字化与不同环节信息的互通共享。新时期数据已被视作与土地、劳动力、资本、技术并列的五种生产要素之一，而人工智能的出现则能够进一步大幅提升对数据的利用效率，从而使得全面监督具有了实现的现实可能性。当前，人工智能经历了从最初的机器学习到神经网络，再到 Transformer 模型的发展，到 2022 年出现了具有革命性的生成式人工智能——ChatGPT，作为一款自然语言模型，其是一款出色的生产力工具。2023 年 7 月 6 日，一款名为 CodeInterpreter（代码解释器）的官方插件的应用，更是让 ChatGPT 获取了数据分析的能力，大幅提升了数据分析的效力[1]。2024 年，字节跳动旗下的豆包、"月之暗面"公司发布的 Kimi 等 AI 智能助手开始广泛融入普通人的生活，之后 DeepSeek 的横空出世进一步推动了智能体的普及。通过将医疗活动各个环节信息的数字化，再以人工智能为辅助，可以快速地分析医疗机构的运营数据、药品与设备的采购和使用数据是否存在问题，并及时、迅速地发现潜藏的违规迹象，实现精准监督。当然，大数据监督与人工智能的使用也需要满足一定条件——必须保证输入数据本身的正确性和标准化，参差不齐、质量低劣的数据信息无法实现有效监督，甚至可能让人工智能输出错误的结果。但整体而言，借助人工智能，可以事半功倍，将监督人员从庞杂的数据筛查、比较和计算中解放出来。

总而言之，职务型医疗卫生犯罪的产生受到多种因素的综合影响，既有人类本身的性格弱点，也有社会规则的不完善，遏制犯罪行为是一项长期的、系统的社会工程。本书从预防犯罪的角度出发，在吸收前人研究成果的基础上提出可拓展的方向和空间，尝试论述更进一步对职务型医疗卫生犯罪的硬性约束方式，希望所思所想，能够为职务型医疗卫生犯罪的研究提供一些有价值的参考！

---

〔1〕 该插件让 ChatGPT 具备了文件处理、数据计算、图形绘制等能力，从而使得普通人能够通过自然语言（即日常生活语言）来实现之前必须编写代码才能完成的复杂工作。

▶ **第六章**

暴力型医疗卫生犯罪治理研究

加强医药卫生事业建设，是实现人民群众病有所医，提高全民健康水平的重要社会建设工程。经过多年努力，我国医药卫生事业发展取得显著成就，但医疗服务能力、医疗保障水平与人民群众不断增长的医疗服务需求之间仍然存在一定差距。此外，个别地方发生的暴力杀医、伤医以及在医疗机构聚众滋事等违法犯罪行为，严重扰乱了正常医疗秩序，侵害了人民群众的合法利益，应当受到严惩。良好的医疗秩序是社会和谐稳定的重要体现，也是增进人民福祉的客观要求。只有依法惩处涉医违法犯罪，尤其是暴力型医疗卫生犯罪，才能维护正常医疗秩序、保护医患双方的合法权益；才能为患者创造良好的就医环境，为医务人员营造安全的执业环境，最终促进我国医疗服务水平的整体提高和医药卫生事业的健康发展。

一、暴力型医疗卫生犯罪概述

（一）暴力型医疗卫生犯罪的界定

暴力型医疗卫生犯罪属于刑法中暴力型犯罪在医疗卫生领域的特殊类型，界定暴力型医疗卫生犯罪，首先要了解何为暴力型犯罪。

1. 暴力型犯罪的概念及分类

暴力型犯罪是指以暴力或暴力胁迫为手段实现其犯罪意图的犯罪。这是以犯罪行为的形式和方法为标准而划分的犯罪类型。这类犯罪的特点是：以暴力或暴力威胁的方法，手段凶残，不计后果，往往给被害人的人身或精神造成严重伤害。此类犯罪行为社会危害性极大、严重破坏社会秩序，通常是各国司法部门严厉打击的重点。

依据不同的划分标准，可以给暴力型犯罪进行不同的分类。以侵害对象划分，暴力型犯罪可以分为两类：一是以人的身体为直接侵害对象的犯罪，如杀人罪、抢劫罪、强奸罪；二是以物为直接侵害对象的犯罪，如抢夺罪、破坏交通工具罪。以社会危害程度划分，暴力型犯罪可以分为严重暴力犯罪和一般暴力犯罪。"一般"和"严重"之间没有明确的界限，一般来说可以从行为结果、行为手段两个方面进行区分。在行为结果方面，导致被害人死亡、重伤的犯罪是严重的暴力犯罪，造成被害人轻伤以下结果的犯罪则是一般暴力犯罪。在行为手段方面，使用枪支、刀具、炸药等强杀伤性工具实施的犯罪或手段残忍的犯罪，是严重的暴力犯罪；使用普通器械或仅借助自身身体实施的犯罪或手段不残忍的犯罪，是一般的暴力犯罪。以犯罪客体为标准可以将暴力型犯罪分为六类：①危害国家安全的暴力犯罪；②危害公共安全的暴力犯罪；③侵犯公民人身权利的暴力犯罪；④侵犯公民财产权利的暴力犯罪；⑤妨害社会管理的暴力犯罪；⑥妨害婚姻家庭的暴力犯罪。

2. 暴力型医疗卫生犯罪的界定

作为暴力型犯罪当中的独特类型之一，从犯罪客体方面看，暴力型医疗卫生犯罪属于既侵害人身权，也侵害社会公共秩序的范畴。近年来随着医患矛盾的多发，暴力型医疗卫生犯罪逐渐为国家所重视，国家及相关部委陆续出台了一系列法律法规、予以规制。具体包括：2014 年 4 月公布的《关于依法惩处涉医违法犯罪维护正常医疗秩序的意见》；[1] 2015 年 8 月公布的

---

〔1〕《关于依法惩处涉医违法犯罪维护正常医疗秩序的意见》列举了六种典型的涉医犯罪行为：①在医疗机构内殴打医务人员或者故意伤害医务人员身体、故意损毁公私财物，尚未造成严重后果的，分别依照治安管理处罚法第 43 条、第 49 条的规定处罚；故意杀害医务人员，或者故意伤害医务人员造成轻伤以上严重后果，或者随意殴打医务人员情节恶劣、任意损毁公私财物情节严重，构成故意杀人罪、故意伤害罪、故意毁坏财物罪、寻衅滋事罪的，依照刑法的有关规定定罪处罚。②在医疗机构私设灵堂、摆放花圈、焚烧纸钱、悬挂横幅、堵塞大门或者以其他方式扰乱医疗秩序，尚未造成严重损失，经劝说、警告无效的，要依法驱散，对拒不服从的人员要依法带离现场，依照《治安管理处罚法》第 23 条的规定处罚；聚众实施的，对首要分子和其他积极参加者依法予以治安处罚；造成严重损失或者扰乱其他公共秩序情节严重，构成寻衅滋事罪、聚众扰乱社会秩序罪、聚众扰乱公共场所秩序、交通秩序罪的，依照刑法的有关规定定罪处罚。在医疗机构的病房、抢救室、重症监护室等场所及医疗机构的公共开放区域违规停放尸体，影响医疗秩序，经劝说、警告无效的，依照治安管理处罚法第六十五条的规定处罚；严重扰乱医疗秩序或者其他公共秩序，构成犯罪的，依照前款的规定定罪处罚。③以不准离开工作场所等方式非法限制医务人员人身自由的，依照《治安管理处罚法》第 40 条的规定处罚；构成非法拘禁罪的，依照刑法的有关规定定罪处罚。④公然侮辱、恐吓医务人员的，依照《治安管理处罚法》第 42 条的规定处罚；采取暴力或者其他方法公然侮辱、恐吓医务人员情节严重（恶劣），构成侮辱罪、寻衅滋事罪的，依照刑法的有关规定定罪处罚。⑤非法携带枪支、弹药、管制器具或者爆炸性、放射性、毒害性、腐蚀性物品进入医疗机构的，依照《治安管理处罚法》第 30 条、第 32 条的规定处罚；危及公共安全情节严重，构成非法携带枪支、弹药、管制刀具、危险物品危及公共安全罪的，依照刑法的有关规定定罪处罚。⑥对于故意扩大事态，教唆他人实施针对医疗机构或者医务人员的违法犯罪行为，或者以受他人委托处理医疗纠纷为名实施敲诈勒索、寻衅滋事等行为的，依照治安管理处罚法和刑法的有关规定从严惩处。

《刑法修正案（九）》；[1] 2016 年 9 月公布的《关于全面履行检察职能为推进健康中国建设提供有力司法保障的意见》；2018 年 10 月公布的《关于对严重危害正常医疗秩序的失信行为责任人实施联合惩戒合作备忘录》；2019 年 12 月公布的《基本医疗卫生与健康促进法》。上述一系列法律法规和指导性文件的实施，在治理暴力型医疗卫生犯罪方面取得了较好的效果，但始终没有对暴力型医疗卫生犯罪作出明确的定义。因此关于暴力型医疗卫生犯罪需要从相关政策文件和法律当中去进行理解。

综上，暴力型医疗卫生犯罪一般均具备以下四个要素：①犯罪主体均为医务人员以外地参与到医疗卫生事件当中的人员；②犯罪主观方面表现为故意；③犯罪的客观方面表现为以暴力手段侵犯医务人员人身安全或扰乱医疗卫生公共秩序；④犯罪客体均为医务人员的生命健康权、人身权和医疗机构的财产权等。当一个犯罪行为，同时具备以上四个要素的时候，即属于一个典型的暴力型医疗卫生犯罪行为。

（二）暴力型医疗卫生犯罪的成因

暴力型医疗卫生犯罪的成因大致可以归纳为以下五点：一是病患对于治疗的期望值过高。受当前医疗发展水平的限制，很多疾病并不能完全治愈，目前能做到的只是局部地控制病情发展，但是个别病患却对医疗结果抱有过高的期望。二是医生没有履行告知说明的义务或不当履行。由于医院资源紧张，医生数量的缺乏，好医生数量尤其匮乏，结果是医生们面对超量的患者，在诊疗过程中态度和服务可能大打折扣，造成了医患之间因为沟通交流不足而缺乏最基本的信任。三是医疗资源的不合理分配，分级诊疗得不到合理的实施，加剧了大医院患者人数聚集化现象，使得患者看病难。而我国医疗体系不完善，某些制度缺失使得医院卷入了追名逐利的浪潮之下，过度诊疗，滥开药方导致看病贵。在看病难、看病贵的前提下，一旦患者的利益受到侵害，就会产生上当受骗的情绪。四是医学信息的封闭以及医学资讯的不对等。在大环境下，患者既缺乏对于医生基本的信

---

[1]《刑法修正案（九）》第 31 条第 1 款规定将《刑法》第 290 条第 1 款修改为："聚众扰乱社会秩序，情节严重，致使工作、生产、营业和教学、科研、医疗无法进行，造成严重损失的，对首要分子，处三年以上七年以下有期徒刑；对其他积极参加的，处三年以下有期徒刑、拘役、管制或者剥夺政治权利。"

任，也不了解相关的医学信息，若治疗效果不如意，患者便容易认为是医生有意不作为造成的，对医生产生怨恨心理。五是病患权利意识高涨，易导致过度维权。近年来，我国的老百姓经过了一系列法律普及和宣传的洗礼之后，权利意识空前高涨，这种高涨带来的是患者开始要求在诊疗过程中成为可以表达自己诉求的平等参与者，而不是一个完全听从医生指挥的治疗对象。这本应是一个良好的发展势头，但现实中这种高涨期的背后是与之并不相称的低法律知识储备和高法律意识之间的矛盾。这种矛盾就会导致老百姓"空有一腔维权热血，却无用武之地"，只知法律维权，却不知法律是客观公正地维护双方合法权利，或不知如何合法维权。结果集中体现为患者过度维权，且多数是在用非法的方式维护合法的权益，从而导致暴力型医疗卫生犯罪的产生。

（三）暴力型医疗卫生犯罪的类型

从以上相关政策文件和法律对于暴力型医疗卫生犯罪的限定来看，其主要分为两种主要类型：一是在医疗卫生场所以暴力手段扰乱医疗卫生公共秩序的违法犯罪行为；二是在疫情防控期间以暴力手段侵犯医务人员安全、扰乱医疗卫生公共秩序的违法犯罪行为。

从暴力型医疗卫生犯罪侵犯的客体来看，主要可分为三种类型：一是危害公共安全类暴力型医疗卫生犯罪。例如，在医疗机构私设灵堂、摆放花圈、焚烧纸钱、悬挂横幅、堵塞大门或者以其他方式扰乱医疗秩序的；在医疗机构的病房、抢救室、重症监护室等场所及医疗机构的公共开放区域违规停放尸体，影响医疗秩序的；非法携带枪支、弹药、管制器具或者爆炸性、放射性、毒害性、腐蚀性物品进入医疗机构的；对于故意扩大事态，教唆他人实施针对医疗机构或者医务人员的；以暴力、威胁等方法拒不接受医疗卫生机构的检疫、隔离、治疗措施，或者阻碍医疗卫生机构依法处置传染病患者尸体的。二是侵犯公民人身权利、民主权利类暴力型医疗卫生犯罪。例如，在医疗机构内殴打医务人员或者故意伤害、故意杀害医务人员身体的；以不准离开工作场所等方式非法限制医务人员人身自由的；公然侮辱、恐吓、诽谤医务人员的；对医务人员实施撕扯防护用具、吐口水等行为，可能导致医务人员感染病毒的。三是侵犯财产类暴力型医疗卫生犯罪。例如，在医疗机构内强拿硬要、故意损毁公私财物的；以受他人委托处理医疗纠纷为名实施敲诈勒索的。

二、暴力型医疗卫生犯罪的惩罚性治理

（一）暴力型医疗卫生犯罪惩罚性治理的措施

1. 暴力型医疗卫生犯罪的治理政策

政策是一个有目的的活动过程，而这些活动是由一个或一批行为者，为处理某一问题或有关事务而采取的。解决问题是制定政策的目的，当问题发生在极个别人身上时，我们称之为个人或私人问题，但当问题同时发生在许多个体身上时，它就可能成为一种社会问题，暴力型医疗犯罪就是一个由个人问题引发的社会问题，防控政策的出台就是为解决此类社会问题。

（1）我国暴力型医疗卫生犯罪治理政策的演变。

第一，医疗暴力初现，防控政策呼之欲出。20 世纪 80 年代之前，医院不以营利为目的，社会就医费用低，政府为激发医院工作积极性开始逐步扩大其自主经营权，鼓励医院竞争创收，医疗行业进入市场经济模式，医疗纠纷明显增加。加之 20 世纪 90 年代末的国企改革致使大批工人下岗，原有劳保医疗制度终结，社会保障体系未及时兜底，导致患者就医负担加重，其中增长最快的是药品、检查和治疗费用。在医院逐利与患者就医困难的碰撞中，医患之间的信任基础开始动摇，暴力型医疗犯罪初现。诸如病人扰乱诊疗秩序、打砸事件、对医院设施直接造成破坏、打伤医务人员等诸多暴力型医疗犯罪行为开始层出不穷。为了正确处理医疗事故、保障病员和医务人员的合法权益、维护医疗单位的工作秩序，1987 年 6 月国务院公布《医疗事故处理办法》（已失效）；同年，《中华人民共和国治安管理处罚条例》（以下简称《治安管理处罚条例》，已失效）施行，其中第 19 条第 1 项规定，扰乱机关、团体、企业、事业单位的秩序，致使工作、生产、营业、医疗、教学、科研不能正常进行，尚未造成严重损失且不构成刑事处罚的，处 15 日以下拘留、200 元以下罚款或者警告。

但《医疗事故处理办法》和《治安管理处罚条例》并未对暴力型医疗犯罪行为进行单独定义，而是将其归入扰乱治安秩序；自由裁量范围较大，裁判标准模糊；惩罚手段单一。由于医疗暴力问题刚刚出现，相关政策制定几乎全为"外在提出型"，突发性事件及媒体在政策议程设置中的作用较大，政府决策主体并未主动将其纳入政策议程，这说明该阶段政府对此问题的重视度不够，但已开始

出台相关政策。

第二，医疗暴力凸显，新的防控政策呈应急性。世纪之交，因我国卫生资源配置不平衡、医疗保障体系不健全等问题，使"看病难、看病贵"问题尖锐化，医疗暴力进一步凸显。随着医患矛盾升级，暴力冲突事件升级，之前的政策已不能有效解决日益升级的医患矛盾问题。鉴于此，2002年4月国务院公布了《医疗事故处理条例》，其中第59条规定，以医疗事故为由，寻衅滋事、抢夺病历资料，扰乱医疗机构正常医疗秩序和医疗事故技术鉴定工作，依照《刑法》关于扰乱社会秩序罪的规定，依法追究刑事责任；尚不够刑事处罚的，依法给予治安管理处罚。

在《医疗事故处理办法》的基础上随社会变化而更新处理方式和力度，《医疗事故处理条例》应运而生，后者不仅强调正确处理医疗事故，更强调保障医疗安全，显示出政策决策层对医疗暴力重视度提高。但分析《医疗事故处理条例》的第59条，其依然是针对"以医疗事故为由"发生的暴力冲突事件制定的，决策者对医疗暴力的定义依然模糊，对其造成的伤害程度不够明确，也没有体现出对职业医闹的管制态度，应急性特征明显。2001年12月在最高人民法院公布的《最高人民法院关于民事诉讼证据的若干规定》中关于举证倒置的规定，使医疗机构在医疗纠纷举证中处于不利地位，不能更好地处理医疗纠纷、缓解紧张的医患关系，体现出医疗卫生行政管理部门单方面重视却协调不足，与执法、司法部门认知不统一。因此，该时期的防控政策并没有真正解决由暴力型医疗犯罪行为引发的社会问题。

第三，医疗暴力事件继续增加，防控政策呈高压化。2009年12月全国人大常委会公布了《中华人民共和国侵权责任法》（以下简称《侵权责任法》，已失效），对举证责任倒置进行了修正；2010年1月，司法部、原卫生部、保监会联合公布《关于加强医疗纠纷人民调解工作的意见》；2012年4月，原卫生部和公安部联合公布《卫生部、公安部关于维护医疗机构秩序的通告》。以上文件的公布与以前相比，卫生部门与执法部门紧密配合，特别是执法部门以更积极的角色参与医疗纠纷的治理，以期能更加有效地控制医疗暴力的发生。但现实的变化速度往往比政策的调整适应速度更快。如"2013年温岭袭医案"，国务院高度关注并作出重要批示，要求有关部门高度重视因医患矛盾引发的暴力事件，采取切实有效的措施维护医疗秩序。2013 年 12 月原国家卫生计生委等 11 部委联合发布《关于维护医疗秩序打击涉医违法犯罪专项行动方案》。突发的重大暴力伤医事件引起决策层对医疗暴力危害性的重新认识，对原有政策治理力度的重新审视体现出政策决策层对医疗暴力负面影响的高度重视，对暴力型医疗犯罪行为严打的决心。

在 2014 年 4 月，因暴力型医疗犯罪事件依然发生，最高人民法院等 5 部委联合公布了《关于依法惩处涉医违法犯罪维护正常医疗秩序的意见》；公安部公布了《公安机关维护医疗机构治安秩序六条措施》；2015 年，原国家卫生计生委等部门公布了《关于深入开展创建"平安医院"活动依法维护医疗秩序的意见》。

第四，医疗暴力事件持续增加，防控政策呈刑罚化。随着医疗暴力逐年升级，相关防控政策日趋完善，政策立法时机逐渐成熟。2015 年 8 月 29 日，全国人大常委会表决通过"医闹入刑"，将原"聚众扰乱公共、交通秩序罪"变更为"聚众扰乱社会秩序罪"，其处罚级别也被提高，从原来的"对首要分子，处五年以下有期徒刑、拘役或管制"，提高为"对首要分子，处三年以上七年以下有期徒刑"。《刑法修正案（九）》于 2015 年 11 月 1 日施行，暴力型医疗犯罪防控呈现刑罚化发展趋势。

"医闹入刑"首先旨在惩罚"聚众扰乱社会秩序"者以产生正面社会效应，其次是预防暴力型医疗犯罪事件的发生，最后是最大限度地保护暴力型医疗卫生犯罪事件中各方利益主体的法益，即《刑法》中规定的利益。据调查统计，"医闹入刑"后，医疗暴力事件发生频率开始逐年降低，患者及其家属的不合理维权事件相对减少，在医院发生的冷暴力行为基本上没有再次出现，"职业医闹"也随之逐渐消失。可以看出，"医闹入刑"减小了医闹的负面示范效应，有效控制了医疗暴力事件发生频率的增长以及事态影响范围的扩大，在当下切实保护了医务工作者和社会的法益。

（2）暴力型医疗卫生犯罪治理政策演变的特征。

第一，治理政策制定主体由单一部门到多部门联合。医患关系是一种复杂的关系，引发医患矛盾甚至激化成暴力冲突事件的原因也是多种多样的。纵观医疗纠纷治理政策的演变，1987 年和 2002 年颁布的政策均是由国务院、全国人大常委会等颁布，制定主体级别虽高但类型不够丰富，到 2010 年和 2012 年分别出现了由司法部、原卫生部、保监会和由公安部、原卫生部联合发布的政策，在 2013 年出现了迄今为止联合发文部委最多的政策，由此，决策层开始从多角度、全方位考量医疗暴力发生原因，以决策层主导并联合多部门共同治理，中央、地方配合协作实施，实现了一体化政策系统。

第二，治理政策的调整往往以突发事件为契机。每次政策的调整都是以一件或一系列暴力冲突事件为契机，这些事件能迅速引发大众的注意，促进政策的变化。《医疗事故处理办法》《治安管理处罚条例》出台后，在医疗机构的医疗暴力事件依然层出不穷且逐渐升级后，《医疗事故处理条例》和《侵权责任法》等应运而生。2013 年 12 月公布的《关于印发维护医疗秩序打击涉医违法犯罪专项行动方案的通知》，强调严惩侵害医务工作者人身安全、扰乱正常医疗秩序的违法犯罪活动，切实提高医疗机构安全防范能力等。然而政策的不断更新也没能遏制医疗暴力发生，暴力伤医事件依然吸引着大众及媒体的关注，也引发决策层对医疗暴力事件在法律政策层面上的思考，2015 年"医闹"正式入刑。突发事件容易令社会公众和决策者引起视觉震荡、感觉共鸣以及精神信念重构，其显性和隐性资源都是产生新政策的基础和条件。

第三，治理政策惩罚力度逐步加大。1987 年施行的《治安管理处罚条例》将医疗秩序划归公共秩序；2012 年的《卫生部、公安部关于维护医疗机构秩序的通告》强调公安机关要会同有关部门做好维护医疗机构治安秩序工作；2013 年和 2014 年陆续发布的政策都强调坚决依法打击暴力伤医违法犯罪行为；2015 年"医闹入刑"。医疗暴力事件的发生是医患矛盾的激化，而医患矛盾的发生是医患双方关系的恶化。就治理政策的调整与演变来看，其明确"医疗暴力"定义与精确治理视角的同时，为降低医疗暴力事件发生频率正逐步加大惩治力度。患者在医疗行为中处于弱势，病痛加身以致情绪处于易爆发状态，外加患者信任基础薄弱，暴力维权可能会成为他们的选择。

第四，重控轻防的治理政策。医疗暴力行为扰乱医疗场所秩序，破坏社会稳定。为防止该类事件的升级和影响扩大，政府陆续出台一系列针对医疗暴力的治理政策。2012 年及其以前公布的政策均是以强调依法严厉打击侵害医务人员、扰乱医疗机构秩序的违法犯罪活动为主，属于事后控制政策，其中 2010 年决策层开始引入人民调解工作机制，贯彻"调解优先"的原则，预防医疗暴力的发生。2013～2016 年以严惩涉医违法犯罪行为的事后控制、建立突发事件快速反应机制的事中控制以及加强医疗机构安保能力、涉医隐患矛盾大排查的事前控制为主，政策开始兼顾"防"与"控"。关于医疗暴力的预防仅有上述事前控制两个方面，范围仍需扩大并落实到位，应从暴力事件的内因出发去考量，从政策整体上看，实际上是重"控"轻"防"。

我国医疗暴力治理政策自 1987 年开始不断调整更新，惩治力度由最初治安处罚到刑事处罚，体现出决策层对于打击医疗暴力违法行为和维护社会秩序和谐、稳定的坚决态度。

2. 暴力型医疗卫生犯罪的刑事立法

针对暴力型医疗卫生犯罪，自 2014 年起国家陆续出台了一系列专门的政策和法律法规，以丰富医疗卫生犯罪领域的刑事立法。

（1）《关于依法惩处涉医违法犯罪维护正常医疗秩序的意见》。加强医药卫生事业建设，是实现人民群众病有所医，提高全民健康水平的重要社会建设工程。经过多年努力，我国医药卫生事业发展取得显著成就，覆盖城乡的医药卫生服务体系基本形成，疾病防治能力不断增强，医疗保障覆盖人口逐步扩大，卫生科技水平显著提高，人民群众健康水平明显改善，居民主要健康指标处于发展中国家前列。同时，随着经济发展和人民群众生活水平的提高，人们对改善医药卫生服务提出了更高的要求。工业化、城镇化、人口老龄化、疾病谱的变化和生态环境的变化等，也给医药卫生工作带来一系列新的严峻挑战。当前我国医疗服务能力、医疗保障水平与人民群众不断增长的医疗服务需求之间仍存在一定差距，导致一定范围内医患关系较为紧张。

一段时期以来，多地相继发生暴力杀医、伤医以及在医疗机构聚众滋事等违法犯罪行为。恶性案件的发生严重扰乱了正常医疗秩序，侵害了人民群众的合法利益，引发社会广泛关注。为构建安全和谐的医疗环境，切实保障医务人员、就诊患者的合法权益，中央综治办会同最高人民法院、最高人民检察院、公安部、司法部等 11 个部门，决定自 2013 年 12 月起，在全国范围内开展为期一年的维护医疗秩序打击涉医违法犯罪专项行动，其中一项重要措施是完善打击涉医违法犯罪的法律法规。2014 年 3 月，第十二届全国人民代表大会第二次会议和全国政协第十二届第二次会议期间，部分全国人大代表、政协委员提交了关于加大打击伤医事件法律惩处力度的建议和提案，要求司法机关尽快出台相关规范性文件，明确从严打击涉医违法犯罪的依据。为回应社会关切，按照专项行动方案部署，最高人民法院、最高人民检察院、公安部、司法部、原国家卫生计生委经深入调查研究，广泛征求意见，制定了《关于依法惩处涉医违法犯罪维护正常医疗秩序的意见》。

《关于依法惩处涉医违法犯罪维护正常医疗秩序的意见》在起草思路上注重标本兼治，一方面强调公检法机关要坚决依法打击各类涉医违法犯罪，通过明确暴力杀医、伤医、扰乱医疗秩序等六类常见涉医违法犯罪行为的处罚依据，解决实践中比较突出的打击不力、怠于执法的问题；另一方面强调医疗卫生行政部门要指导医疗机构并会同司法行政机关等部门，积极预防和妥善处理医疗纠纷，畅通患者救济渠道，引导患者运用投诉、调解、诉讼等多种方式理性维权，及时化解医患矛盾，从源头上预防和减少涉医违法犯罪的发生。《关于依法惩处涉医违法犯罪维护正常医疗秩序的意见》共四部分内容：一是充分认识依法惩处涉医违法犯罪维护正常医疗秩序的重要性；二是严格依法惩处六类常见涉医违法犯罪行为；三是积极预防和妥善处理医疗纠纷；四是建立健全协调配合工作机制。

（2）《刑法修正案（九）》。一直以来，党中央、国务院高度重视维护医疗秩序、构建和谐医患关系，不断完善涉医法律法规政策，积极推动医疗纠纷预防与处理长效机制建设，严厉打击涉医违法犯罪。根据原国家卫生计生委提供的数据，2013 年年底启动维护医疗秩序打击涉医违法犯罪专项行动以来，医疗执业环境得到有效改善，医院医疗纠纷、刑事案件、治安事件和安全隐患明显减少。尽管如此，仍有一些不法分子罔顾法律法规肆意妄为。对涉医违法犯罪行为，必须依法严厉打击。鉴于此，2015 年，国家再次明确打击涉医违法犯罪的态度与力度，将涉医违法犯罪纳入《刑法修正案（九）》，为打击涉医违法犯罪和"医闹"提供了有力法律保障。

《刑法修正案（九）》将《刑法》第 290 条第 1 款修改为"聚众扰乱社会秩序，情节严重，致使工作、生产、营业和教学、科研、医疗无法进行，造成严重损失的，对首要分子，处三年以上七年以下有期徒刑；对其他积极参加的，处三年以下有期徒刑、拘役、管制或者剥夺政治权利。"

可以看出，修正条款增加了"医疗"一词，也就是如果聚众到医院进行"医闹"的，造成严重后果，便可以按照聚众扰乱社会秩序罪定罪处罚。但从这一条文修改的内容来看，并非针对任何实施"医闹"行为的人员都予以处罚，而仅是对"聚众扰乱社会秩序，情节严重，致使医疗无法进行，造成严重损失的首要分子"予以刑事处罚。因为从立法规定来看，《刑法》第 290 条第 1 款规定的是"聚众扰乱社会秩序罪"，该罪的主体是一般主体，主观方面表现为故意，侵犯的客体是国家对社会的管理秩序，客观方面表现为严重破坏社会秩序的行为。在医疗机构发生的"医闹"事件，主要涉及多人在医疗场所聚集，暴力干扰、破坏医疗秩序，致使医疗活动无法开展，并且造成了严重损失。因此，实施危害行为的主体表现为患者纠集亲朋好友到医疗机构闹事或者职业"医闹"者代表患者到医院来闹事，实施危害行为的客观表现为暴力干涉医疗机构或者停尸闹事才可能构成聚众扰乱社会秩序罪。所以，在医疗场所行为人个人对医务人员的殴打，以及患者及其家属或纠集的其他多人针对某一个、某几个医务人员的殴打没有影响医疗秩序造成严重损失的行为，均无法以《刑法》第 290 条第 1 款相关规定入罪。

那么上述医闹情形是不是就不能用刑法处置了呢？答案是否定的。虽然上述行为不符合聚众扰乱公共场所秩序罪的构成要件，但行为可能符合《刑法》中其他犯罪的构成要件，可依照其他罪名进行定罪处罚，具体情况如下：①在医疗机构内殴打医务人员或者故意伤害医务人员身体、故意损毁公私财物，涉及的罪名包括故意杀人罪、故意伤害罪、故意毁坏财物罪、寻衅滋事罪。②有时"医闹"行为表现为以不准离开工作场所等方式非法限制医务人员人身自由的，可以构成非法拘禁罪；如果行为人以勒索财物为目的绑架医务人员或者绑架医务人员作为人质，将医务人员带离医疗机构等场所，拘押于"医闹"者控制的地方，向医疗机构索要赔偿，将构成绑架罪。③采取暴力或者其他方法公然侮辱、恐吓医务人员情节严重（恶劣）的，构成侮辱罪、寻衅滋事罪。④非法携带枪支、弹药、管制刀具或者爆炸性、放射性、毒害性、腐蚀性物品进入医疗机构的，危及公共安全情节严重的，构成非法携带枪支、弹药、管制刀具、危险物品危及公共安全罪。⑤对于职业"医闹"，尤其是在幕后策划、组织、指挥"医闹"活动的人，可以按实施"医闹"的行为人所触犯的罪名成立教唆犯或者帮助犯来进行定罪处罚。例如，甲指挥乙去医院打伤医务人员的行为，可以对甲按照故意伤害罪的教唆犯定罪处罚；以受他人委托处理医疗纠纷为名实施敲诈勒索、寻衅滋事等行为的，可以构成敲诈勒索罪、寻衅滋事罪。

其实，《刑法修正案（九）》对严重扰乱医疗秩序行为的规制，即使不做这次修正，也不影响适用《刑法》中的相关罪名甚至适用聚众扰乱社会秩序罪进行打击。其更为重要的意义和作用在于为解决"医闹"问题提供了一个很好的法律依据，表明了我国立法部门已经明确将"医闹"行为纳入法制层面进行管控。对于严重的"医闹"行为，公安司法机关处理这类事情时，思路更为清晰，目标和目的更为明确，不再会过多地被刑法之外的因素影响，而是依照该罪来追究刑事责任；对于尚未构成犯罪的医闹行为，也会依照相关法律进行处理，有利于扭转过去打击"医闹"不力的局面。

在实践层面，对"医闹"行为的打击和处置，要坚持比例原则。"医闹"行为在客观上存在情节和危害结果的程度差别，因而在对"医闹"行为进行打击和处理时，应当注意与《治安管理处罚法》的衔接，对于尚未构成犯罪的"医闹"行为，应当适用《治安管理处罚法》的相关规定作出行政处罚，只有构成犯罪的"医闹"行为，才能适用《刑法》予以刑事处罚。

（3）《关于全面履行检察职能为推进健康中国建设提供有力司法保障的意见》。凡是暴力伤医案件，检察机关一律列为重大敏感案件，一旦发生及时启动快速反应机制。检察机关在使用司法手段维护正常医疗秩序的同时，注重近距离了解医务人员的心声，明确下一步努力的方向。2016年9月最高检公布《关于全面履行检察职能为推进健康中国建设提供有力司法保障的意见》，强调要加大对涉医违法犯罪的打击力度，依法惩治故意杀人、故意伤害，侮辱、诽谤、诬告陷害，非法拘禁等侵犯医务人员合法权益的犯罪，维护医务人员的执业安全。

《关于全面履行检察职能为推进健康中国建设提供有力司法保障的意见》重点提及要加大对涉医犯罪的打击力度，保障正常医疗秩序和医务人员人身安全，并明确了在医疗机构内发生这八大行为皆为犯罪[1]，必将严惩。《关于全面履行检察职能为推进健康中国建设提供有力司法保障的意见》的出台，既表明了最高检严厉打击暴力型医疗卫生犯罪的信心和决心，同时进一步明确了其针对暴力型医疗卫生犯罪的公诉范围，意义非凡。

3. 暴力型医疗卫生犯罪的刑事司法

（1）"医闹型"聚众扰乱社会秩序罪侵犯法益的认定。从整体的角度来看，"医闹"行为不只扰乱了医疗机构的正常医疗秩序，也对医护人员和患者的权益造成不同方面和不同程度的侵害。聚众扰乱社会秩序罪侵犯的法益是正常的社会秩序中的医疗秩序，只有明晰社会秩序和医疗秩序的含义才能在实务中对案件进行认定。

"秩序"是一个抽象的概念，原是指不混乱、有条理的一种状态，在法学的概念中主要指社会秩序。英国哲学家托马斯·霍布斯在他提出的社会契约论中解释了何谓"社会秩序"，即独立的个体之间不再处于"各自为战"的动乱状态而相互缔结契约所形成的现象。社会中的每个人都有社会成员的身份，并以这个身份与其他社会成员发生关系。社会秩序就是连接着成员之间社会关系的纽带。历史经验也表明，人类社会总是向着社会秩序趋于稳定的方向发展，一旦社会秩序失去稳定和平衡，社会就会发生重大历史变革。良好的社会秩序是社会发展的基础，如果社会处于混乱的状态，那么人类就无法进行基本的生存和发展，无法实现自身的社会属性。社会秩序是通过社会发展规律调节和社会主体的努力相结合来产生作用，而人类主观努力来调整社会秩序的主要手段就是法律。

目前为止，学界对聚众扰乱社会秩序罪中的"社会秩序"进行专门释义的

---

[1] 八类犯罪具体为：①依法惩治聚众打砸、任意损毁占用医疗机构财物，在医疗机构起哄闹事，致使医疗无法进行的犯罪；②依法惩治在医疗机构私设灵堂、违规停尸、摆放花圈、焚烧纸钱、悬挂横幅、封堵大门、阻塞交通，严重扰乱公共场所秩序的犯罪；③非法携带枪支、弹药、管制器具或者爆炸性、放射性、毒害性、腐蚀性物品进入医疗机构危及公共安全的犯罪；④非法行医、非法采供血液、妨害传染病防治等严重扰乱医疗秩序的犯罪；⑤依法惩治故意伤害、杀害医务人员，公然侮辱或者捏造事实诽谤、诬告陷害医务人员，以及在医疗机构内殴打、追逐、拦截、辱骂、恐吓医务人员或者非法限制医务人员人身自由的犯罪；⑥从严惩处无端猜疑、蓄意发泄、手段残忍、情节恶劣的犯罪；⑦以不特定的医务人员、就诊患者为侮辱、威胁、殴打、伤害、杀害对象，危害医疗场所公共安全的犯罪；⑧利用互联网等媒体恶意炒作，侮辱、诽谤、诬告陷害医务人员，挑拨医患矛盾，引发涉医突发案件、群体性事件或者造成恶劣社会影响的犯罪。

很少，所以明晰"医闹"行为入罪的标准，以及阐明"社会秩序"的具体含义十分有必要。暴力型医疗卫生犯罪要保护的社会秩序并非全部的社会秩序，而是特定范围内的社会秩序，就是《刑法》第 290 条第 1 款中所规定的工作、生产、营业和教学、科研、医疗维持运转的秩序，也是企业、事业单位、人民团体等单位的工作秩序。

认定构成暴力型聚众扰乱社会秩序罪时，"致使医疗无法进行"是一个必不可少的条件，换句话说就是破坏正常的医疗秩序。而其中的"医疗秩序"，应当是医疗机构的工作秩序。但是，医疗机构作为一个成熟的社会组织，还具有包括管理、财务、后勤、保安等部门，故医疗机构的工作秩序现实中包含诊疗工作秩序和行政管理秩序。根据《医疗机构管理条例实施细则》可知，"诊疗活动：是指通过各种检查，使用药物、器械及手术等方法，对疾病作出判断和消除疾病、缓解病情减轻痛苦、改善功能、延长生命、帮助患者恢复健康的活动"。这里产生了两种不同的看法，第一种看法认为只有对急诊、脑科、皮肤科等普通门诊、普通病房、重症监护室、手术室这样的场所进行扰乱，致使这些科室无法做出法规定义的诊疗活动，才能符合"致使医疗无法进行"的条件。第二种看法则认为，医疗机构作为一个整体运作的单位，良好的行政管理秩序是维持医疗活动进行的必要保障。后勤管理着医疗机构的水电供应、卫生餐饮和医疗器械、医疗垃圾的处理，一旦后勤工作处于瘫痪状态，也会造成严重的后果，如手术过程中停电或器械无法进行消毒。所以如果要实施最大限度的保护，"医疗秩序"应当将行政管理秩序也涵盖在内。

第一种看法更具合理性，即本罪中所指"医疗秩序"仅是诊疗工作秩序。第二种看法将"行政管理秩序"解释为"医疗秩序"有违罪刑法定原则之嫌，也与本罪保护范围与本罪的立法目的不符。例如，在医院因插队问题而导致数人闹事斗殴，致使医院食堂等后勤暂时无法正常工作，该种行为没有影响诊疗秩序，就不能定性为扰乱"医疗秩序"，行为人不能依照《治安管理处罚法》被处罚，或被追究其他刑事责任。反之，如果其行为破坏的是诊疗工作秩序，则可以判断是否致使医疗无法进行。

（2）暴力型聚众扰乱社会秩序罪的客观行为。暴力型聚众扰乱社会秩序罪属于聚众犯罪的一种。聚众犯罪是指《刑法》分则规定的，以首要分子聚集特定或不特定多人以群体性的形式进行犯罪活动为构成要件的一种犯罪类型。根据以上定义，可以看出聚众犯罪的第一个明显特征就是法定性，即通过刑法条文明确规定。规定聚众犯罪的刑法条文散见于《刑法》分则之中，主要包括两种：第一种是以"聚众"冠名的犯罪，本罪就属于此类，这是将"聚众"作为犯罪构成的必备条件。第二种是将"聚众"作为构成该罪的行为方式之一，如赌博罪中的"聚众赌博"等。由此可见，"医闹"行为若要被认定为聚众扰乱社会秩序罪则必须符合"聚众"形式，而这一形式既是聚众犯罪的第二个必要特征，即"聚众性"，也是与非聚众犯罪最重要的区别。对"聚众"的理解关系到该罪客观要件的认定，因此要明晰"医闹"行为是否构成该罪就必须对其"聚众"性质进行分析。

社会危害性是犯罪的本质属性，刑法通常规定犯罪的各个方面构成要件使犯罪行为对社会达到一定的危害程度，才能使用刑事法律对其进行规制。刑法手段严厉，需要保持谦抑性，对于危害不大的行为不能认为是犯罪。这种情况下刑法需要规定某些行为的标准，达到标准即视为社会危害性大。对于"医闹"行为的入罪就是如此，该罪的成立，行为人要被追究刑事责任，必须达到"情节严重"的标准。"情节严重"在本罪中是行为入罪的必备要件。而"情节严重"如何理解？这在刑法中没有明确的定义，具有模糊性。刑法之所以在某些犯罪中将"情节严重"这种模糊概念作为构成要件，也是因为他们包含的情况复杂，难以作出精准表述。适当地使用模糊的法律概念是无法避免的，立法无法预见所有能够作为犯罪处理的具体情况，甚至对于已经发生的情况都难以进行全面概括，在此种情况下刑法规定的越具体，司法人员运用时的漏洞就会越多。由此可见，对于"医闹型"聚众扰乱社会秩序罪中的"情节严重"构成要件的认定，无法期待立法上的规定能穷尽所有情况，而应该结合"医闹"中综合的情形来归纳总结。

在《刑法》第290条第1款中，"致使……医疗无法进行"是对前文"情节严重"的一个解释说明，意味着是否导致医疗活动无法进行是判断是否构成"情节严重"的最核心的标准。实践中，由于医疗秩序与教学、营业等秩序相比，与自然人的生命健康联系更加密切，因此更加紧迫，不能仅仅在医疗活动完全瘫痪后才认定为"致使医疗无法进行"，也应当包含无法以正常程序进行医疗活动的情形。据此，认定构成"情节严重"时，应当考虑以下因素：一是闹事手段极端，包含暴力行为甚至冲击公安人员。任何一个科室发生暴力事件后，其他科室也无法正常进行诊疗活动；二是闹事者主观目的不是想解决纠纷，而是欲逼迫医疗机构妥协答应其不合理诉求。这点往往体现在医方明确告知纠纷处理程序和聚众扰乱医疗的法律风险后，闹事者仍聚集在医疗机构不肯散去；三是聚集的人数众多、闹事场所是重要的诊疗场所、多次进行聚众闹事以及闹事持续时间长等。但聚集三人以上数次在医疗机构打扰高层领导办公这种情形由于没有对医疗秩序产生影响，故不属于"情节严重"。

值得强调的是，实践中行为人可能会辩解在医疗过程中医疗方存在过错，双方是因为医疗方不负责任的行为才产生冲突，事出有因，因此不属于"情节严重"。这种说法是不正确的。因为通常民商事债权债务的存在不影响刑法上的犯罪认定。如《刑法》非法拘禁罪的条文中就规定了为了索要债务而对他人实施非法扣押和拘禁的，不影响本罪名的认定。可见，即便存在法律上认可的债权债务关系时，行为人也不能主张其为违法阻却的事由。因此，我们要将"医患纠纷"与"医闹"行为分割而论，无论在医患纠纷中医疗方是否存在过错，在评价"医闹"犯罪的情节时都要使用相同的标准。

（3）"造成严重损失"的认定。"造成严重损失"是从行为导致的结果方面认定聚众行为构成犯罪的构成要件。对于"造成严重损失"的标准，现行《刑法》也同样没有明确的规定。学界对于此有两个层面的争论：一是该损失是否包括恶劣的社会影响和政治影响还是仅有经济方面的损失；二是造成该损失的原因仅有医疗无法进行还是包括其他原因。"医闹"行为一般造成的严重损失范围较广，可以包括经济损失和非经济损失。因为从"南平医闹案"[1]开始，恶性"医闹"事件会引发整个社会的讨论，舆论的发酵扩大了医患之间的矛盾，影响恶劣，司法实践中应考虑这方面的损失。此外，造成损失的原因也可以包括行为人手段恶劣等其他原因。"医闹"造成的经济损失包括在闹事过程中损毁的现有

---

〔1〕 2009 年 6 月 21 日，肾病患者杨某斌在南平市第一医院泌尿外科接受手术后死亡。死者家属与医院的纠纷由此产生，并且迅速升级：医院医护人员和死者家属发生激烈冲突，多名医护人员被打伤，受伤最重的医生被砍了 6 刀。而死者家属中也有人在冲突过程中受伤，其中包括死者的亲哥哥。其后，多所医院医生聚集在市政府门前要求"保护"，使事件的性质又发生了变化。《南平第一医院医闹事件：医生被逼向死者遗体下跪》，载福州新闻网，https：//m.fznews.com.cn/dsxw/2009－6－25/2009625＋5P＿4R＋g1173311.shtml，最后访问时间：2023 年 5 月 7 日。

财产和可得利益。非经济损失包括如"医闹"行为导致诊疗活动无法进行，或导致其他患者无法得到及时救助而死亡或重伤；医护人员因受到人格尊严的侮辱而导致的精神创伤；医疗机构社会公共利益和社会形象遭到破坏等。这里的损失不能包括致人重伤、死亡等后果，因为造成该后果则对应构成其他罪名。这些损失应当达到"严重"的程度，即达到追究刑事责任起点。如同全国各省市盗窃罪有不同的立案标准，各司法机关在判断损失是否达到"严重"时，也应考虑各地经济水平和社会影响差异。

司法实践中，"情节严重"是对扰乱行为本身作出的评价标准，而"造成严重损失"是因扰乱行为而产生直接或间接的损失，司法机关不应将两者混同认定。因为"致使医疗无法进行"是"情节严重"的解释说明，其实"造成严重损失"与它们也为逐渐递进的关系。二者为因果关系，前者为因，后者为果。这两个构成要件不能交叉评价，应当分开看待且同时具备，无论是行为情节严重但并未造成严重损失，还是情节一般但导致严重损失，都不能认定为构成聚众扰乱社会秩序罪。

（4）暴力型聚众扰乱社会秩序罪中主体的认定。参与群体性"医闹"行为人数较多，但并非每个人都构成犯罪。依据《刑法》的规定，本罪中首要分子和积极参加者两者量刑不同，但都是犯罪主体，而一般参加者则不以犯罪论处。因此，在司法实务中对三者进行认定十分重要同时也是一个难点，尤其是首要分子的认定，直接关系到该罪名是否成立。

《刑法》第 97 条规定："本法所称首要分子，是指在犯罪集团或者聚众犯罪中起组织、策划、指挥作用的犯罪分子。"可见在我国《刑法》中，有两处会出现首要分子，其一是在犯罪集团中，其二是在聚众犯罪中。两种类型的首要分子实施的行为作用基本一致，但第一种首要分子是对犯罪组织起到领导和管理的作用，并不意味着参与每次犯罪活动；第二种首要分子是对整个犯罪过程有领导的作用。在有关聚众犯罪的刑法条文中虽然一般没有明示行为方式的主体，但都规定只处罚首要分子，或首要分子的法定刑与其他参与者有所区别，这就表明没有首要分子，就没有聚众犯罪。

首要分子是聚众犯罪核心，具体可以分为组织者、策划者和指挥者。实践中，首要分子大多不止具备一个行为特征。其中组织者是指在犯罪前，采取煽风点火、教唆鼓动等手段，激起他人狂热、激进的情绪，同时怂恿他们加入犯罪行动的犯罪分子。组织者一般可以认为是聚众犯罪的首谋者，但其不一定全程参与犯罪。策划者一般负责制定犯罪计划，如选择犯罪地点、分配参与人员、谋划具体步骤的实施，这些内容可以在策划者的内心形成，实践中可以根据其实际表现来推定。聚众犯罪的指挥者，是指在全部过程中起到部署、调配作用的犯罪分子，危害性最大，因为其一般是危害行为直接实施者。在"医闹"犯罪中，组织行为具体表现为积极参与谋划、鼓动他人参与前往医疗机构进行闹事；策划行为是对扰乱医疗秩序的行为进行具体安排，制定好冲击、围堵医疗机构的时间、步骤；指挥行为表现为实时对整个聚众扰乱的行为进行把控，比如指挥在医疗机构静坐多久、安排多少人围堵诊疗室等。从已有的裁判文书中可以看出，"医闹"犯罪的首要分子往往每个环节都会参与。

此外，若存在"职业医闹"者，"职业医闹"者作为犯罪的策划者和指挥者显而易见可以认定为首要分子。例如，某"职业医闹"团队主要成员只有3人左右，其他都是花钱雇佣的临时工，核心成员主要出现于事前的组织和事后的谈判。这里的核心成员从事的事前组织和事后谈判就属于组织、策划、指挥行为。而对雇佣的家属来说，只要其事先知晓"职业医闹"者将要采取的手段，那么无论其是否参与策划或指挥"医闹"行为都可以认定是聚众犯罪的组织者、首谋者，从而视作首要分子。若不存在"职业医闹"者，就应当分析参与"医闹"的亲朋好友实施的具体行为，来认定其是否为首要分子。在处理实践中的"医闹"案件时，可通过闹事群体是被何人、何种方式聚集起来，以及闹事现场何人起头进行破坏行为等几个方面来认定首要分子。

但值得注意的是，只是提出"医闹"的提议，并未纠集他人也并未直接参与实施具体危害行为的人，只有犯意而没有实行行为，不是首要分子。由于诊疗过程突发纠纷，患者家属情绪激动而做出撒泼打滚、殴打医生等行为的情形也要注意，这种情况即使人数较多，但都属于自发地、应激地做出集体性行为，不存在首要分子。

"医闹"行为的实施主体人数众多，因此通常会与共同犯罪联系在一起。但实际上，触犯聚众扰乱社会秩序罪并不一定就是共同犯罪，其中的首要分子与共同犯罪中的主犯也没有必然的联系，在认定时要注意不能将二者简单地等同。在本罪中，只有首要分子以及积极参加者才能成为主体。如果有两名以上首要分子，那么其必然有共同的犯罪故意和犯罪行为，构成共同犯罪。若首要分子只有一名，还有其他积极参加者，那也构成共同犯罪。但如果只存在一名首要分子，其余人员皆只被认定为一般参加者，那么此时该名首要分子只能构成单独犯罪。对于"医闹"犯罪，只有在构成共同犯罪的基础上才需要讨论主犯与首要分子的关系问题。除犯罪集团的首要分子外，在共同犯罪中发挥主要作用的就是主犯。

《刑法》第 26~29 条分别在共同犯罪的规定后面规定了主犯、从犯、胁从犯和教唆犯。教唆犯是根据犯罪中行为人分工不同而作的分类，与前三种以作用不同而作的分类不一样。虽然这两种分类方法混合使用引起学界一定的争议，但不可否认的是教唆犯是一种重要的共同犯罪人。教唆犯是指通过劝说、授意、收买等方法使他人产生犯意，并使其按照教唆的犯罪意图实施犯罪。教唆犯在共同犯罪中通常起到的是组织、策划的作用，这与《刑法》规定的聚众犯罪中的首要分子的作用有很大的相似性。在聚众犯罪里，首要分子对众人的纠集、策划、指挥也是造意行为，也属于教唆。正如《刑法》第六章规定的煽动暴力抗拒法律实施罪一样，"煽动"即为怂恿、鼓动，也就是教唆行为，但是由于《刑法》分则将煽动行为单独规定，所以不再是暴力抗拒法律实施罪的教唆犯。"医闹型"聚众扰乱社会秩序罪里的首要分子实施的纠集、鼓动行为是教唆行为的一种，而且是被《刑法》规定为实行行为的教唆行为。"医闹"案件中，当行为人纠集闹事人群，即实施"聚众"行为时，实际上既符合聚众扰乱社会秩序罪中实行行为的一部分，又符合《刑法》总则中规定的教唆犯行为，二者之间属于法条竞合，根据"特别法条优于普通法条适用"的原则，应直接认定为前者中的首要分子，而不再适用总则中关于教唆犯的规定了。换句话说，《刑法》分则已经将"医闹"行为中起组织、策划作用的行为人，规定为首要分子。

积极参加者是"医闹型"聚众扰乱社会秩序罪中明确规定了法定刑的另一责任主体。与首要分子不同的是，积极参加者并没有专门的法条对含义作出规定，因此其在司法实践中的认定与运用标准并不统一。例如，江苏省《关于办理聚众斗殴等几类犯罪案件适用法律若干问题的讨论纪要》第 1 条第 2 款规定："……积极参加者是指在聚众斗殴中发挥主要作用或者在斗殴中直接致死，致伤他人者……"提炼其观点，积极参加者就是在聚众犯罪中发挥主要作用或导致严重后果的人。"积极"是一个抽象的价值判断，单独用主观上的态度和"主要作用"来衡量并不能对认定积极参加者起到十分大的帮助，也不能仅仅通过是否"主动参加"来简单划分。在判断积极参加者方面，首先，应当从客观方面考虑他是否在聚众犯罪中做出实际危害行为。同时，行为人做出的危害行为要对扰乱医疗秩序的结果起到关键作用，换句话说就是直接地导致了危害结果。其次，在主观方面要从他的积极态度来考察其主观恶性。积极参加者通常对首要分子的煽动和提议应声附和、增威助势，并热烈响应，往往率先投入行动。综合以上标准，我们不难推出在聚众斗殴罪中下手最狠的参与者是积极参加者，聚众哄抢罪中哄抢财物价值最高的参加者也是积极参加者。

一般参加者是指在聚众犯罪中除了首要分子和积极参加者以外的参与者，虽然参与了犯罪活动，但刑法规定其不承担刑事责任。同时，根据《刑法》第13条后半段的但书规定"情节显著轻微危害不大的，不认为是犯罪"来看，对于"医闹"犯罪的认定也要遵循这个原则，只有当行为必须达到一定的危害程度，才能采用刑罚惩处。此外，严厉打击主观恶性大、实施行为危害性程度高的行为人，而对犯罪行为轻微的犯罪分子从轻处罚、从宽处理与宽严相济的刑事政策高度契合，这样不仅做到罪责刑相适应，更是有效起到警告作用，有事半功倍之效。实践中判断行为人是不是聚众扰乱医疗秩序案件的一般参加者时，可以通过参与程度较轻、主观认识不足和产生作用较小来判断。参与程度较轻具体而言是指，在客观上没有具体的危害行为，不号召、不领头，一般在"医闹"犯罪中起到"凑人头"的助威壮势作用；主观认识不足是指主观恶性较小，没有明确的目的，表现为随波逐流、盲从的态度。产生作用较小是指与积极参加者相比，一般参加者只是起到辅助作用，其行为不会直接导致危害结果的发生。满足以上三点，就可认定其为一般参加者。例如，在"医闹"犯罪中，聚众者通常纠集自己或患者的亲朋好友到医疗机构"助阵"，其中有很多人只是跟随首要分子和积极参加者来参加静坐等活动，没有其他性质恶劣的行为，这种人一般可以将其认定为一般参加者，对其进行行政管理。但从另一个角度讲，某些人成为职业"医闹"组织固定的被雇佣者，多次作为这种"一般参加者"参与"医闹"，可视为主观恶性较大，属于积极参加者。

（二）暴力型医疗卫生犯罪惩罚性治理的实效

2013 年的温岭杀医案[1]是我国医患关系标志性事件和转折点。根据最高检和国家卫健委公布的数据，2018 年以来，全国危害医院医疗秩序的案件量大幅度下降，医疗职业环境和患者就诊秩序得到持续改善。2019 年，检察机关起诉伤医、聚众扰医等涉医犯罪 1637 人，继 2018 年同比下降 29% 后再下降 48.9%。[2] 全国危害医院医疗秩序案件大幅度下降的背后，医疗体制改革红利逐渐显现，医疗体制改革实现了资源的合理配置，为确保每个人包括弱势群体都能享受到政府的医疗服务提供了有力的保障，降低了医患矛盾发生的概率。数据的下降来自立法上"自上而下"的引导和推动作用：2014 年 4 月，最高法、最高检、公安部、司法部、原国家卫生计生委印发《关于依法惩处涉医违法犯罪维护正常医疗秩序的意见》；2016 年 9 月，最高检公布《关于全面履行检察职能为推进健康中国建设提供有力司法保障的意见》；2018 年 10 月，国家发改委、人民银行、卫生健康委、交通运输部、民航局等 28 个部门联合公布《关于对严重危害正常医疗秩序的失信行为责任人实施联合惩戒合作备忘录》；2019 年 12 月，全国人大常委会表决通过的《基本医疗卫生与健康促进法》强调，"医疗卫生人员的人身安全、人格尊严不受侵犯，其合法权益受法律保护"，同时特别规定"禁止任何组织或者个人威胁、危害医疗卫生人员人身安全，侵犯医疗卫生人员人格尊严"，"违反本法规定，构成犯罪的，依法追究刑事责任"。扫黑除恶专项斗争的开展，为建立正常医患关系、维护正常医疗秩序扫清了障碍。通过打击"职业医闹"等黑恶势力，铲除了非法手段制造、加剧医患纠纷等违法犯罪活动的生存空间，促进医患关系和谐发展。

（三）影响暴力型医疗卫生犯罪惩罚性治理的因素

1. 刑事政策的影响

自 1987 年始，我国刑事政策制定者逐渐开始关注暴力型医疗卫生犯罪，陆

---

[1]　2012 年 3 月，连某青在温岭市第一人民医院接受了鼻部手术治疗。因感到术后效果不佳，连某青多次到医院投诉，并多次到其他医院就医，但均无进展。2013 年 10 月 25 日，连某青携带事先准备的榔头和尖刀来到温岭市第一人民医院对医护人员行凶，致 1 死 2 伤。参见《浙江温岭"10.25"杀医案被告人一审被判死刑》，载中国政府网，https：//www.gov.cn/jrzg/2014-01/27/content_2576849.htm，最后访问时间：2023 年 5 月 7 日。

[2]　《最高检工作报告两个"首次"：从"本"上发挥更长治效》，载 12309 中国检察网，https：//www.12309.gov.cn/llzw/jcyksjb/202005/t20200527_463343.shtml，最后访问时间：2023 年 5 月 7 日。

续出台一系列有关该领域的指导性文件，尤其是从 2014 年开始，相关文件的陆续出台，且指导理念亦由起初的治安处罚为主逐渐转变为强调刑事处罚，开始主动调控，体现出决策层对于打击医疗暴力违法行为和维护社会秩序和谐、稳定的坚决态度。就功能而言，刑事政策作为一个国家预防、惩治犯罪的原则的总和，是遏制犯罪的总纲领、总方针。刑事立法、刑事司法则分别是立法机关和司法机关惩治犯罪的具体活动，活动的具体内容分别是制定惩治犯罪的法律，以及运用刑事法律惩治犯罪行为以保障个体自由不受侵犯进而维护正常的社会秩序。因此，刑事政策对刑事立法和刑事司法也具有原则的指导意义。虽然刑事政策对于刑事立法和刑事司法具有宏观的指导意义，但是在惩治犯罪的法律实践活动中，刑事法律较刑事政策而言是更为直接的规范依据。随着暴力型医疗卫生犯罪的惩治理念的转变，自然而然地带动刑事立法和刑事司法的相应变化，且这种刑事法律的联动变化，必然会带来更为实际的效果。

2. 刑事立法的影响

刑事立法受刑事政策的影响是多方面的。比如，某种行为是否有必要通过刑事立法对其进行规制，或者说，某种行为是否具有应当界定为犯罪的应罚性，往往是由特定犯罪态势下的刑事政策作出判断的。

最为典型的做法是从 2014 年的《关于依法惩处涉医违法犯罪维护正常医疗秩序的意见》开始，针对一系列"医闹"行为对号入座地规定了故意杀人罪、故意伤害罪、故意毁坏财物罪、寻衅滋事罪、聚众扰乱社会秩序罪、聚众扰乱公共场所秩序、交通秩序罪、非法拘禁罪、侮辱罪等一系列罪名。在该意见的指导精神下，2015 年 8 月 29 日，第十二届全国人大常委会第十六次会议对照《关于依法惩处涉医违法犯罪维护正常医疗秩序的意见》的精神和要求，表决通过了《刑法修正案（九）》，正式将"医闹"行为入刑，从此我国"医闹"行为有了接受刑事处罚的法定依据。据国家数据统计显示，自该修正案颁布后，我国 2015 年跟 2014 年相比总的诊疗人次是增加了将近 3 亿人次，但是医疗纠纷的数量是持续下降，也就是 2014 年和 2013 年同比医疗纠纷数量已经下降了 8.7%，2015 年在总的诊疗人次增加的情况下医疗纠纷的数量是继续下降的。应该说医患关系总体来说是和谐的，而且医患关系在往好的趋势发展，严重的伤医和"医闹"的事件总体趋势是减少的。

3. 刑事司法的影响

刑事政策对刑事司法也存在现实的影响。文本意义上的法律规范是静止的，而刑事司法作为执行法律规范以惩治犯罪的实践活动，其动态过程必然蕴含许多对法律文本的具体理解和价值判断。而刑事政策中的价值导向往往对刑事司法具有宏观的指导意义。质言之，刑事司法的具体操作必须体现出与刑事政策在价值选择上的共鸣

（四）加强暴力型医疗卫生犯罪惩治性治理的对策

我国医疗暴力治理政策自 1987 年开始不断调整更新，惩治力度由最初治安处罚到刑事处罚，体现出决策层对于打击医疗暴力违法行为和维护社会秩序和谐、稳定的坚决态度，且就目前来看颇具成效。总体上，我国"医闹"入刑案件呈现数量较少、入罪标准不清晰、量刑畸轻的特点。

我国"医闹"入刑案件为何较少，尤其在 2014 年之前，几乎只有零星的个案，主要原因在于入罪标准并不清晰。早期，除了极端的杀医个案被告人被以故意杀人罪起诉外，对于一般性的"医闹""医暴"，医疗机构往往出于对医院名声、舆论压力等种种考量而采取赔钱了事，执法部门亦往往以"民事纠纷"为由不参与介入，这种"息事宁人"的做法使得"医闹"大行其道。有学者对 2007 年数例恶性"医闹"事件进行了追踪研究，发现其中多例都是最终以医疗机构妥协赔偿结案。[1] 早期这些因"医闹"而获赔的案例，使得民众一度陷入了"不闹不赔，大闹大赔"的错误认识，甚至催生出了"职业医闹"。对于定罪免刑的案例，不符合传统刑法理论对于犯罪"应受刑罚惩罚性"这一基本特征，在此类案件的判决上应当更为慎重，需要严格把握好罪与非罪的标准，做好行政处罚与刑事犯罪之间的过渡和衔接。因此，在把握"医闹"入刑的标准时，既要注重刑法谦抑性，对不应入刑的案件在侦查、审查起诉阶段做到有效过滤；同时要防止"以罚代刑"，减少对应当"入刑"的案件以行政处罚结案。

现有罪名对"医闹"基本形成梯度补给，但侮辱罪被长期搁置。在司法裁判中已经初步形成了在个人犯罪层面的故意杀人罪、故意伤害罪、侮辱罪、故意毁坏财物罪的量刑梯度以及在聚众犯罪层面的以危险方法危害公共安全罪、聚众

---

[1] 参见刘逸红、刘珍明：《恶性医疗纠纷 13 例统计分析》，载《法律与医学杂志》2007 年第 4 期。

扰乱社会秩序罪、寻衅滋事罪的量刑梯度。但是在司法实践中，可以发现侮辱罪被长期搁置，一些如押解医生游行或迫使医生为死者下跪、辱骂医生等行为必然侵犯了医生的人格尊严和个人名誉，而在司法审判中往往采取吸收策略，不对此部分的行为进行定罪处理。

鉴于以上原因，有必要对暴力型医疗卫生犯罪的惩治性治理的完善对策展开探讨。

1. 完善刑事政策

在现有的《关于依法惩处涉医违法犯罪维护正常医疗秩序的意见》《刑法修正案（九）》《关于全面履行检察职能为推进健康中国建设提供有力司法保障的意见》《关于对严重危害正常医疗秩序的失信行为责任人实施联合惩戒合作备忘录》等一系列相关法律规定基础之上，应当进一步围绕行刑衔接、量刑情节、罪名丰富、罪与非罪、此罪与彼罪及罪数等问题，继续完善相关刑事政策，以期更好地建立起覆盖面广、操作性强的针对暴力型医疗卫生犯罪治理的刑事政策体系。

2. 健全罪刑规范体系

一个特定的刑事处罚需要经过犯罪定性、罪名确定、犯罪情节判定、罪数明确、刑罚裁量和刑罚判处等一系列过程，要想实现公平、合理、合法地进行刑事处罚就需要全过程的规范化和体系化。就当前暴力型医疗卫生犯罪的刑法规范状况来讲，主要有两大特点：一是涉及暴力型医疗卫生犯罪的罪名仍然十分有限，难以覆盖各类涉医暴力犯罪行为。因此应有针对性地针对这个问题，围绕刑法当中的相关罪名进一步斟酌完善和修改，以进一步扩大刑法应用于暴力型医疗卫生犯罪行为的惩处范围和惩处力度。二是对于"医闹"入刑的入罪局限性问题。《刑法修正案（九）》对健全入刑的规定，与修正前的《刑法》第290条第1款规定相比增加了"医疗"二字。从该条文修改的内容来看，并非针对"医闹"行为予以处罚，而实质上是对"聚众扰乱社会秩序，情节严重，致使医疗无法进行，造成严重损失的首要分子"予以刑事处罚。通过该条文修改后的构成要件来看，在医疗场所发生的一般"医闹"事件，包括单纯的患者及其家属"医闹"，患者及其家属以及纠集的其他多人针对某一个、某几个医务人员的殴打，打砸医疗机构财物，只要没有影响医疗秩序，没有造成严重损失，便无法入罪。因此，这需要进一步出台相关司法解释对该罪名的主体和客体适用范围予以扩大解释，从而发挥该罪名的最大功能。

3. 强化刑事司法应对

鉴于目前我国对于暴力型医疗卫生犯罪尚不完善的刑事规制，就需要在司法实践中强化司法应对，以解决形式规范当中所无法调控的领域。

一方面，应进一步细化和完善有关暴力型医疗卫生犯罪的罪名规定及其情节规定，增强惩治暴力型医疗卫生犯罪的能力，从而强化司法应对能力，提升刑事司法在暴力型医疗卫生犯罪预防性治理中的作用。另一方面，应注意与相关法规衔接，对"医闹"行为的打击和处置，要坚持比例原则。"医闹"行为，在客观上存在情节和危害结果的程度差别，因而在对"医闹"行为进行打击和处理时，应当注意《刑法》与《治安管理处罚法》相互之间的衔接，对于尚未构成犯罪的医闹行为，应当适用《治安管理处罚法》的相关规定进行行政处罚，只有构成犯罪的医闹行为，才能适用《刑法》予以刑事处罚。

三、暴力型医疗卫生犯罪的预防性治理

（一）暴力型医疗卫生犯罪预防性治理概述

近年来医患关系十分紧张，医患纠纷更是层出不穷。在医患纠纷出现后，许多患者不采取合法有效的方式进行有效沟通和解决，而是采取"闹"的方式，扰乱医疗秩序，甚至伤害、杀害医务人员。可以说"医闹"行为已经严重阻碍了我国医疗卫生事业的发展和社会的稳定。早在 2012 年，原卫生部、公安部就已联合公布了《卫生部、公安部关于维护医疗机构秩序的通告》，明确严厉打击涉医违法犯罪活动，随后各部委又相继公布了《公安机关维护医疗机构治理秩序六条措施》《关于依法惩处涉医违法犯罪维护正常医疗秩序的意见》《关于严厉打击涉医违法犯罪专项行动方案》等一系列文件，直至 2015 年 8 月 25 日《刑法修正案（九）》正式将"医闹"二字写入《刑法》第 290 条第 1 款"聚众扰乱社会秩序罪"，自此"'医闹'入刑"作为一句口号迅速在社会公众中传播开来。那么"医闹"入刑的由来、适用情况及现实困境是怎样的，"医闹"入刑的适用法律边界问题如何明确，便都成了亟需探讨的问题。自 2020 年《基本医疗卫生与健康促进法》出台后，相关法条明确提出了针对暴力型医疗卫生犯罪预防性治

理的方向和趋势，为解决上述问题提供了一定的法律依据，但在司法实践中的具体可操作性规范方面，并未作出详细规定，因此应从刑事处罚的预防功能、治安处罚的预防功能和制度建设的预防功能三个维度来探讨暴力型医疗卫生犯罪的预防性治理问题。

1. 暴力型医疗卫生犯罪预防性治理的界定

暴力型医疗卫生犯罪的预防性治理需要基于当前"医闹"入刑后实际效果的考察，针对其所暴露出的局限性问题，有针对性地去界定。

（1）"医闹"入刑后暴力型医疗卫生犯罪治理的实效。"医闹"是一个社会学概念，是指在医患纠纷中，患者或其家属及其他监护人和代理人为了索取经济赔偿、讨要说法、泄愤报复等目的而通过私人组织或委托第三方职业组织等方式采取的扰乱医院正常医疗秩序，妨害医务工作者的行为。

谈及"医闹"入刑，需要明确以下两点：首先，"医闹"入刑虽是自 2015 年《刑法修正案（九）》颁布之后被广为讨论的，但并非自《刑法修正案（九）》之后"医闹"行为才被开始纳入刑法的调整范围。早在 2012 年，在《卫生部、公安部关于维护医疗机构秩序的通告》以及《关于依法惩处涉医违法犯罪维护正常医疗秩序的意见》中，就已指出"医闹"等扰乱医疗秩序的行为依法应由《治安管理处罚法》予以处罚的，由公安机关予以处罚；构成犯罪的，依法追究刑事责任。《关于依法惩处涉医违法犯罪维护正常医疗秩序的意见》中同时列举了包括"违规停尸、聚众滋事、非法携带危险物品进入医疗机构、侮辱伤害医务人员"等一系列恶性"医闹"行为。可见，"医闹"一直在"刑"中。其次，也并非所有的"医闹"行为均要入刑，"医闹"行为到底入不入"刑"应当依据其法益侵犯的多寡及程度的不同进行判断，在这里，可以将其区分为"一般违法行为"和"犯罪行为"，前者是指"医闹"行为的社会危害性、人身危险性较小，尚不足以构成犯罪，依法应由《治安管理处罚法》进行惩处。后者是指依法构成犯罪的"医闹"行为，即具有较大社会危害性和人身危险性，触犯我国刑法相关规定并依法应受刑罚处罚的恶性"医闹"行为。

"医闹"入刑，对"医闹"行为确实产生了一定的法律震慑作用。据统计，2016 年，全国医疗纠纷数量较 2015 年下降 6.7%，涉医违法犯罪案件数同比下降 14.1%，各地医疗秩序明显好转，医患双方满意度有所提升。可以说《刑法修正案（九）》将医闹入刑，具有很强的犯罪预防意义。一方面，明确了法律底线，对"医闹"行为的处罚提供了最基本的法律支持。过去对于"医闹"行为的规制主要依赖于政府文件，情节严重的则适用《治安管理处罚法》，这种处罚力度显然无法满足规制"医闹"行为的初衷。直至 2015 年《刑法修正案（九）》的出台，正式将"医闹"纳入刑法管辖范围内，结束了多年来针对"医闹"行为的刑事处罚缺失的这一现状，同时为"医闹"行为设置了最终的处罚底线，充分制止了"医闹"频发的乱象。另一方面，给医患双方的沟通提供一个法律平台，维护了正常的医疗秩序。"有法可依、有法必依"一直以来是我国始终坚持的重要法治理念，"医闹"行为纳入刑法后，自不例外。这种变化极大程度上规避了过去医患关系极端状态下，患方所采取的"医闹"这种过激型处理方式，改变了医患关系极端状态下的沟通缺失，将医患双方拉回到了法律所搭建的平台之上，使医患双方在合法合规的渠道内进行充分的沟通，从而达到维护正常的医疗秩序的目的。

（2）"医闹"入刑后暴力型医疗卫生犯罪治理面临的困境。

第一，司法实践中出现适用难的问题。虽然相较于过去故意杀人罪、故意伤害罪、故意毁坏财物罪、敲诈勒索罪、寻衅滋事罪，聚众扰乱公共场所秩序罪等"医闹"过程中常常涉及的罪名，《刑法修正案（九）》明确将"医闹"行为入刑，使得对于暴力型医疗犯罪行为的规制更加明确化和有针对性。但也让当前"医闹"行为入刑规定的罪名不够丰富，调控范围较为狭窄，定罪条件稍显苛刻，使一些本可以纳入刑法管辖的暴力型医疗犯罪行为脱离了刑事处罚可能性的范围，进而使得《刑法修正案（九）》中的相关规定更多的作用在于提醒和宣传功能，其本来的刑事处罚功能没有充分发挥出来。同时这也让司法者和执法者在调查取证和履行职能的过程中略有迟疑，不愿轻易定罪。

第二，作为事后救济，难以将预防犯罪关口前移。"医闹"行为产生的根源在于医疗纠纷解决的渠道不够完善，导致患者采取非理性的方式维护权益，合理的维权易演变成过激的冲突行为，最终受到刑法处罚。而刑罚的效果只是惩罚相关人员的闹事行为，没有真正为解决医患纠纷提供合理的解决途径，不能从根本上减少"医闹"行为的发生。即"医闹"行为入刑仅仅是作为处罚"医闹"行为的最终方式，若要解决事前预防或初级处罚的问题，还需对预防犯罪的处理方式进行具体化的完善规定，这样才能从根本上缓和医患矛盾，杜绝"医闹"行为的发生。

第三，间接导致医患矛盾的加剧。首先，"医闹"行为入刑将会让患者不敢通过私力救济的方式维护自己的权益。其次，医患关系的矛盾，责任不仅仅在患者，不少医疗人员对闹事的患方也存在误解。《刑法》将"医闹"行为入刑的立场，容易导致患者认为，法律站在了医方的立场，不太可能平等对话、理智协商。这种状态预示了"医闹"入刑应当进一步审慎对待对于该罪的定罪，应做到具体问题具体分析，严惩主观恶性大、社会危害重的"医闹"行为，而对于其他"医闹"行为应当积极探索可替代的处罚手段，以免进一步激化医患矛盾，违背了"医闹"行为入刑的初衷。

2. 暴力型医疗卫生犯罪预防性治理的类型

鉴于针对以上的问题，暴力型医疗卫生犯罪预防性治理可以分为刑事处罚的预防性治理、治安处罚的预防性治理和制度建设的预防性治理三种类型。其中，刑事处罚的预防性治理就是指在对暴力型医疗卫生犯罪行为进行归责时以风险或推定的风险行为作为惩罚根据，且以"关联关系"而非"因果关系"考量行为与结果之间的关系；治安处罚的预防性治理是指通过对暴力型医疗卫生违法行为的处罚及时遏制其转化为犯罪行为；制度建设的预防性治理是指采用法外政策或制度的形式实现对于暴力型医疗卫生违法行为的前置监管和预防。

3. 暴力型医疗卫生犯罪预防性治理的功能

在当代刑法立法领域，预防性立法极为盛行，且已成为一种趋势。预防性立法是基于防范风险和维护安全，让刑法履行公共机制应履行的风险监管职责。在立法技术上，采用超前干预，以先发制人的策略切断严重犯罪发生的路径。实践中，因预防性立法的工具主义价值追求和极强的象征性色彩，导致未坚持刑法立法指导原则，使某些预防型犯罪设置任意性、权宜性、冲动性增强。在此情形下，虽然可能加强了对公民的约束，但是可能会侵害公民的正当权利与自由。

党的十九大报告提出，推进科学立法、民主立法、依法立法，以良法促进发展、保障善治。这是立法认识论的一次巨大跃迁，也是对立法认识论的丰富和发展。刑法是国之重器，其立法更应实现善治和良法之治。中华人民共和国的刑法立法逐步形成了较为完善的刑法体系；刑法立法技术也随着时代进步不断科学化。从立法现状看，刑法立法供给量不足的问题基本上已得到了解决。因此，立法工作的重心应由解决无法可依的数量问题，转向实现良法善治的质量问题。

　　基于以上认识，对医生生命权和健康权的保护亦应走预防性刑事立法的路子，将刑法的功能指向没有实害结果的涉医风险行为，最终实现预防严重涉医犯罪的目标。

　　鉴于暴力杀医、伤医的行为严重挑战道义底线，且具有严重的社会危害性，我国司法机关依法严惩并防范此类犯罪的立场是绝不能动摇的。同时需要看到，刑罚作为处理犯罪的事后手段，对于涉医犯罪的发生虽有一定预防意义，但刑法毕竟是事后法和保障法，其属性决定了对包括涉医犯罪在内的一切犯罪治理的意义都有局限性。对涉医犯罪的有效治理，应重视刑法和其他社会综合治理措施协同并进。司法机关在重视严惩涉医犯罪的同时，应重视积极与卫生健康等相关部门沟通协作，进一步完善医疗纠纷多元化解决机制，更好地从源头上有效预防、减少涉医违法犯罪的发生。

　　（二）暴力型医疗卫生犯罪预防性治理的措施

　　预防暴力型医疗卫生犯罪需要政府、医院和社会的协同配合，从源头上处理好医患纠纷，阻止其进一步发展，对于已经发生的轻微医疗暴力违法行为采取执法部门与医院和社会共治的方式，尽量避免使其发展为犯罪。

　　1. 防范和处理医患纠纷的措施

　　医患纠纷是引发医疗暴力的根源，因此暴力型医疗卫生犯罪的预防应首先从防范和处理医患纠纷下手。作为监管者的政府，应当从完善《医疗事故处理条例》统一医疗损害赔偿责任和完善医疗事故处理程序相关规定、完善《民法典》有关医疗赔偿的规定、建立我国的医疗责任险计划并丰富医疗责任险险种设置以及建立较为完善的医疗风险分担配套体系等方面入手，发挥政府功能，不断优化监管层面的医患纠纷防范和处理机制。医院应当构建医疗机构内外联动的医疗风险防控体系。首先，优化整合各个医疗机构内部原有的医务处、医患沟通办公室原有的医疗纠纷处置功能，专门设置医疗风险处置办公室，统筹负责医疗风险防范、医患沟通培训、医事法学基本知识培训、医疗纠纷应急处置、医疗责任赔付等工作，将所有医疗风险相关的预防和处置功能进行统一管理。其次，在医疗机构内部设立医疗风险防范和处置专家委员会，该委员会应当由医学专家、法律专家和保险专家共同组成，主要负责医疗风险防范和处置过程中难以解决的问题或重大事项。最后，医疗机构应当在已同机构外专业医疗纠纷相关律师事务所建立长期顾问关系的基础之上，还要同机构外第三方调解机构和医疗责任险相关专业保险公司建立长期顾问关系，从而整合建立机构外医疗风险防范和处置顾问团队，以配合医疗机构开展机构内医疗风险防范和处置工作。通过医疗机构内部医疗风险防范和处置工作的内外联动机制，做到医疗风险发生前做好预防和规避工作，医疗风险发生后做好处置和赔付工作。作为舆情的主战场，全社会则应当在加强正确的舆论引导的前提下，加强医疗风险处置人才队伍建设。医疗风险发生后，仅仅依靠医学人才是远远不够的，还需要法律人才、保险人才的共同参与才可以妥善解决医疗风险出现后所涉及的一系列医患调解、法律责任、责任险赔付问题。因此，一方面，应当加强医疗机构内部医疗风险防范和处置的人员科学配置和人才队伍建设，医疗机构内部的医疗风险处置办公室应当以具有医学、法学（尤其是医事法学）、保险学背景的人员构成为主，同时定期对相关人员进行医疗风险防范和处置相关知识的培训和考核，以保证其开展相关工作的能力和水平。另一方面，国家应当对医疗机构外的第三方调解机构提供一定的经费支持，同时设立调解员专业资格考试，并定期组织调解员培训，在保证第三方调解机构的正常运转的同时不断提升调解员队伍的业务水平和专业素质，从而改变之前医疗风险调解在公众心目中的"鸡肋"印象，尽量把医疗纠纷解决在调解阶段，而非诉讼阶段。

2. 防范轻微医疗暴力的措施

对于已经发生但情节较为轻微尚不构成犯罪的暴力医疗行为，医院和社会应发挥联动作用，加强主体责任意识，共防共治。医院作为保障医务人员安全的第一责任人，需要承担起防范涉医安全风险的主体责任，并在防范处置工作上有所创新。医院应当针对涉医安全事件建立分级处置机制，并设计以三级应急响应为基础的应急预案，同时制定保障应急预案有效实施的具体措施，以落实国家法律法规和政策精神，实现精准有效管理，切实保障医院安全秩序。社会应当从积极发挥媒体舆论正面引导功能、建立警民联动机制、培育发展弱势群体救助组织等多样的方式配合医院对轻微医疗暴力行为实施全方位防范。

3. 处理轻微医疗暴力的措施

对于轻微医疗暴力的处理，鉴于刑法谦抑性的特点，是无法实现前置处理的，因此仍需要发挥《治安管理处罚法》的最大功用。《治安管理处罚法》对"医闹"的规定分散于第三章违反治安管理的行为和处罚的各条款。经整理归纳包括以下几种行为：①扰乱机关、团体、企业、事业单位秩序，致使工作、生产、营业、医疗、教学、科研不能正常进行，尚未造成严重损失的；②追逐、拦截他人的；③强拿硬要或者任意损毁、占用公私财物的；④非法携带枪支、弹药或者弩、匕首等国家规定的管制器具进入公共场所或者公共交通工具的；⑤非法限制他人人身自由、非法侵入他人住宅或者非法搜查他人身体的；⑥阻碍执行紧急任务的消防车、救护车、工程抢险车、警车等车辆通行的；⑦在公共场所停放尸体或者因停放尸体影响他人正常生活、工作秩序，不听劝阻的；⑧殴打他人的，或者故意伤害他人身体的。由此可见，"医闹"行为的表现形式，在《治安管理处罚法》中，既有高度抽象概括的描述，也有具体精确的描述。其中，在医院停放尸体，非法限制医疗卫生人员的人身自由，追逐、拦截、殴打或故意伤害医疗卫生人员，任意损毁、占用公私财物，非法携带国家规定的管制器具进入医疗卫生机构，阻碍执行紧急任务的救护车通行等，都是"医闹"行为的典型表现形式。

（三）暴力型医疗卫生犯罪预防性治理的实效

自 2016 年以来我国重拳出击，陆续出台了一系列针对暴力型医疗卫生犯罪的预防性治理措施和政策，同时相应的修订、出台和完善了多部相关法律法规，从治理实效的角度来考察，近年来确实取得了较好的效果。

1. 矛盾发生率角度的考察

自"医闹"入刑后，对"医闹"行为确实产生了一定的法律震慑作用。各部门通力合作，通过加强法治建设、完善制度政策、实施专项行动，开展督导考核等多项措施，全国医疗纠纷和涉医刑事案件、治安案件明显减少，医疗纠纷数量和涉医违法犯罪案件数量实现连续三年"双下降"的良好势头，医务人员执业环境和医院就诊秩序得到明显改善。据统计，2016 年，全国医疗纠纷数量较2015 年下降 6.7%，涉医违法犯罪案件数同比下降 14.1%。[1] 各地医疗秩序明

---

〔1〕《关于维护医疗秩序构建和谐医患关系工作情况的通报——最高人民法院、国家卫生计生委新闻通气会材料》，载中国政府网，http://www.nhc.gov.cn/ylyjs/s3590/201702/7396aea595874e488ac2cb310ebc5bf2.shtml，最后访问时间：2023 年 5 月 7 日。

显好转，医患双方满意度有所提升。

2. 公众满意度角度的考察

"医闹"入刑后，获得的叫好声不断，但也并非所有人对这一举措感到满意，比如之前习惯了用私力救济方式处理纠纷的患者群体。首先，"医闹"入刑将使患者不敢通过私力救济的方式维护自己的权益。其次，医患关系的矛盾，责任不仅仅在患者，不少医疗人员对闹事的患方也存在误解。但是《刑法》将"医闹"入刑的立场，容易导致患者认为，法律站在了医方的立场，不太可能平等对话、理智协商。这种状态预示了"医闹"入刑应当进一步审慎对待对于该罪的定罪，做到具体问题具体分析，严惩主观恶性大、社会危害重的"医闹行为"，而对于其他"医闹"行为则不敢"越雷池半步"，以免进一步激化医患矛盾，但这显然不太符合"医闹"入刑的初衷。

3. 医疗卫生秩序形塑角度的考察

"医闹"行为产生的根源在于医疗纠纷解决的渠道不够完善，导致患者可能采取非理性的方式维护权益，合理的维权易演变成过激的冲突行为，最终受到刑法处罚。而刑罚的效果只是惩罚相关人员的闹事行为，没有真正为解决医患纠纷提供合理的解决途径，不能从根本上减少"医闹"行为的发生。即"医闹"入刑仅仅是作为处罚"医闹"行为的最终方式，暂无法解决事前预防或初级处罚的问题，也就是说，"医闹"入刑作为一种事后救济，难以将预防犯罪关口前移。这种形式仅解决了"医闹"行为发生后的处理问题，而产生"医闹"行为的前置预防效果并不理想，进而也就无法起到维护医疗卫生秩序的最终目标。

（四）影响暴力型医疗卫生犯罪预防性治理的因素

虽然目前我国已在各个方面陆续作出了一系列的针对暴力型医疗卫生犯罪的预防性治理措施，但从时间上来看收效不大，主要有政策、机制和个体三个层面的因素。

1. 政策层面的影响

值得肯定的是，近年来我国针对暴力型医疗卫生犯罪的预防陆续出台了一系列政策措施，覆盖范围较为广泛。这些政策从多个维度出发，致力于构建起一道坚实的防线。尽管政策体系逐步完善，但对于相关政策的宣传力度还有待提升。许多公众甚至部分医护人员对这些政策并不十分了解，所以政策在实施过程中没有充分发挥其应有的效力。公众由于不了解政策中关于医疗纠纷处理的正规途径，在遇到问题时可能因缺乏正确引导而采取极端暴力手段。医护人员若对政策赋予他们的权益保护措施不清楚，在面对潜在暴力威胁时，也无法有效运用政策武器来维护自身安全。

此外，政策的执行力度同样不容忽视。虽然在一些地区有完善的政策规定，但在实际执行过程中，由于各种原因出现打折扣的现象。例如，某些医疗机构安保配备未达到政策要求，但未受到相应的监督与整改，使得政策的防护网出现漏洞。同时，不同部门之间在政策执行过程中的协同性需加强，否则影响了政策的整体效果。卫生部门、公安部门、司法部门等在处理暴力型医疗卫生犯罪相关事务时，若缺乏有效的沟通与协作，会导致案件处理不及时、不顺畅，无法形成对犯罪行为的有效打击合力。

2. 个体层面的影响

医患之间的矛盾和纠纷甚至升级后的暴力事件背后，实际上潜藏着医患双方自身因素的影响。作为医生，救死扶伤是天职亦是医学伦理的基本原则，甚至被上升为法条，但并非从事医生职业的人均具有崇高的医德和医学人文精神。同时，由于我国医疗资源的不够均衡，使得大批患者纷纷涌向大医院和名医生，这就导致大医院和名医生的诊疗压力陡增，必然产生巨大的心理压力。而患者本身就带着对就诊医院和医生过高的心理预期，而当诊疗效果无法令其满意，再加上医生由于巨大压力而出现的言语不当，进而就会让医患之间的不理解甚至矛盾加剧。

3. 机制层面的影响

解决任何问题均需要一个成熟稳定的治理机制的支撑，就目前暴力型医疗卫生犯罪的预防性治理状况来看，若要达到这个要求还需努力。一方面，缺少医患矛盾预防的成熟治理体系，医院、社会和政府均仅在各自的职责范围内按部就班，缺少相互合作、联动协调的意识和模式，难以实现治理的最佳效果。另一方面，在暴力型医疗卫生犯罪行为发生后，医院、社会和政府亦缺少低成本、高效率的调查处理机制，在事件的处理过程中，往往会在某一个调查处理环节出现延迟或断档，从而不断提升处理成本、降低处理效率，进而引发医患双方的二次不满甚至矛盾。

（五）完善暴力型医疗卫生犯罪预防性治理的对策

《基本医疗卫生与健康促进法》该法是我国卫生健康领域的第一部基础性、综合性法律，对完善卫生健康法治体系，引领和推动卫生健康事业改革发展，加快推进健康中国建设，保障公民享有基本医疗卫生服务，提升全民健康水平等方面具有十分重大的意义。由于该法在卫生法体系中处于基本法的地位，自然毫不例外地对于医疗卫生犯罪的预防和治理做出了具体、明确的规定，也为该领域的相关法治工作指明了方向。

《基本医疗卫生与健康促进法》将医患双方的相关道德要求和义务纳入法律，以进一步处理因法律规定相对模糊而产生较大争议的医患问题。如第33条明确了公民的就诊义务，要求公民就诊时应当遵守相关制度和秩序及尊重医务人员；第46条明确了医疗机构为公共场所，并提出了任何组织或者个人不得扰乱其秩序的禁止性规定；第51条强调了医务人员的职业精神，要求相关机构应加强对医务人员的医德医风教育；第69条强调了公民是自己健康的第一责任人，鼓励其主动学习健康知识，提高健康素养，加强健康管理，以进一步缩小同医务人员之间因医学信息掌握的严重不对称所导致的不理解或误会等。通过以上一系列相关规定，一方面，尽最大可能地将导致医患矛盾的前期因素以法条规定的形式予以约束和规范，从而规避了普通医患纠纷进一步发展为"医闹"；另一方面，为"医闹"行为发生后，进一步的区分法律责任性质、划分法律责任边界、确定法律责任主体铺垫了医患双方前期法理上的相关权利和义务。

该法对医疗卫生领域的违法犯罪的法律责任亦作出了详细规定。其第105条规定："违反本法规定，扰乱医疗卫生机构执业场所秩序，威胁、危害医疗卫生人员人身安全，侵犯医疗卫生人员人格尊严……构成违反治安管理行为的，依法给予治安管理处罚。"其第106条规定："违反本法规定，构成犯罪的，依法追究刑事责任；造成人身、财产损害的，依法承担民事责任。"这两条包括了"医闹"的行政责任、刑事责任以及民事责任。

由以上规定可以看出，《基本医疗卫生与健康促进法》中的"医闹"行为，包括扰乱医疗卫生机构执业场所秩序、威胁危害医疗卫生人员人身安全、侵犯医疗卫生人员人格尊严等，其行为方式没有超出《治安管理处罚法》规定的范围，并且未单独设置治安处罚，而是适用《治安管理处罚法》，构成犯罪的，适用

《刑法》。也就是说，《基本医疗卫生与健康促进法》确认了针对"医闹"入刑的法律适用，应以《治安管理处罚法》为主要手段，以《刑法》为最终手段的理念。基于该理念，对于将"医闹"行为作为典型的暴力型医疗卫生犯罪的预防性治理已然成为未来的主要发展方向，同时就具有了诸多亟待我们深入思考和进一步研究的必要性。

上述规定，为解决治安处罚与刑事处罚的衔接提供了法律依据。但是在具体的实操中，两部法律的衔接还需要制定具体的治安处罚和刑法处罚的衔接办法或规范予以指导。当然，和谐医患关系的构建除了需要完善法律法规、规章制度之外，还需要医患双方在加强沟通和理解、增强法律意识、建立医疗机构内部应急管理机制、出台医疗机构安全秩序管理规定等方面做进一步的完善和补强，才能够配合相关法律和规章制度良好运行并最终建立起完整的针对暴力型医疗卫生犯罪的预防性治理机制。

1. 完善和落实国家医疗卫生政策

地方应依据《基本医疗卫生与健康促进法》的精神出台相关医院安全秩序管理规定。《基本医疗卫生与健康促进法》为地方制定医院安全秩序管理的规定提供了法律依据。各地应当根据《基本医疗卫生与健康促进法》，适应本行政区域的医疗卫生事业发展现状，制定医院安全秩序管理行政规章，明确医院安全秩序的各项职责及其责任主体，使医院的安全秩序管理有法可依。医院安全秩序管理行政规章应当遵循预防为主、综合治理、依法处置等原则。首先加强医院安全防护，做好风险防范，从源头上预防"医闹"等恶性医患纠纷的发生；其次早期介入、综合处置，将医患纠纷控制在可调和范围内，防止其向恶性医闹转化；最后对于"医闹"等违法犯罪行为，应当依法通过法律途径惩治。

2. 加强法治教育

《基本医疗卫生与健康促进法》明确规定："公民接受医疗卫生服务，应当遵守诊疗制度和医疗卫生服务秩序，尊重医疗卫生人员。""医疗卫生机构执业场所是提供医疗卫生服务的公共场所，任何组织或者个人不得扰乱其秩序。"同时该法明确规定："医疗卫生人员应当弘扬敬佑生命、救死扶伤、甘于奉献、大爱无疆的崇高职业精神，遵守行业规范，恪守医德，努力提高专业水平和服务质量。""医疗卫生机构、医疗卫生人员应当关心爱护、平等对待患者，尊重患者人格尊严，保护患者隐私。"基于《基本医疗卫生与健康促进法》的上述规定及其他相关法律法规，应当在医疗卫生人员中加强医德与法治教育，在执业活动中尊重、关心患者，严格遵守操作规范，才能最大程度避免医患纠纷的发生，当"医闹"行为发生时，也能够通过法律手段维护自身权利。同时应当在全社会加强科学普及与法治宣传。让公民认识到自己是健康的第一责任人，树立正确的生命观，对医疗卫生服务的结果抱有合理期待，不因对治疗疾病的结果不满就采取"医闹"行为。加强法治宣传，使患者知晓自己在医疗卫生服务中的权利、义务，以及"医闹"的法律后果等，增强患者的法治意识。

医疗机构和医务人员在一切医疗活动中必须将医疗安全放在首位，时刻注意防范纠纷、事故的发生，积极而慎重地处理每一个病人，力避各种可能发生纠纷的原因和隐患，才能切实做到"不出事"。医务人员和医疗单位必须从自身做起，时刻保持清醒头脑，针对各种发生纠纷的医源性因素采取有力的防范措施，要加强医德修养，改善服务态度，做到文明廉洁行医；要严格执行关键性医疗制度。诊疗护理常规和执业医师法、药品管理法。有关院内感染管理、耳毒性药物使用规范等各种法律法规；要树立"一切以病人为中心"的服务理念，加强工作责任心，主动、热情地为患者服务、与患者沟通。实践证明，大量的医疗纠纷是由于医患双方缺乏沟通与理解，所以医务人员与患者及其家属的沟通十分必要，要以法治意识和人性化理念加强与患者的沟通，要在疾病的病情、预后、诊疗措施乃至医疗收费等方面作好交代与说明，充分给予患者知情同意权，保护患者的隐私权。同时注意对患者做好保护性医疗：通过沟通建立融洽的医患关系，要强化"三基""三严"的基本功训练，努力提高诊疗技术水平；要强化教育和管理，认真组织学习各种医疗卫生法律法规和《医疗事故处理条例》，使所有医务人员懂得"为了病人，也为了自身，必须时刻注意医疗安全"和"如何确保医疗安全"。总之，要以良好的医德医风、主动的联络沟通、规范的执业行为、优质的医疗服务取得患者的信赖和理解，最大限度地减少医疗差错、医疗纠纷，杜绝医疗事故的发生。

3. 健全治理机制

医疗系统应当建立针对医闹或其他恶性医患纠纷的应急管理体制。对于"医闹"的法律制裁，是一种事后惩罚，虽然可以一定程度上遏制"医闹"的发生，但仍是一种滞后性的处理机制。建立针对"医闹"的应急管理机制，能够从事前、事中、事后全程性应对"医闹"，为医院有效预防和处理"医闹"提供了一种可行路径。医院可设立医院关系办公室，承担医患纠纷的应急管理职责。卫生健康部门应当指导、监督医院建立安全保卫、风险管理、应急管理机制，有效防范和处置"医闹"等恶性医患纠纷。完善治安处罚机制，切实发挥《治安管理处罚法》或其他法律作用，健全轻微医疗暴力处理机制就成为重中之重。

就《治安管理处罚法》来讲，其主要功能应定位于通过对暴力型医疗卫生违法行为的处罚及时遏制其转化为犯罪行为的前期预防性治理。而其关于暴力型医疗卫生违法行为仅限于第43条有关殴打和故意伤害等行为，其调控范围极其有限。随后最高人民法院、最高人民检察院、公安部、司法部、原国家卫生计生委出台了《关于依法惩处涉医违法犯罪维护正常医疗秩序的意见》，其进步之处主要体现在两个方面：一是对于暴力型医疗卫生犯罪适用《治安管理处罚法》给予了一定的指导；二是除有关殴打和故意伤害等行为之外，进一步明确了在医疗机构私设灵堂、摆放花圈、焚烧纸钱、悬挂横幅、堵塞大门或者以其他方式扰乱医疗秩序、以不准离开工作场所等方式非法限制医务人员人身自由、公然侮辱、恐吓医务人员、非法携带枪支、弹药、管制器具或者爆炸性、放射性、毒害性、腐蚀性物品进入医疗机构、故意扩大事态，教唆他人实施针对医疗机构或者医务人员的违法犯罪行为，或者以受他人委托处理医疗纠纷为名实施敲诈勒索、寻衅滋事等行为的处理意见。上述两点对于扩大《治安管理处罚法》的调控范围、增进《治安管理处罚法》和《刑法》之间的法律衔接起到了一定的积极作用。但就《关于依法惩处涉医违法犯罪维护正常医疗秩序的意见》出台后的实际实施效果来看，对于遏制群体医闹、打砸科室等违法犯罪的恶性事件的发生发挥了积极的作用，而对拳脚相伤、口头争吵等一般的医患冲突现象的遏制作用较为有限。总体来看，其在解决司法实践中两部法律针对暴力型医疗卫生犯罪的法律边界问题和增进法律衔接方面，并未发挥实际有效的作用。

因此，当前亟须出台一部针对性强和可操作性强的具体的暴力型医疗卫生犯罪适用法律规范或司法解释，实现两部法律针对暴力型医疗卫生犯罪预防性治理的无缝衔接。因为绝大部分"医闹"行为都是出于维权的目的，主观恶意轻、情节程度轻、造成损失较小，对于这种类型的"医闹"，相关适用规范应明确规定相关行为适用《治安管理处罚法》，给予治安处罚足以与其行为性质和程度相匹配。同时，明确暴力型医疗卫生犯罪适用《刑法》的具体标准，从罪名和情节等方面的标准严控暴力型医疗卫生犯罪的定罪量刑。由此，最大程度上实现《治安管理处罚法》基于处罚范围广的特点，能够更多地发挥法律的惩罚、威慑和教育功能，对于"医闹"的预防能够起到前期的预防性治理作用；同时客观上确立了《刑法》作为处罚暴力型医疗卫生犯罪最终手段的定位，从而使两部法律在暴力型医疗卫生犯罪领域能够实现各司其职、各安其位。这样也就解决了处罚"医闹"行为适用法律边界不清的问题，扩大了处罚"医闹"行为的法律调控范围，最大程度上避免了患方群体对于当前法律的不信任情绪。

▶ **第七章**

经营型医疗卫生犯罪的犯罪治理研究

一、经营型医疗卫生犯罪概述

（一）经营型医疗卫生犯罪的界定

经营型医疗卫生犯罪不是一个具体的罪名，而是对某一类型的统称，如若想要对经营型医疗卫生犯罪展开研究，应先对经营型医疗卫生犯罪进行界定。经营型医疗卫生犯罪有广义和狭义之分，广义的经营型医疗卫生犯罪是指存在经营行为的与医疗卫生活动有关的犯罪，如果将这些犯罪行为都纳入本书的讨论中来，如医疗卫生企业涉税类的犯罪案件、知识产权类的犯罪案件等，则范围太广。因此本书仅探讨狭义的经营型医疗卫生犯罪。

根据经营型医疗卫生犯罪的特点，对其进行如下界定：经营型医疗卫生犯罪，是指行为人在市场经济运行过程中，为了谋取不法利益，违反国家经济法规和刑事法律，损害不特定多数被害人的生命健康利益，破坏社会主义市场经济秩序或国家对医疗卫生工作的管理制度，依照刑法应受刑罚处罚的一类犯罪的统称。

（二）经营型医疗卫生犯罪的分类

根据领域不同，可以将经营型医疗卫生犯罪分为三类，即药品犯罪、卫生犯罪和医疗犯罪。从医药领域来看，药品犯罪包括 3 个罪名，分别为生产、销售、提供假药罪；生产、销售、提供劣药罪；妨害药品管理罪。从公共卫生领域来看，卫生犯罪包括 4 个罪名，分别为生产、销售不符合安全标准的食品罪；生产、销售有毒、有害食品罪；生产、销售不符合标准的医用器材罪；生产、销售不符合卫生标准的化妆品罪。从医疗领域来看，医疗犯罪包括一个罪名，即非法经营罪。

(三) 经营型医疗卫生犯罪的成因

经营型医疗卫生犯罪之所以如此猖獗，必有其内在的原因。深入剖析各地经营型医疗卫生犯罪案件，可以从经济原因、社会原因、法律原因三方面来进行分析。

1. 经营型医疗卫生犯罪发生的经济原因

改革开放以后，追求价值的最大化成为市场经济下的目标。在追求经济价值最大化的过程中，一些市场经济活动主体不惜采用非法手段来获取巨大的经济利益。此时，如果国家对于市场经济的管理不够严格，或者一些市场经济管理制度不够完善，那么就很有可能会发生采取非法手段来获取经济利益的行为，其中便包括经营型医疗卫生犯罪的行为。当今我国繁荣的市场经济，在客观上为经营型医疗卫生犯罪提供了经济基础，也为经营型医疗卫生犯罪行为的实施提供了现实可能性。

2. 经营型医疗卫生犯罪发生的社会原因

医疗卫生知识是较为专业的知识，对于药品、化妆品、医疗器材等医疗卫生用品的鉴别，并不是仅通过外观就能对其加以准确判断其真假及功效。市场经济下，各种商品种类繁多，民众的购物方式也更加多样，但民众对于医疗卫生专业知识没有更深入的了解，在当前社会诚信局部缺失的大环境下，熟人之间相互推荐的作用有时会大于专业机构人员的专业建议，民众仅仅是通过自己的感觉或者是他人的宣传，就会产生买来试试的想法。此外，由于医疗技术还具有一定的局限性，并不能根治所有疾病，因此一些患者在久病不愈的情况下，就将希望寄托在一些所谓的"秘方"和"特效药"之上，而不法分子也正是抓住了患者的这种心理，在宣传中常常以"特效"和"秘方"为幌子实施违法行为，这也是经营型医疗卫生犯罪发展的一个重要原因。

公安部门的刑事打击手段是治理经营型医疗卫生犯罪的最后一道防线，社会行政部门承担着前期防控和监管的职责。但是可以发现，在实践中，相关部门对于经营型医疗卫生犯罪的监管和防范工作还不够到位。首先是相关部门的职责分配并不明确。经营型医疗卫生犯罪通常需要不同领域的主体共同进行监管。如果各个主体的具体职责还没有明确，那么就会出现职能交叉的现象，同时会出现无头管理和相互推诿的问题。其次是各部门目前的监管理念还较为陈旧，视野较狭窄，自成体系、独立作战，缺乏部门与部门之间的合作。即使是部门之间相互联合，其联合效率也比较低、联合力度比较弱。其他行政部门与行政执法部门和司法部门之间的信息沟通还不够紧密、及时，导致犯罪分子可以轻易获取公共信任，并以此为基础实施犯罪。

宣传对消费者的消费观念的影响作用很大，甚至可以通过宣传改变或决定消费者的消费行为。如今是信息化的时代，信息交换的速度快，网络上的各种信息多而杂。不法分子利用这种特点达成犯罪目的，制造出各种虚假的消费信息，导致消费者出现各种错误的消费观念。其实这种虚假宣传不一定需要过多的技术含量，只要这种错误的暗示不断出现在消费者周围，重复引导和提示消费者，就能在无形之中对消费者产生很大的影响，致使消费者做出不理性消费的行为。如果对于医疗卫生知识的宣传和教育不到位的话，则消费者很有可能会掉入不法分子所设计的陷阱之中。宣传不到位主要表现在两个方面：一是政府作为不到位；二是自媒体作为不到位。对于政府作为不到位，让虚假广告、虚假信息占据了主导地位，那么打击经营型医疗卫生犯罪的工作将很难顺利进行。消费者最容易获得信息的网络路径有常见的几种方式，如微信、QQ、各种搜索引擎等，但是实践中有很多不法分子通过这些渠道来宣传有关医疗卫生的虚假信息，但是政府关于促进合法购药用药和打击违法广告、严惩制假售假的宣传比较非常少，由此可见，政府的净网行动工作还有待进一步的加强。对于自媒体作为不到位，在信息化时代，每个人都是信息的传播者。但是，一些自媒体为了盲目追求点击率和关注度，往往会哗众取宠，违背实事求是的基本准则。一些自媒体发布的对于有关医疗卫生信息的报道会进行夸张的和虚假性的宣传，而这种报道又比较容易吸引消费者的注意，但是这种报道并不是真实的，虽然引发了关注，但是引导并不是正确的，反而打击了消费者信心，制造不必要的恐慌。

3. 经营型医疗卫生犯罪发生的法律原因

在查处案件的过程中，有时执法人员查处一些案件非常困难，在打击犯罪的过程中，存在着打击不及时、打击效率低的问题。打击经营型医疗卫生犯罪要求公安侦办人员具有一定的医药专业知识和办案经验。否则，没有打击医疗卫生犯罪经验的民警很难分辨医疗卫生商品的真假，对案件的敏锐性也会随之降低。经营型医疗卫生犯罪案件串并案多发，为了打掉一个犯罪团伙，往往前期需要进行许多工作，整个办案周期较长，动用的警力较多。而且，当遇到警惕性较高的犯罪分子时，案件的线索容易被打断，影响打击效果。

虽然我国目前维护市场经济运行的相关法律法规数量相当可观，但是这些法律法规在立法技术上还可以更精致，提高各法律法规之间的协调性，避免影响整体的调控能力。而有些法律法规的操作性应加强，有的法律法规在规范设计上应填补空白，防止一些生产销售伪劣产品行为处于失范状态，影响法律调控的效果。我国法律法规对经营型医疗卫生犯罪行为法律责任的规定，一般都是以经济处罚为主，对经营型医疗卫生犯罪行为处罚力度较轻，使不法分子敢于铤而走险。就此而言，我国相关法律法规对经营型医疗卫生犯罪行为的调控力度应加大，不为经营型医疗卫生犯罪留下生存和发展的空间。

二、经营型医疗卫生犯罪的惩罚性治理

(一) 经营型医疗卫生犯罪惩罚性治理的政策梳理

医疗卫生安全关系人民群众身体健康和生命安全，关系着民族的未来。一直以来，党中央高度重视我国的医疗卫生安全，对医疗卫生监管工作作出一系列重大决策部署，健全我国的医疗卫生法制体系，严厉打击各类经营型医疗卫生犯罪行为，惩治经营型医疗卫生犯罪行为。

2011年11月8日，党的十八大召开后，以习近平同志为核心的党中央坚持以人民为中心的发展思想，从党和国家事业发展全局、实现中华民族伟大复兴中国梦的战略高度，把食品安全工作放在"五位一体"总体布局和"四个全面"战略布局中统筹谋划部署，在体制机制、法律法规、产业规划、监督管理等方面采取了一系列重大举措。各地区和各部门认真贯彻党中央、国务院决策部署，食品产业快速发展，安全标准体系逐步健全，检验检测能力不断提高，全过程监管体系基本建立，重大食品安全风险得到控制，人民群众饮食安全得到保障，食品安全形势不断好转。

2013年11月12日，党的十八届三中全会通过了《中共中央关于全面深化改革若干重大问题的决定》，指出要完善统一权威的食品药品安全监管机构，建立最严格的覆盖全过程的监管制度，建立食品原产地可追溯制度和质量标识制度，保障食品药品安全。深化安全生产管理体制改革，建立隐患排查治理体系和安全

预防控制体系，遏制重特大安全事故。健全防灾减灾救灾体制。加强社会治安综合治理，创新立体化社会治安防控体系，依法严密防范和惩治各类违法犯罪活动。

2015年5月29日，习近平总书记在中共中央政治局第二十三次集体学习时强调，公共安全连着千家万户，确保公共安全事关人民群众生命财产安全，事关改革发展稳定大局。要切实抓好社会治安综合治理，坚持系统治理、依法治理、综合治理、源头治理的总体思路，一手抓专项打击整治，一手抓源头性、基础性工作，创新社会治安防控体系，优化公共安全治理社会环境，着力解决影响社会安定的深层次问题。要切实抓好安全生产，坚持以人为本、生命至上，全面抓好安全生产责任制和管理、防范、监督、检查、奖惩措施的落实，细化落实各级党委和政府的领导责任、相关部门的监管责任、企业的主体责任，深入开展专项整治，切实消除隐患。要切实加强食品药品安全监管，用最严谨的标准、最严格的监管、最严厉的处罚、最严肃的问责，加快建立科学完善的食品药品安全治理体系，坚持产管并重，严把从农田到餐桌、从实验室到医院的每一道防线。2015年10月，党的十八届五中全会提出了"推进健康中国建设"战略，党的十九大明确指出"实施健康中国战略"，凸显了党中央、国务院维护和促进人民群众健康的坚定决心。持续改进质量，保障患者安全，为人民群众提供安全优质的医疗服务。[1]

2016年10月25日，中共中央、国务院印发《"健康中国2030"规划纲要》对保障食品药品安全和完善公共安全体系提出明确要求，要深化药品（医疗器械）审评审批制度改革，研究建立以临床疗效为导向的审批制度，提高药品（医疗器械）审批标准。加快创新药（医疗器械）和临床急需新药（医疗器械）的审评审批，推进仿制药质量和疗效一致性评价。完善国家药品标准体系，实施医疗器械标准提高计划，积极推进中药（材）标准国际化进程。全面加强药品监管，形成全品种、全过程的监管链条。加强医疗器械和化妆品监管。

2017年10月8日，中共中央办公厅、国务院办公厅印发《关于深化审评审批制度改革鼓励药品医疗器械创新的意见》，为药品监管改革进一步指明了方向。

---

〔1〕 刘兰辉：《从〈国家医疗服务与质量安全报告〉看医疗质量持续改进》，载《中国卫生质量管理》2020年第1期。

2017 年 10 月 18 日，党的十九大报告明确提出实施食品安全战略，让人民吃得放心。〔1〕这是党中央着眼党和国家事业全局，对食品安全工作作出的重大部署，是决胜全面建成小康社会、全面建设社会主义现代化国家的重大任务。

2018 年 8 月 16 日，中共中央政治局常务委员会召开会议，听取关于吉林长春长生公司问题疫苗案件调查及有关问责情况的汇报。中共中央总书记习近平主持会议并发表重要讲话。会议强调，疫苗关系人民群众健康，关系公共卫生安全和国家安全。这起问题疫苗案件是一起疫苗生产者逐利枉法、违反国家药品标准和药品生产质量管理规范、编造虚假生产检验记录、地方政府和监管部门失职失察、个别工作人员渎职的严重违规违法生产疫苗的重大案件，情节严重，性质恶劣，造成严重不良影响，既暴露出监管不到位等诸多漏洞，也反映出疫苗生产流通使用等方面存在的制度缺陷。要深刻汲取教训，举一反三，重典治乱，去疴除弊，加快完善疫苗药品监管长效机制，坚决守住公共安全底线，坚决维护最广大人民身体健康。要完善法律法规和制度规则，明晰和落实监管责任，加强生产过程现场检查，督促企业履行主体责任义务，建立质量安全追溯体系，落实产品风险报告制度。会议要求，各级党委和政府要落实习近平总书记的重要指示精神，深刻认识药品安全的敏感性和重要性，深刻汲取教训，落实监管责任，坚持疫苗质量安全底线。〔2〕

2019 年 5 月 9 日，《中共中央、国务院关于深化改革加强食品安全工作的意见》提出，我国食品安全工作仍面临不少困难和挑战。要坚持依法监管。强化法治理念、健全法规制度、标准体系，重典治乱，加大检查执法力度，依法从严惩处违法犯罪行为，严把从农田到餐桌的每一道防线。对于食品安全犯罪行为，要实行最严厉的处罚。要完善法律法规、严厉打击违法犯罪、加强基层综合执法、强化信用联合惩戒。〔3〕

〔1〕 参见《习近平：决胜全面建成小康社会 夺取新时代中国特色社会主义伟大胜利——在中国共产党第十九次全国代表大会上的报告》，载中国政府网，https：//www.gov.cn/zhuanti/2017-10/27/content_5234876.htm，最后访问时间：2024 年 6 月 1 日。

〔2〕 参见《中共中央政治局常务委员会召开会议 听取关于吉林长春长生公司问题疫苗案件调查及有关问责情况的汇报 中共中央总书记习近平主持会议》，载中国政府网，https：//www.gov.cn/xinwen/2018-08/16/content_5314441.htm，最后访问时间：2024 年 6 月 1 日。

〔3〕 参见《中共中央 国务院关于深化改革加强食品安全工作的意见》，载中国政府网，https：//www.gov.cn/zhengce/2019-05/20/content_5393212.htm，最后访问时间：2024 年 6 月 1 日。

2020年5月11日，中共中央、国务院公布《中共中央、国务院关于新时代加快完善社会主义市场经济体制的意见》，从九方面提出具体意见，其中在"创新政府管理和服务方式，完善宏观经济治理体制"方面明确，要"构建适应高质量发展要求的社会信用体系和新型监管机制""以食品安全、药品安全、疫苗安全为重点，健全统一权威的全过程食品药品安全监管体系"。[1]

（二）经营型医疗卫生犯罪惩罚性治理的立法考察

1. 经营型医疗卫生犯罪的立法沿革

在我国社会主义市场经济体制建立和不断完善的过程中，经营型医疗卫生犯罪行为也日益肆虐，健全对经营型医疗卫生犯罪的刑法调控机制，以保全消费者的合法权益、维护市场经济秩序、促进社会和谐等成为时代的强烈诉求。在这种背景下，经营型医疗卫生犯罪立法经过多次修改完善。一方面反映出国家对民生的重视，对经营型医疗卫生犯罪打击的重视；另一方面反映该类犯罪的特殊性、复杂性远远超越了立法的前瞻性。

我国对经营型医疗卫生犯罪行为的刑事管制体现了从无罪到入罪的过程。我国1979年《刑法》中并没有明确规定任何与医疗卫生安全有关的罪名，在司法实践中，对于严重危及医疗卫生安全的行为，有必要追究刑事责任的，大部分情况下是将其以投机倒把罪论处。为了预防和惩治医疗卫生犯罪行为对人们生命健康权利的侵害，我国1979年《刑法》第164条规定了"制造、贩卖假药罪"，即以营利为目的，制造、贩卖假药危害人民健康的，处2年以下有期徒刑、拘役或者管制，最高刑期可以判处7年有期徒刑。1982年《中华人民共和国食品卫生法（试行）》（已失效）第41条规定："违反本法，造成严重食物中毒事故或者其他严重食源性疾患，致人死亡或者致人残疾因而丧失劳动能力的，根据不同情节，对直接责任人员分别依照中华人民共和国刑法第一百八十七条、第一百一十四条或者第一百六十四条的规定，追究刑事责任……"1985年《最高人民法院、最高人民检察院关于当前办理经济犯罪案件中具体应用法律的若干问题的解答（试行）》（已失效），以应对当时的危害食品安全犯罪，其中规定在生产、流通中，以次顶好、以少顶好、以假充真、掺杂使假，情节严重的，以投机倒把

---

〔1〕《参见中共中央 国务院关于新时代加快完善社会主义市场经济体制的意见》，载中国政府网，https：//www.gov.cn/gongbao/content/2020/content_ 5515273.htm，最后访问时间：2024年6月1日。

罪定性，其法定刑最高为死刑。1989 年《药品管理法》规定了，假药的概念、内涵以及外延，衔接了防控危害药品安全违法行为的行政立法和刑事立法。该法将生产、销售劣药造成严重后果的行为规定为犯罪，但只是比照 1979 年《刑法》中关于制造、贩卖假药罪的规定处罚。针对社会上出现的各种制假造假违法犯罪活动的不同特点，1993 年《全国人民代表大会常务委员会关于惩治生产、销售伪劣商品犯罪的决定》（以下简称《关于惩治生产、销售伪劣商品犯罪的决定》，已失效），规定了生产、销售不符合卫生标准的食品罪和生产、销售有毒有害食品罪，其法定刑最高为死刑，初步确立了危害食品安全犯罪体系；增设了生产、销售不符合标准的医用器材罪，并明确规定了该罪的构成要件，制定了相应的罚金幅度和没收违法所得及违法产品；补充规定了生产、销售劣药罪，并根据犯罪行为危害的大小规定两个档次的法定刑：生产销售劣药，对人体健康造成严重危害的，处 3 年以上 10 年以下有期徒刑，并处罚金；后果特别严重的，处 10 年以上有期徒刑或者无期徒刑，并处罚金或者没收财产。企事业单位犯本罪的，对单位判处罚金，并追究直接负责的主管人员和其他直接责任人员的责任。[1]

1997 年《刑法》第 141 条对生产、销售假药罪的法定刑、罚金刑作了必要的补充调整和完善，但仍需要行为"足以严重危害人体健康"，这一立法初衷可能是为了能够更好地界定一般的行政违法行为和刑事犯罪，但同时这一限定给司法实践带来了很大的困难。1997 年《刑法》明确规定了生产、销售劣药罪和生产、销售不符合卫生标准的化妆品罪，相对于《关于惩治生产、销售伪劣商品犯罪的决定》，1997 年《刑法》将生产、销售劣药罪的罚金数额依据的违法所得改为销售金额，并且规定了罚金刑具体的量刑幅度，使得更具有可操作性。此外，1997 年《刑法》在《关于惩治生产、销售伪劣商品犯罪的决定》的基础上，于第 145 条专门规定了生产、销售不符合标准的医用器材罪。"生产不符合保障人体健康的国家标准、行业标准的医疗器械、医用卫生材料，或者销售明知是不符合保障人体健康的国家标准、行业标准的医疗器械、医用卫生材料，对人体健康造成严重危害的，处五年以下有期徒刑，并处销售金额百分之五十以上二倍以下罚金；后果特别严重的，处五年以上十年以下有期徒刑，并处销售金额百分之五

---

〔1〕 肖中华主编：《生产、销售伪劣商品罪办案一本通》，中国长安出版社 2007 年版，第 60 页。

十以上二倍以下罚金，其中情节特别恶劣的，处十年以上有期徒刑或者无期徒刑，并处销售金额百分之五十以上二倍以下罚金或者没收财产。"1997年《刑法》明确规定了生产、销售不符合标准的医用器材罪，并在吸收《关于惩治生产、销售伪劣商品犯罪的决定》规定的基础上进一步明确了该罪的罚金刑的幅度，并将原来的"违法所得"修改为"销售金额"。这样规定是针对司法实践出现的违法所得与销售金额不成正比的情况，有时销售金额虽大，但是违法所得甚少，甚至达不到法定数额，如果不定罪处罚，就不利于打击犯罪。[1] 为了更好地适用法律，我国2001年公布了《最高人民法院、最高人民检察院关于办理生产、销售伪劣商品刑事案件具体应用法律若干问题的解释》。

2002年的《刑法修正案（四）》通过后，对《刑法》第145条作了修改："生产不符合保障人体健康的国家标准、行业标准的医疗器械、医用卫生材料，或者销售明知是不符合保障人体健康的国家标准、行业标准的医疗器械、医用卫生材料，足以严重危害人体健康的，处三年以下有期徒刑或者拘役，并处销售金额百分之五十以上二倍以下罚金；对人体健康造成严重危害的，处三年以上十年以下有期徒刑，并处销售金额百分之五十以上二倍以下罚金；后果特别严重的，处十年以上有期徒刑或者无期徒刑，并处销售金额百分之五十以上二倍以下罚金或者没收财产。"对已经发生的严重危害后果进行处罚不利于遏制这类犯罪，为了防患于未然，必须提前到危险状态的形成这一阶段进行打击，[2] 这足以说明立法者对该类犯罪进行严厉惩罚的决心。此外本罪的法定刑也进行了调整，将原来每一档罪中的"五年"改成了"三年"，加大了对生产、销售不符合标准的医用器材行为的打击力度和惩罚力度。

2009年5月13日公布的《最高人民法院、最高人民检察院关于办理生产、销售假药、劣药刑事案件具体应用法律若干问题的解释》进一步将办理生产、销售假药、劣药刑事案件法律适用中的一些疑难问题具体化，对打击生产、销售假药、劣药犯罪发挥了重要的作用，并对制售假药、劣药的犯罪分子产生极大的威慑作用。《刑法修正案（十一）》进一步对第142条进行了修改，删除了原条文

---

〔1〕　参见刘明祥主编：《假冒伪劣商品犯罪研究》，武汉大学出版社2000年版，第212页。

〔2〕　参见陈洪兵、程颂红：《生产、销售伪劣商品罪相关问题》，载《河南公安高等专科学校学报》2006年第5期。

中对罚金刑裁判幅度的规定，减轻了侦查机关的举证责任。同时删除了原条文的第2款，即"本条所称劣药，是指依照《中华人民共和国药品管理法》的规定属于劣药的药品"，并在此基础上增加了新的规定作为第2款，即"药品使用单位的人员明知是劣药而提供给他人使用的，依照前款的规定处罚"，扩大了药品犯罪的主体范围和行为范围。

2011年2月25日的《刑法修正案（八）》删除了生产、销售假药罪原条文中"足以严重危害人体健康"这一要求，从理论上来看生产、销售假药罪也从危险犯改变为行为犯，在司法实践中，司法机关不再需要对是否"足以严重危害人体健康"这一情形进行判断，也减轻了公诉机关的证明责任，降低了入罪门槛。同时，取消单处罚金刑为并处罚金，防止司法机关"以罚代刑"，罚金数额不用参照经营违法所得，也没有设置上限，加大了刑罚力度，体现了我国对于药品管理越来越严格和打击药品犯罪的决心。同时《刑法修正案（八）》对危害食品安全犯罪作了重大修改。《刑法修正案（八）》将"生产、销售不符合卫生标准的食品罪"修改为"生产、销售不符合安全标准的食品罪"，将"销售金额百分之五十以上二倍以下罚金"，修改为无限额罚金，取消了基本犯单处罚金的规定，增设了有其他严重情节的处罚。此外，《刑法修正案（八）》将1997年《刑法》原条文中"造成严重食物中毒事故或者其他严重食源性疾患，对人体健康造成严重危害"修改为"对人体健康造成严重危害或者有其他严重情节"，将"销售金额百分之五十以上二倍以下罚金"修改为无限额罚金，取消了基本犯中的拘役刑以及单处罚金的规定，并将"对人体健康造成特别严重危害"修改为"有其他特别严重情节"。

2020年12月26日的《刑法修正案（十一）》，针对《刑法》第141条生产、销售假药罪，删除了原条文第2款，即"本条所称假药，是指依照《中华人民共和国药品管理法》的规定属于假药和按假药处理的药品、非药品"，并在此基础上增加了新的规定作为第2款，即"药品使用单位的人员明知是假药而提供给他人使用的，依照前款的规定处罚"。这一调整扩大了药品犯罪的主体范围和行为范围。《刑法修正案（十一）》在《刑法》第142条后增加一条，作为第142条之一："违反药品管理法规，有下列情形之一，足以严重危害人体健康的，处三年以下有期徒刑或者拘役，并处或者单处罚金；对人体健康造成严重危害或者有其他严重情节的，处三年以上七年以下有期徒刑，并处罚金：（一）生产、销售国务院药品监督管理部门禁止使用的药品的；（二）未取得药品相关批准证明文件生产、进口药品或者明知是上述药品而销售的；（三）药品申请注册中提供虚假的证明、数据、资料、样品或者采取其他欺骗手段的；（四）编造生产、检验记录的。有前款行为，同时又构成本法第一百四十一条、第一百四十二条规定之罪或者其他犯罪的，依照处罚较重的规定定罪处罚。"《刑法修正案（十一）》修改后，在"未取得药品相关批准证明文件生产、进口药品或者明知是上述药品而销售的"情况下，还必须存在足以严重危害人体健康的具体危险才能构成犯罪。在《刑法修正案（十一）》确定的逻辑关系中，《刑法》第 142 条之一是独立于第 141 条与第 142 条的存在，该条的增加使得药品犯罪的罪刑规范体系更加周严，定罪和量刑更加合理化。除扩大了药品犯罪的范围外，《刑法修正案（十一）》还对药品犯罪的法定刑进行了调整。原有《刑法》中生产、销售劣药罪规定的罚金刑是倍比制罚金，即并处"销售金额百分之五十以上二倍以下罚金"，但是倍比制罚金在司法实践的适用中也存在着一些问题，完全根据销售金额的多少按照比例来判处罚金，有可能会使罚金的数额不合理，例如有些被告人家庭经济条件十分困难，这种情况下即使并处销售金额 50% 的罚金，也有可能执行困难；有时被告人的销售金额并不大，但是存在其他加重情节，此时即使并处销售金额的 2 倍罚金，也有可能处罚过轻。此外，有些案件的销售金额难以认定，侦查机关举证困难。《刑法修正案（十一）》删除了原条文中对罚金刑裁判幅度的规定，有利于司法机关根据案件情况判定更为合理的罚金刑，同时减轻了侦查机关的举证责任。

2. 经营型医疗卫生犯罪的立法规定

关于罪名的确定方面，《刑法》对经营型医疗卫生犯罪规定了 8 个具体罪名：生产、销售、提供假药罪，生产、销售、提供劣药罪，妨害药品管理罪，生产、销售不符合安全标准的食品罪，生产、销售有毒、有害食品罪，生产、销售不符合标准的医用器材罪，生产、销售不符合卫生标准的化妆品罪，非法经营罪。

关于各罪之间的关系方面，《刑法》第 149 条第 2 款规定，生产、销售第 141 条至第 148 条所列产品，构成各该条规定的犯罪，同时又构成第 140 条规定之罪的，依照处罚较重的规定定罪处罚。由于生产、销售特种伪劣产品犯罪的成立标准较为严格，某种行为有可能达不到该种犯罪的定罪标准，但又具有严重的社会危害性，具有刑罚惩罚必要，此时根据第 149 条第 1 款的规定，不构成生产、销售特种伪劣产品的犯罪，但是销售金额在 5 万元以上的，依照第 140 条的规定处罚。

关于刑事责任方面，死刑是我国刑罚体系中最严厉的一种刑罚，只适用于罪行极其严重的犯罪分子。根据我国《刑法》的规定，在经营型医疗卫生犯罪中，只有第 141 条的生产、销售、提供假药罪和第 144 条的生产、销售有毒、有害食品罪中有适用死刑的规定，并且对适用死刑作出严格限制，只有当生产、销售、提供假药或者生产、销售有毒、有害食品的行为致人死亡或者对人体健康造成特别严重危害的，才可以适用死刑，从而体现和贯彻了我国慎用和限制死刑适用的刑事政策。自由刑包括无期徒刑、有期徒刑、拘役和管制。在经营型医疗卫生犯罪中，妨害药品管理罪，生产、销售不符合安全标准的产品罪，生产、销售不符合卫生标准的化妆品罪和非法经营罪没有规定适用无期徒刑，其他个罪都有适用无期徒刑的规定。由于无期徒刑是一种较为严厉的自由刑，所以适用时也应当谨慎，一般销售金额在 200 万元以上或者后果特别严重的，才能判处无期徒刑。有期徒刑是我国刑罚体系中最主要的刑罚手段，刑法对经营型医疗卫生犯罪的具体个罪法定刑的规定是以有期徒刑为主要刑种的，而且规定了多个有期徒刑的量刑档次，且适用哪一档次都明确规定了具体条件。这样充分体现和贯彻了罪刑相适应原则。但是，作为例外，生产、销售不符合卫生标准的化妆品罪和非法经营罪只配置了一个有期徒刑档次。拘役是我国处罚最轻的一种自由刑，除生产、销售、提供劣药罪，生产、销售不符合标准的医用器材罪没有规定拘役外，其他个罪都规定了适用。财产刑是以剥夺犯罪人的财产权益为内容的刑罚。因为经营型医疗卫生犯罪是经济型犯罪，所以对犯罪人处以财产刑能够最大程度地消减其再犯能力。我国财产刑包括罚金刑和没收财产，《刑法》对经营型医疗卫生犯罪具体个罪的规定中均包含罚金刑。另外，除了妨害药品管理罪，生产、销售不符合安全标准的产品罪和生产、销售不符合卫生标准的化妆品罪以外，其他个罪都规定了没收财产刑。剥夺政治权利是一种资格刑，它以剥夺犯罪人的一定资格为内容。我国《刑法》对经营型医疗卫生犯罪具体个罪法定刑的规定中没有判处剥夺政治权利的情形。但是，根据《刑法》第 57 条第 1 款的规定，对于被判处死刑、无期徒刑的犯罪分子，应当剥夺政治权利终身。因此，经营型医疗卫生犯罪行为被判处无期徒刑或者死刑的，都应当判处附加剥夺政治权利。

（三）经营型医疗卫生犯罪惩罚性治理的司法现状

1. 经营型医疗卫生犯罪的特点

通过对中国裁判文书网中经营型医疗卫生犯罪案件进行整理分析，可以发现这类犯罪主要具有以下特点：

（1）案件数量呈下降趋势。

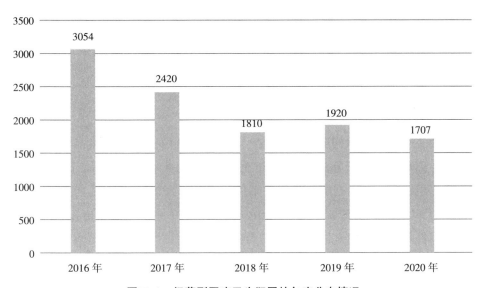

图 7-1　经营型医疗卫生犯罪的年度分布情况

如图 7-1 所示，从数量上看，经营型医疗卫生犯罪案件呈现下降趋势。从 2016 年至 2020 年的 5 年间，全国法院共判决经营型医疗卫生犯罪案件（一审）10911 件。其中，2016 年判决经营型医疗卫生犯罪案件 3054 件；2017 年判决经营型医疗卫生犯罪案件 2420 件，同比约下降 20.76%；2018 年判决经营型医疗卫生犯罪案件 1810 件，同比约下降 25.21%；2019 年判决经营型医疗卫生犯罪案件 1920 件；2020 年判决经营型医疗卫生犯罪案件 1707 件，同比约下降 11.09%。就以上司法统计数据来看，经营型医疗卫生犯罪案件的数量呈明显下降的趋势。

（2）生产、销售不符合安全标准的食品罪占比高。

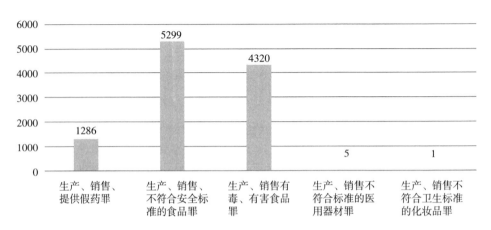

图 7-2　经营型医疗卫生犯罪的构造情况

如图 7-2 所示，从构造上看，生产、销售不符合安全标准的食品罪占经营型医疗卫生犯罪的绝大部分。从 2016 年至 2020 年的 5 年间，全国法院共判决生产、销售不符合安全标准的食品罪的案件（一审）5299 件，约占全部经营型医疗卫生犯罪案件的 48.57%。其中，2016 年判决 1529 件，约占当年经营型医疗卫生犯罪案件判决总数的 50.06%；2017 年判决 1081 件，约占当年经营型医疗卫生犯罪案件判决总数的 44.67%；2018 年判决 853 件，约占当年经营型医疗卫生犯罪案件判决总数的 47.13%；2019 年判决 889 件，约占当年经营型医疗卫生犯罪案件判决总数的 46.30%；2020 年判决 947 件，约占当年经营型医疗卫生犯罪案件判决总数的 55.48%。很明显，从 2016 年至 2020 年的 5 年间，我国历年生产、销售不符合安全标准的食品罪案件都占当年经营型医疗卫生犯罪案件的 40%以上，其中，2020 年生产、销售不符合安全标准的食品罪案件甚至占当年经营型医疗卫生犯罪案件的一半以上。另外，从 2016 年至 2020 年的 5 年间，全国法院生产、销售、提供假药罪案件（一审）的判决书数量为 1286 件，约占 5 年间经营型医疗卫生犯罪案件判决总数的 11.79%；生产、销售有毒、有害食品罪案件（一审）的判决书数量为 4320 件，约占 5 年间经营型医疗卫生犯罪案件判决总数的 39.59%；生产、销售不符合标准的医用器材罪案件（一审）的判决书数量仅

为 5 件，生产、销售不符合卫生标准的化妆品罪案件（一审）的判决书数量仅为
1 件。

（3）经营型医疗卫生犯罪案件的地域性特点突出。

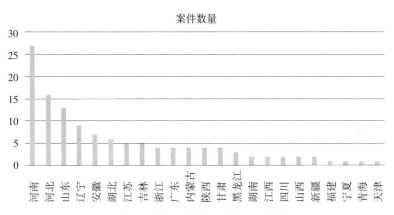

图 7-3 生产、销售、提供假药罪的区域分布情况

以生产、销售、提供假药罪为例，对选样的全国 125 份生产、销售、提供假
药罪的一审刑事判决书进行实证分析发现，生产、销售、提供假药罪案件的分布
具有明显的地域性特点。如图 7-3 所示，125 份判决中一审刑事判决书数量在 5
件以上的省级行政单位共计 8 个，根据一审刑事判决书数量由高到低依次为河南
省（27 件）、河北省（16 件）、山东省（13 件）、辽宁省（9 件）、安徽省（7
件）、湖北省（6 件）、江苏省（5 件）、吉林省（5 件），其余 15 个省级行政单
位的一审刑事判决书数量均在 5 件以下，由高到低依次为浙江省（4 件）、广东
省（4 件）、内蒙古自治区（4 件）、陕西省（4 件）、甘肃省（4 件）、黑龙江省
（3 件）、江西省（2 件）、湖南省（2 件）、四川省（2 件）、山西省（2 件）、新
疆维吾尔自治区（2 件）、天津市（1 件）、福建省（1 件）、宁夏回族自治区（1
件）、青海省（1 件）。125 份判决中，河南省的一审刑事判决书数量高居全国第
一，数量达到 25 件以上；河北省则紧随其后排名第二，数量为 16 件；山东省排
名第三，数量为 13 件。

（4）不同区域对经营型医疗卫生犯罪案件的追诉力度不平衡。以生产、销
售、提供假药罪为例，对选样的全国 125 份生产、销售、提供假药罪的一审刑事

判决书进行实证分析发现，不同区域对生产、销售、提供假药罪案件的追诉力度不平衡。虽然刑事判决书的数量主要决定于犯罪行为的数量，但是判决书数量的多少也可以从侧面表现出该地区对犯罪行为追诉力度的高低。125 份判决涉及 23 个省级行政单位，根据经济发展水平高低将其分为东部、中部、西部三个地区进行考察。东部地区判决书为 55 份，占比为 44%；中部地区判决书为 52 份，占比为 41.6%；西部地区判决书为 18 份，占比为 14.4%。

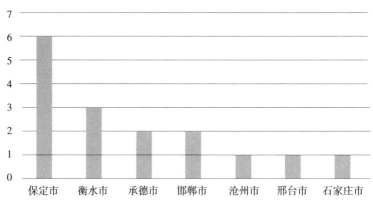

图 7-4　河北省生产、销售、提供假药罪的区域分布情况

如图 7-4 所示，以河北省为例，在 16 件生产、销售、提供假药罪的一审刑事判决书中，保定市 6 份，占比为 37.5%；衡水市 3 份，占比为 18.75%；承德市 2 份，占比为 12.5%；邯郸市 2 份，占比为 12.5%；沧州市 1 份，占比为 6.25%；邢台市 1 份，占比为 6.25%；石家庄市 1 份，占比为 6.25%。除此之外，河北省还有 4 个市的判决书的数量为零，分别是唐山市、廊坊市、张家口市和秦皇岛市。

显然，就生产、销售、提供假药犯罪的裁判规模来看，全国范围内，东部地区略大于中部地区，明显大于西部地区。河北省范围内，各市之间对于生产、销售假药犯罪的裁判规模也并不均衡，就追诉的力度而言，保定市明显大于其他地级市。

（5）不同区域对经营型医疗卫生犯罪的量刑不均。以生产、销售、提供假药罪为例，对选样的全国 125 份生产、销售、提供假药罪的一审刑事判决书进行实证分析发现，不同区域对生产、销售、提供假药罪案件的量刑不平衡。

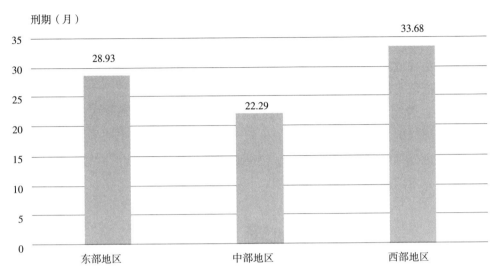

图 7-5 全国不同地区生产、销售、提供假药罪量刑刑期分布情况

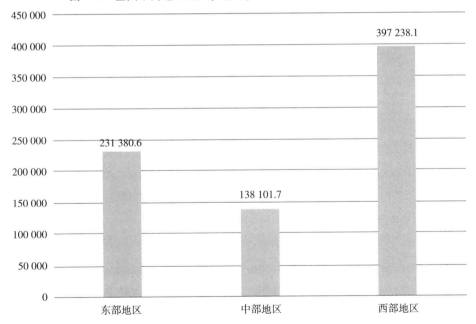

图 7-6 全国不同地区生产、销售、提供假药罪量刑罚金数额分布情况

如图 7-5、图 7-6 所示，125 份判决书中所涉及的 303 个被告人的量刑中，东部地区、中部地区、西部地区的拘役和有期徒刑量刑均值分别为 28.93 个月、22.29 个月、33.68 个月；罚金数额的均值分别为 231 380.6 元、138 101.7 元、397 238.1 元。通过两两对比可以发现，西部地区的量刑明显高于东部地区和中部地区，中部地区的量刑明显低于东部和西部地区。可见全国范围内不同地区的量刑存在区域不均衡的现象。

（6）经营型医疗卫生犯罪在刑罚适用上存在轻刑化倾向。以生产、销售、提供假药罪为例，对选样的全国 125 份生产、销售、提供假药罪的一审刑事判决书进行实证分析发现，生产、销售、提供假药罪在刑罚适用上存在轻刑化倾向。

第一，无期徒刑和死刑较少启用。

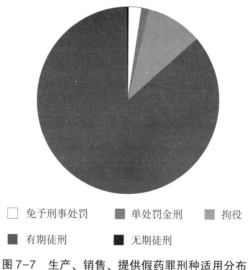

<table>
<tr><td>□ 免予刑事处罚</td><td>■ 单处罚金刑</td><td>■ 拘役</td></tr>
<tr><td>■ 有期徒刑</td><td>■ 无期徒刑</td><td></td></tr>
</table>

图 7-7　生产、销售、提供假药罪刑种适用分布

如图 7-7 所示，在刑种的适用方面，125 份判决涉及的 303 个被告人中，7 个被告人被判处免予刑事处罚，占比约为 2.31%；4 个被告人被判处单处罚金刑，占比约为 1.32%；30 个被告人被判处拘役，占比约为 9.9%；261 个被告人被判处有期徒刑，占比约为 86.14%；只有 1 个被告人被判处无期徒刑，占比约为 0.33%；此外，并没有被告人被判处死刑。可见，虽然生产、销售、提供假药罪的法条中规定了无期徒刑和死刑，但是在司法审判实践中，这两种刑种基本很少会启用。

第二，自由刑量刑总体偏轻。

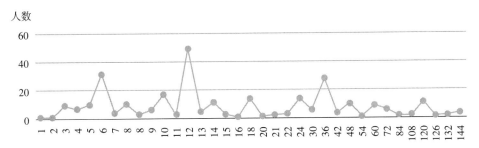

图7-8　生产、销售、提供假药罪的刑期分布情况

如图7-8所示，在自由刑的适用上，125份判决涉及的303个被告人中，199个被告人的量刑为生产、销售、提供假药罪的第一档刑期，即3年以下（36个月以下）有期徒刑或者拘役，占比约为65.7%；45个被告人的量刑为生产、销售、提供假药罪的第二档刑期，即10年以下（120个月以下）有期徒刑，占比约为14.9%；仅有7个被告人的量刑为生产、销售、提供假药罪的第三档刑期，即10年以上（120个月以上）有期徒刑，占比约为2.3%。

在125份判决书中，生产、销售、提供假药罪的量刑均值为26.8个月，众数为12个月，中位数为12个月。出现最多的量刑为12个月、6个月、36个月。其中被判处1年（12个月）有期徒刑或拘役的被告人人数最多，为49人，占比约16.2%；被判处半年（6个月）有期徒刑或拘役的被告人人数为31人，占比约10.2%；被判处3年（36个月）有期徒刑或拘役的被告人人数为28人，占比约9.2%。可见，生产、销售、提供假药罪的自由刑量刑总体偏轻。

第三，缓刑适用率较高，缓刑考验期较短。

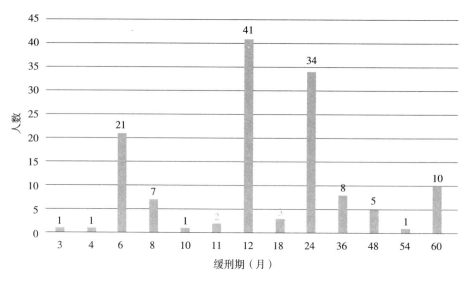

图 7-9 生产、销售、提供假药罪的刑期分布情况

如图 7-9 所示，125 份判决书所涉及的 303 个被告人的量刑中，适用缓刑的被告人为 135 个，约占总体案例的 44.6%。缓刑考验期均值为 20.5 个月，中位数[1]为 12 个月。缓刑考验期在 12 个月的被告人最多，为 41 人，占比约为 30.4%；缓刑考验期在 24 个月以内的被告人共 111 人，占比约为 82.2%。最低缓刑考验期为 3 个月，最高缓刑考验期为 60 个月。可见，在生产、销售、提供假药犯罪中，我国对于缓刑的适用率较高，而缓刑考验期则较短。

第四，罚金量刑总体偏轻，个别量刑畸高。

---

〔1〕 中位数，是指将统计总体当中的各个变量值按大小顺序排列起来，形成一个数列，处于变量数列中间位置的变量值就称为中位数。

人数

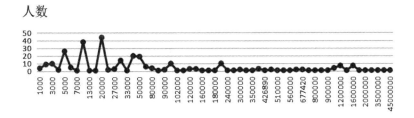

图 7-10 生产、销售、提供假药罪罚金数额频率分布情况

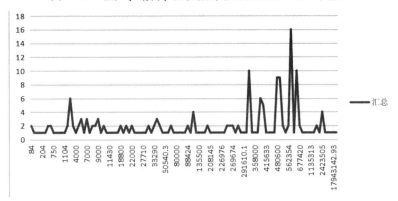

图 7-11 生产、销售、提供假药罪销售金额频率分布情况

如图 7-10、图 7-11 所示，125 份判决书所涉及的 303 个被告人的量刑中，罚金数额均值为 366 341.4 元，标准差[1]为 2 638 805.7 元，最低罚金数额为1000 元，最高罚金数额为 45 000 000 元，这说明罚金量刑的离散程度较高，差异较大，个别量刑畸高。但同时也有一定的集中规律，如图 7-10 所示，罚金数额的选择主要集中在 20 000 元、10 000 元、5000 元，全国 303 个生产、销售、提供假药犯罪的被告人中，销售数额均值为 631 914.8 元，如图 7-11 所示，销售数额主要集中在 30 万元 ~ 70 万元之间，销售数额在 25 000 元以下的仅占比28.6%。2014 年的《最高人民法院、最高人民检察院关于办理危害药品安全刑事案件适用法律若干问题的解释》（以下简称《关于办理危害药品安全刑事案件适用法律若干问题的解释》，已失效）第 12 条规定，犯生产、销售假药罪的，一般

---

[1] 标准差，也称均方差，是各数据偏离平均数的距离的平均数，它是方差的算术平方根。标准差可以反映一个数据集的离散程度。

应当依法判处生产、销售金额 2 倍以上的罚金。共同犯罪的，对各共同犯罪人合计判处的罚金应当在生产、销售金额的 2 倍以上。若根据此项规定和销售数额来计算，罚金在 50 000 元以上的本应占比 71.4%，但是实际中罚金数额超过 50 000 元的却仅占比 31.5%。可见，生产、销售、提供假药罪的罚金数额的量刑总体上偏低。

刑罚的轻重既能够直观反映出犯罪的社会危害性的大小，也能够折射出刑罚之威慑功能和预防功能的体现力度。[1] 从生产、销售、提供假药罪的变迁模式中可以看出，立法者的本意是希望加大对生产、销售、提供假药犯罪的处罚力度，实际情况是，我国在生产、销售、提供假药罪的刑罚适用上存在轻刑化倾向。

（7）罪名适用不统一。2014 年的《关于办理危害药品安全刑事案件适用法律若干问题的解释》第 7 条第 1 款规定，对于未取得或者使用伪造、变造的药品经营许可证，非法经营药品，情节严重的，应依照《刑法》第 225 条的规定以非法经营罪定罪处罚。在司法实践中，对于无药品经营许可证而售卖药品的案件通常认定为非法经营罪。认定行为是否构成非法经营罪的关键在于判断经营行为是否合法，主要通过对行为人有无药品经营许可证进行审查来加以判定，涉药非法经营罪案件中鲜少进行假药的认定。自 2019 年 12 月 1 日至 2020 年 7 月 1 日收集的 34 起涉药非法经营罪案件中，除指控罪名为生产、销售假药罪的案件进行了假药认定（含指控罪名变更情形），未进行假药认定的占 67.65%；以非法经营罪起诉并认定的案件中，进行假药认定的只占 14.3%。[2] 由此可见，在司法实践中，实务部门大多只审查行为人是否持有药品经营许可证来判定其是否构成非法经营罪，而忽略了对假药的认定。这就很可能让一些涉药类案件本应被认定为生产、销售假药罪，却因为没有对药品进行认定，而被认定为非法经营罪，这就导致了罪名适用上的不统一。

以 2016 年鲁 0283 刑初 16 号和 2018 年冀 0132 刑初 135 号判决书为例，鲁 0283 刑初 16 号判决书中被告人耿某与冀 0132 刑初 135 号判决书中被告人程某的

---

〔1〕 王小军：《生产、销售假药犯罪的实证分析与应对—基于百例生产、销售假药罪案件的分析》，载《法律适用（司法案例）》2017 年第 6 期。

〔2〕 参见刘娜、旷翔宇：《新〈药品管理法〉施行后制售假药案件认定的思路转向》，载《山东法官培训学院学报》2020 年第 5 期。

犯罪情节基本相同，二者均是在没有办理合法手续的情况下，将中药非法加工成为药品进行销售，销售数额均在 22 万元左右。但是鲁 0283 刑初 16 号判决书并没有对案件所涉药品是否为假药进行鉴定，最终判决被告人耿某犯非法经营罪，判处有期徒刑 2 年，缓刑 3 年，并处罚金人民币 1 万元。冀 0132 刑初 135 号判决书对案件所涉药品进行鉴定，经鉴定程某所销售的药品系假药，最终判决被告人程某犯生产、销售假药罪，判处有期徒刑 3 年，并处罚金 426 890 元。可以看出，两个情节基本相同的案件，但是最终的罪名适用却并不统一，判决结果存在较大差异。

2. 经营型医疗卫生犯罪的危害

从经营型医疗卫生犯罪的现状来看，这类犯罪的危害主要体现在以下几个方面：

（1）严重侵害消费者合法权益。假冒劣质产品一般都是不合格的产品，有的在产品中掺杂、掺假，有的产品含有有毒有害物质，这些产品的使用不仅给消费者带来经济损失，而且可能损害消费者的身体健康，如生产、销售假药、劣药或有毒有害食品的犯罪行为等。如在"三鹿奶粉"事件中，三鹿集团等奶制品企业在生产的婴儿奶粉中大量掺入三聚氰胺，导致全国有众多婴幼儿因食用三鹿婴幼儿奶粉出现泌尿系统结石等严重疾患。根据原卫生部 2008 年 12 月 1 日的通报，截至 2008 年 11 月 27 日，全国累计报告因食用三鹿牌奶粉和其他个别问题奶粉导致泌尿系统出现异常的患儿 29 万余人，全国因三鹿牌婴幼儿奶粉事件累计筛查婴幼儿 2238 万，累计住院患儿 5.2 万余人次，大多数患者因泌尿系统有少量泥沙样结石而接受门诊治疗，部分患儿患有泌尿系统结石症需住院诊治。在此期间，各地卫生行政部门上报的回顾性调查死亡病例共 1 例，经原卫生部和相关省（区）专家组认真讨论排查，江西省、浙江省、贵州省、陕西省各 1 例、甘肃省 2 例（共计 6 例）上报的死亡病例不能排除与食用问题奶粉有关。[1]

（2）严重扰乱正常的市场秩序。公平竞争是社会主义市场经济的主要特征。市场需要竞争，但是竞争应该遵循公平、公正、公开、有序的市场规则，通过正当经营手段进行，而经营型医疗卫生犯罪行为无视法律强制规定，违背市场经济

---

〔1〕《全国共有 29 万余名婴幼儿泌尿系统因食用问题奶粉出现异常》，载新华网，http：//news. xinhuanet. com/newscenter/2008-12/01/content_10441114. htm，最后访问时间：2008 年 12 月 1 日。

规律，以不正当竞争手段抢占市场，严重扰乱了市场经济秩序。以"三鹿奶粉"事件为例，当时安徽阜阳"问题奶粉"事件后，我国农村奶粉市场暂时出现"真空"，为了快速抢占这块市场，三鹿把销售网络从县一级延伸到乡、镇级；改变过去总公司只直接管理地市级的代理商，让之成为管县级、乡镇级的代理商开始精耕农村市场，仅 2004 年，三鹿集团就在短时间内在全国建立了 12.3 万个乡镇销售点。[1] 市场变大后，产品供应也必须跟得上，为了满足市场不断扩大的需求，在生产能力有限的情况下，三鹿集团放松了对奶粉生产销售过程的质量监控，致使大量掺有三聚氰胺的奶粉进入市场，破坏了正常的市场竞争秩序。

（3）严重损害国家利益。经营型医疗卫生犯罪使国家税收大量流失，严重破坏国家的税收管理秩序，而为了惩治经营型医疗卫生犯罪，国家每年还需拨出大量专项资金，用于执法部门打假，这无疑又是一笔巨大的支出。据专家估算，我国制造业每年因质量问题造成的直接损失达 1700 多亿元，因产品质量问题造成对下游产业影响、市场份额损失、污染治理等带来的间接损失超过 1 万亿元。[2]

（四）加强经营型医疗卫生犯罪惩治性治理的对策分析

1. 完善刑事政策

（1）规范经营型医疗卫生犯罪的立法语言。刑法在规定经营型医疗卫生犯罪及其刑事处罚时，采取了具体列举与模糊词语相结合、一般规定与特别规定相结合的方法，但这样刑法规范的明确性程度较低，不利于人们通过对犯罪及其刑罚的正确认识和判断来调整自己的行为。以生产、销售不符合卫生标准的化妆品罪为例，虽然我国《刑法》中明文规定了该罪名，但是在司法实践中却很难以此罪名定罪，从 2016~2020 年的 5 年间，生产、销售不符合卫生标准的化妆品罪案件（一审）的判决书数量仅为 1 件，究其原因，这与法条语义不明晰有很大关系。化妆品生产工艺复杂，步骤繁多，对于原料的要求高，生产完成后，其流通的环节多、流通链条长，伪劣化妆品混进去的可能性很高。"不符合卫生标准的化妆品"这一要件中涉及的相关法律法规众多，应按照哪部法律法规对化妆品是

---

〔1〕 王旺：《在危机中思量人生》，载《中国大学生就业》2008 年第 21 期。

〔2〕 韩霁：《我国制造业每年因质量问题造成损失达 1700 多亿》，载中国财经网，https：//finance. China. com. cn/roll/20151124/3459784. shtml，最后访问时间：2025 年 4 月 17 日。

否符合"卫生标准"作出判断，也就成了一个难题。为了更好地适应新的需求，不符合卫生标准的化妆品的标准规范采用 2016 年正式实施的《安全技术规范》。让法官有裁判的明确依据，也为消费者投诉提供明确法律依据。此外，对于本罪中所规定的"严重后果"也应该进行明确的规定。最高人民检察院、公安部《关于公安机关管辖的刑事案件立案追诉标准的规定（一）》中对"严重后果"的规定不够全面，其规定的后果幅度较宽，法官在司法实践应用中不好把握这个标准。如果消费者因为使用不符合卫生标准的化妆品产生皮肤过敏或者其他不良反应，导致皮肤受到损伤，这样的行为虽然被规定为严重后果，但在司法实践中很难被刑法制裁。因此，建议今后在完善经营型医疗卫生犯罪刑事政策过程中加强对立法语言的规范，减少概括和模糊的语言，尽量使法律规范清晰明确，尤其对犯罪构成的描述、情节的认定方面和如何进行处罚等问题应做到准确地描述，避免在适用过程中出现争议，使我国关于经营型医疗卫生犯罪的立法规定更具操作性。

（2）加大经营型医疗卫生犯罪追诉力度。随着我国经济的快速发展，经营型医疗卫生犯罪案件频发不止，这不仅给人民的生命健康带来了很大的威胁，而且破坏了市场秩序。面对这样的情势，社会对于严厉打击此类案件的需求也越迫切。只有提高经营型医疗卫生犯罪案件的追诉率，才能充分发挥刑罚的功能。因此，在打击经营型医疗卫生犯罪方面，我国必须坚持从严治理的刑事政策不松懈，尤其是对经营型医疗卫生犯罪追诉率较低的地区来说，必须切实加大对经营型医疗卫生犯罪案件追诉力度，充分发挥刑事司法的重要作用。

2. 健全罪刑规范体系

（1）引入资格刑。资格刑，是指剥夺犯罪人享有或行使的一定权利或资格的刑罚的总称。[1] 当一个人不再符合获得这些权利和资格的条件时，就可以予以剥夺，从而减少行为人的再犯可能性。资格刑在惩罚、警戒、预防犯罪等方面具有其独特的作用。资格刑的设置对犯罪人进入某一特定领域加以限制，有些行为人由于具有某种特殊的身份，或者是存在特定的行业优势，其在从事某种经济活动时具有便利条件，通过设置资格刑，可以限制某些行为人利用自己的便利条

---

〔1〕　高铭暄、赵秉志主编：《刑罚总论比较研究》，北京大学出版社 2008 年版，第 356 页。

件肆无忌惮地从事违法行为。我国《刑法》中目前只有剥夺政治权利和驱逐出境这两种资格刑，但是这两种资格刑都不适用于经营型医疗卫生犯罪的人，因为面对着巨大经济利益的诱惑，很难保证经营型医疗卫生犯罪的行为人不会再犯。资格刑的引入一方面禁止行为人再从事相关职业，可以更好地起到预防再犯的作用，另一方面资格刑剥夺了犯罪人未来某段时间内的收益机会，对潜在犯罪人具有很大的威慑作用，从而更好地维护了市场经济的秩序。因此，建议在经营型医疗卫生犯罪的立法中增设资格刑作为附加刑。具体而言，资格刑分为终身剥夺资格和短期剥夺资格两种，根据行为人犯罪情节和后果的不同，附加以不同程度的资格刑，自然人犯罪的，可以在一定时间内禁止其从事与药品有关的职业；单位犯罪的，可以限制其生产经营范围；造成严重后果的，可以其终身剥夺其从事药品经营的资格。

（2）细化规定罚金刑。在我国的刑事立法中，罚金数额的立法经历了由无限额制到倍比制再到无限额制的过程。《刑法修正案（八）》将生产、销售假药罪的罚金刑由倍比罚金刑改为无限额罚金刑，意欲通过此举加大对生产、销售假药犯罪的打击力度。但是无限额罚金刑因其数额具有不确定性，在司法实践的适用中也存在着弊端与不足。首先是因为没有设置最低罚金数额，导致刑法的威慑力有所弱化；其次是罚金刑中缺乏具体的量刑标准使得法官的自由裁量权过大，致使不同的法院作出不同的司法判决，有可能造成量刑的畸轻畸重，也有可能造成同案不同判，违反了罪刑法定原则。因此，笔者建议细化对罚金刑的规定，设置经营型医疗卫生犯罪罚金的最低数额，增强罚金刑的威慑性，同时应细化罚金刑的具体量刑幅度，防止对经营型医疗卫生犯罪量刑的畸轻畸重，确保刑法适用的统一性。

3. 强化刑事司法应对

（1）修改司法解释，细化裁判标准。2022 年的《关于办理危害药品安全刑事案件适用法律若干问题的解释》对经营型医疗卫生犯罪中的一些具体问题进行了解释，但在罚金刑量刑额度上却仍然有缺失，仅有第 15 条规定了"对于犯生产、销售、提供假药罪、生产、销售、提供劣药罪、妨害药品管理罪的，应当结合被告人的犯罪数额、违法所得，综合考虑被告人缴纳罚金的能力，依法判处罚金。罚金一般应当在生产、销售、提供的药品金额二倍以上；共同犯罪的，对各共同犯罪人合计判处的罚金一般应当在生产、销售、提供的药品金额二倍以上。"但是这一规定也不够具体和明确，致使法官在量刑过程中会产生偏差，可能会造成同案不同判。应加强对经营型医疗卫生犯罪的调研力度，规范经营型医疗卫生犯罪案件的刑罚裁量，对罚金设置更加详细的标准，使得量刑更加规范、合理，实现该类案件裁判的形式正义，避免出现类似案件刑罚裁量不均衡的问题。

（2）加大惩处力度。公众所关心的不仅是有没有犯罪行为的发生，而且关心犯罪行为对社会造成的危害后果尽量少些。犯罪行为越严重，惩罚犯罪的手段就应该越强硬。这就对与犯罪相适应的刑罚提出了更高的要求。经营型医疗卫生犯罪不仅严重破坏了社会主义市场经济这一公共秩序，而且侵害了人民的身体健康法益。通过实证分析可以发现，司法实践中对于经营型医疗卫生犯罪的惩治力度较低，因此应加大对经营型医疗卫生犯罪的惩处力度。

第一，根据罪责刑相适应原则，正确适用自由刑。在经营型医疗卫生犯罪中，妨害药品管理罪，生产、销售不符合安全标准的产品罪、生产、销售不符合卫生标准的化妆品罪和非法经营罪没有规定适用无期徒刑，其他个罪都有适用无期徒刑的规定。以生产、销售假药罪为例，在自由刑的适用方面，刑法对生产、销售假药罪规定了3个量刑档次，基本量刑档次为3年以下有期徒刑或者拘役；第二量刑档次为3年以上10年以下有期徒刑；第三量刑档次为10年以上有期徒刑、无期徒刑或者死刑。根据前文对生产、销售、提供假药罪的实证分析，可以发现全国303个生产、销售假药犯罪量刑中，在刑种的选择方面，可以发现无期徒刑和死刑基本很少会启用；在刑期的确定方面，大部分被告人的刑期为3年以下，整体来看，绝大部分被告人的量刑处于基本量刑档次。在经营型医疗卫生犯罪具体个案刑罚裁量的过程中，司法机关应当严格遵循罪责刑相适应的原则，根据犯罪的实际危害程度和预防犯罪的需要，确定自由刑的刑种和刑期，坚决杜绝轻刑化倾向。

第二，加大罚金数额。根据前文中对全国303个生产、销售、提供假药罪被告人的销售数额以及罚金数额进行分析，可以发现二者之间并不是正相关。[1]一般而言，经济犯罪的目的都是为追求金钱利益，除去自由刑以外，经营型医疗

---

〔1〕 正相关是指自变量增长，因变量也跟着增长。两个变量变动方向相同，一个变量由大到小或由小到大变化时，另一个变量亦由大到小或由小到大变化。

卫生犯罪也规定了没收财产刑，把财产刑充分运用起来，可以一定程度上震慑潜在的犯罪分子，并起到教育的作用。经营型医疗卫生犯罪的行为人大多是为了获取金钱利益，对经营型医疗卫生犯罪的罚金刑的设置，应让行为人感受到从事经营型医疗卫生犯罪行为不但不能从中获取利益，相反还会产生极大的损失，在主观上减轻经营型医疗卫生犯罪对行为人的诱惑力，在客观上削弱行为人的再犯能力。较低的罚金数额没有达到罚金刑应有的处罚力度，难以起到威慑行为人的效果。在经营型医疗卫生犯罪的具体个案罚金刑的裁量中，除考虑销售数额多少外，还要考虑假药对人体生命健康的潜在危害，加大罚金数额。

第三，减少缓刑的适用。分析样本数据可以发现，在生产、销售、提供假药犯罪中，我国对于缓刑的适用率较高，而缓刑考验期则较短。为了加大对经营型医疗卫生犯罪的惩处力度，应尽量限制缓刑的适用，尤其是针对存在司法解释中规定的应当酌情从重处罚情节的案件[1]，因为麻醉药品、血液制品、疫苗等药品一经使用，就会对人体的生命健康带来重大影响，如果被告人在缓刑期间再次从事相关生产、销售活动，则会具有更严重的社会危害性，因此缓刑的适用应更加谨慎。

第四，加强对共同犯罪的治理力度。根据前文中125个案例样本可以看出，生产、销售、提供假药犯罪主要以自然人犯罪为主，共同犯罪的比例高达71%。因此在司法实践中，更应该加大对共同犯罪的治理力度，在关注简单共同犯罪的同时，也要关注复杂共同犯罪问题。2014年《关于办理危害药品安全刑事案件适用法律若干问题的解释》对生产、销售假药罪中以共犯进行论处的行为进行了规定，[2] 这些行为给生产、销售假药犯罪提供了"帮助"，让生产、销售假药

---

〔1〕 2014年《关于办理危害药品安全刑事案件适用法律若干问题的解释》第1条规定，生产、销售假药，具有下列情形之一的，应当酌情从重处罚：①生产、销售的假药以孕产妇、婴幼儿、儿童或者危重病人为主要使用对象的；②生产、销售的假药属于麻醉药品、精神药品、医疗用毒性药品、放射性药品、避孕药品、血液制品、疫苗的；③生产、销售的假药属于注射剂药品、急救药品的；④医疗机构、医疗机构工作人员生产、销售假药的；⑤在自然灾害、事故灾难、公共卫生事件、社会安全事件等突发事件期间，生产、销售用于应对突发事件的假药的；⑥2年内曾因危害药品安全违法犯罪活动受过行政处罚或者刑事处罚的；⑦其他应当酌情从重处罚的情形。

〔2〕 2014年《关于办理危害药品安全刑事案件适用法律若干问题的解释》第8条规定，明知他人生产、销售假药、劣药，而有下列情形之一的，以共同犯罪论处：①提供资金、贷款、账号、发票、证明、许可证件的；②提供生产、经营场所、设备或者运输、储存、保管、邮寄、网络销售渠道等便利条件的；③提供生产技术或者原料、辅料、包装材料、标签、说明书的；④提供广告宣传等帮助行为的。

犯罪的影响范围和社会危害性扩大了，所以遏制这些行为在一定程度上可以减少实行行为的发生和危害性。

（3）统一罪名适用。对罪名的不统一适用，很有可能会致使量刑不同，造成同案不同判的后果，引发司法不公。因此在司法过程中，司法机关应该加强对假药的认定，不能因为案件中存在行为人没有依法取得药品经营许可证的情节，就不对相关药品进行检验，避免在未对相关药品进行检验的情况下，只因行为人没有依法取得药品经营许可证，就判决被告人成立非法经营罪的情况。

三、经营型医疗卫生犯罪的预防性治理研究

（一）经营型医疗卫生犯罪预防性治理概述

1. 经营型医疗卫生犯罪预防性治理的界定

犯罪治理是指运用国家正式力量和社会非正式力量解决犯罪问题的诸多方式的总和，是各方针对犯罪问题采取联合行动的过程，目的在于限制、消除产生犯罪的原因、条件，以防止、控制和减少犯罪，犯罪治理一词的适用更多的是强调治理理论对犯罪控制领域的影响。[1] 犯罪学的目标随着社会的发展发生着变化，发展前期的犯罪学是狭义犯罪学，其终极目标是研究犯罪原因，此时犯罪预防仅是原因理论的一个对应性概念。进入 20 世纪之后，广义犯罪学逐渐确立，犯罪学的终极目标为犯罪预防，犯罪预防理论体系和策略体系才得以逐渐成熟架构。在中国特色社会主义理论体系特别是党中央治国理政新理念、新思想、新战略的指引下，我国社会治理实践创新取得重大进展，党在不同阶段就医疗卫生安全提出了一系列新观点、新思想和新要求。党的十八大提出要加强公共安全体系建设，动态把握改革发展环境的最新特征和复杂变化。根据社会治理所面临的形势，党的十九大提出了"加强预防和化解社会矛盾机制建设，正确处理人民内部矛盾"是健全公共安全体系的重要组成部分。党的十九届四中全会提出"坚持和完善共建共治共享的社会治理制度，保持社会稳定、维护国家安全"，其中，更是提出了要坚持和发展新时代"枫桥经验"，完善社会矛盾纠纷多元预防调处化解综合机制，努力将矛盾化解在基层。[2] 党的十九届五中全会强调"统筹发

---

〔1〕 焦俊峰：《犯罪控制中的治理理论》，载《国家检察官学院学报》2010 年第 2 期。

〔2〕 参见刘军：《预防性法律制度的理论阐释与体系构建》，载《法学论坛》2021 年第 6 期。

展和安全，建设更高水平的平安中国"，提出全面建设社会主义现代化国家新阶段"建设更高水平的平安中国"的奋斗目标。"保持社会稳定、维护国家安全"要求正确处理新形势下人民内部矛盾，坚持和发展新时代"枫桥经验"，畅通和规范群众诉求表达、利益协调、权益保障通道，完善信访制度，完善各类调解联动工作体系，构建源头防控、排查梳理、纠纷化解、应急处置的社会矛盾综合治理机制。2020 年 11 月 16 日至 17 日，在中央全面依法治国工作会议上，习近平总书记再次强调要完善预防性法律制度。这些观点和思想为坚持构建和完善预防性法律制度指明了方向。当今社会加速发展，矛盾纠纷不断增多，亟待更加多元的纠纷解决机制的出现来解决这些问题，预防性法律制度应运而生。预防性法律制度是在重大安全事件发生之前，主动采取预防性措施，防止重大犯罪案件的发生。预防性制度以"总体国家安全观"思想为指导，对"枫桥经验"进行总结，对"平安中国"制度进行实践，其核心要义是保障人民的安全和发展。

所谓经营型医疗卫生犯罪预防性治理，就是在各级党委和政府的统一领导下，动员和组织全社会的力量，综合运用政治、法律、经济、文化、教育等多种手段，以期从根本上预防和减少经营型医疗卫生犯罪，维护社会秩序，保障社会稳定。

2. 经营型医疗卫生犯罪预防性治理的类型

从模式上看，在现代社会中，各种犯罪治理力量和活动的设计、运作不是毫无章法、任意实施的，国家和社会需要在一定模式下开展治理活动，犯罪治理可概括为不同的犯罪治理模式，一国的犯罪治理模式往往构成其犯罪治理活动的鲜明标志。[1] 不同的犯罪治理模式具有不同的理念与措施，不同的犯罪预防性治理模式可以带来不同的治理效果。随着社会的不断发展，犯罪预防模式也随之发生着变化，此外，由于各国存在着各自不同的国情，其经济制度、社会制度、文化传统各异，因此在犯罪预防问题上也并不存在完全相同适用的犯罪预防治理模式。

（1）刑罚威慑预防模式。古典犯罪学派随着刑法改革而出现，是犯罪学的第一个重要理论学派，为犯罪学构建了基本框架并奠定了基础，反映了资本主义

---

〔1〕 单勇、侯银萍：《中国犯罪治理模式的文化研究——运动式治罪的式微与日常性治理的兴起》，载《吉林大学社会科学学报》2009 年第 2 期。

上升时期新兴资产阶级刑法思想和刑事政策。古典犯罪学派以理性人作为假设，从功利主义和唯意志论出发，主张刑罚对于遏制犯罪具有不可替代的重要作用。根据古典犯罪学派的观点，犯罪是犯罪人个人意志的体现，是其经过对犯罪的危险性和犯罪所能带来的效益进行分析后所做出的理性选择。因此，古典犯罪学派主张通过确定的、严厉的刑罚措施来威慑有犯罪倾向的犯罪人，从而实现预防犯罪的目的。该学派重视国家职权的力量，主张一种国家主导的管理型犯罪预防模式。通过刑事立法、刑事司法和刑事执法三个阶段，达到对再犯的预防和对一般潜在犯罪人的威慑。古典犯罪学派的主张还是一种科层制的专家治理模式。它是一个横向相互分工合作、纵向等级化管理的生硬式结构。[1]

由于医疗卫生安全事关人民的生命健康，因此我国在预防经营型医疗卫生犯罪的过程中，一直坚持从严打击的刑事政策，并多次开展运动式的专项打击活动，运动式治理是我国对犯罪预防实践的基本模式。我国的运动式治理模式在实践中表现为由国家发起、社会各界广泛参与的群体性、综合性的犯罪治理活动，这种治理活动本质上属于一种运动，是以打击、控制、预防犯罪为内容的活动，属于蕴含社会治理、社会秩序完善意义上的专项运动。[2] 该模式通常是在全国范围内，以大会战、专项治理、集中整治等轰轰烈烈的非常规方式集中投入司法资源和社会资源，启用以法律为代表的正式社会控制手段对犯罪进行高强度、高效率、暴风骤雨式的整治。[3] 运动式治理模式是一种较为强硬的犯罪治理模式，主要通过"严打"和"专项斗争"的方式发挥威慑作用，可以在较短的时间内快速打击经营型医疗卫生犯罪。尽管运动式治理模式对于遏制经营型医疗卫生犯罪具有较为显著的效果，但运动式治理的"严打"模式在司法实践中也存在一些问题。很多的刑罚的出发点是报应观念，而预防犯罪观念较少，且司法实践中较难做到罪刑相适应，量刑畸轻畸重的现象时有发生，这一系列问题都制约了刑罚在控制犯罪方面的作用。[4] 此外，一次严打并不能保证犯罪消失，从整体效

〔1〕　金蓉、张宁：《国家治理视阈下犯罪预防协作机制建构》，载《学术探索》2018 年第 10 期。

〔2〕　岳平：《我国犯罪预防理论有效性的检视与发展进程》，载《上海大学学报（社会科学版）》2014 年第 6 期。

〔3〕　单勇、侯银萍：《中国犯罪治理模式的文化研究——运动式治罪的式微与日常性治理的兴起》，载《吉林大学社会科学学报》2009 年第 2 期。

〔4〕　王牧主编：《新犯罪学》，高等教育出版社 2005 年版，第 357~358 页。

果上看，严打不能根本遏制住经营型医疗卫生犯罪，所以经营型医疗卫生犯罪的预防不能仅依靠严打手段，不然是对社会资源的滥用和透支。因此，刑罚威慑对于预防经营型医疗卫生犯罪是必要的，但是刑罚的预防功能也是有限的，必须正确看待并发挥刑罚在经营型医疗卫生犯罪预防性治理中的作用。

（2）社会预防模式。随着社会学派的兴起，社会因素在预防犯罪方面的作用逐渐被重视起来。社会预防体现的是一种积极的犯罪治理理念，期望通过改变社会和犯罪人本身从而达到减少犯罪的目的。菲利在犯罪饱和论中指出，犯罪是由人类学因素、自然因素和社会因素相互作用而形成的一种社会现象。而在这三个因素之中，人类学因素和自然因素是很难改变的，因此预防犯罪在于改变社会因素，即进行社会预防。根据犯罪学的研究，犯罪在很大程度上是由社会自身的矛盾以及人自身的弱点所造成的，若人类自身和社会不断完善，那么犯罪现象自然也会减少。社会预防作为一个独立的概念广泛应用于法学范畴，其内涵是旨在使社会健康有序地发展和运行，减少或消除社会弊端与漏洞，避免和解决社会问题，以及通过特定的机构、群体或组织进行社会整合、社会管理与社会控制的活动。[1] 从犯罪预防性治理的角度看，最好的社会政策就是最好的犯罪预防性治理政策。[2] 我国经营型医疗卫生犯罪多发的原因十分复杂，社会预防以一种更加积极的方式，从根本上分析经营型医疗卫生犯罪发生的社会原因和条件，可以更加科学和彻底地对经营型医疗卫生犯罪进行预防性治理。社会预防模式通过改变社会状况来治理犯罪，社会因素本身存在着较大的不确定性和易变性。因此社会预防在具体的操作实施上存在一定的困难，需要多方形成合力，经历一个较长的过程才能达到较好的治理效果。即便如此，我们仍应将社会的完善作为不断追求的目标，将社会预防作为预防经营型医疗卫生犯罪的重要治理方式之一。

（3）情境犯罪预防模式。1973 年，克拉克（Clarke，R. V.）针对少年犯罪展开了研究，由此产生了情境犯罪预防模式。在情境犯罪预防模式发展的前期，其研究并没有针对犯罪的根本原因，也因此受到了较多来自传统犯罪学的批评。而在情境犯罪预防模式的发展后期，支持情境犯罪预防模式的学者们加深了对犯

---

〔1〕 朱力、邵燕：《社会预防：一种化解社会矛盾的理论探索》，载《社会科学研究》2016 年第 2 期。

〔2〕 冯军、马丽丽：《危害国家人类遗传资源安全犯罪立法述评》，载《河北法学》2021 年第 8 期。

罪动机的探析，使得情境犯罪预防的理论基础更加深厚。按照克拉克的定义，情境犯罪预防旨在减少犯罪机会的各种措施，这些措施针对高度具体的犯罪类型，以尽可能系统和稳定的方式对即时环境进行管理、设计和控制，使得一般的潜在犯罪人认识到犯罪的难度或风险更大、回报更小、借口更少。2002 年，联合国经济及社会理事会批准通过了《预防犯罪准则》，充分认可了情境犯罪预防对于预防犯罪的作用。

在社会转型期和市场经济的背景下，行为人实施经营型医疗卫生犯罪行为的机会和条件增多，加之民众对医疗卫生安全信任程度不佳，想要通过社会预防，在较短时期内对经营型医疗卫生犯罪产生较为明显的治理效果，需要更大努力。此种情况下，情境预防对经营型医疗卫生犯罪的重要作用逐渐凸显出来。情境预防的实践性和可操作性较强，其立足点在于通过改变经营型医疗卫生犯罪的环境和犯罪机会，从而减少行为人的犯罪机会、控制犯罪目标，使行为人的犯罪难度增大、犯罪收益减小。不可否认，情境预防模式也存在局限性，因为其只是从外化上抑制了行为人的犯罪动机，并没有从内化上消除行为人的反社会人格，因此其只能起到形式上的预防作用，不能成为从本质上治理经营型医疗卫生犯罪的根本手段。

（4）综合犯罪预防模式。计划经济时期，政府的社会管理职能还较为全面，对社会有较强的控制能力，在商品的生产、流通和分配环节都发挥着主要作用。20 世纪 90 年代初期正值我国从计划经济向市场经济过渡时期，随着市场经济的发展，公众减少了对政府的依赖，与此同时，政府通过传统路径控制社会的能力也逐渐减弱。在经历了改革开放初期的"严打"时期以后，我国提出了"社会治安综合治理"战略。1991 年，《中共中央、国务院关于加强社会治安综合治理的决定》明确规定了社会综合治理的重要性、目标和任务；《全国人民代表大会常务委员会关于加强社会治安综合治理的决定》进一步明确了社会治安综合治理的指导思想和基本原则。这两个决定奠定了社会治安综合治理的法律基础，我国社会治安综合治理理论体系基本形成。同年，中央社会治安综合治理委员会的成立标志着社会治安综合治理已有了体制保障。2001 年，社会治安综合治理的基本方针被表述为"打防结合，预防为主"，从而将犯罪预防工作提高到了前所未有的战略高度。社会治安综合治理融打击、防范、教育、管理、建设、改造为一体，以宏观预防和微观预防为主要内容，通过政治、法律、行政、经济、文化、教育等手段的综合运用，预防、减少和控制违法犯罪行为的发生和发展。[1]

"社会治安综合治理"战略的实施，对预防经营型医疗卫生犯罪提供了坚强有力的保障。从理论上来说，运用多种措施综合治理是应对犯罪问题的理想对策，我国对于经营型医疗卫生犯罪的预防性治理仍然要坚持综合犯罪预防模式，但是如何在实践中将各种犯罪预防措施整合成协调运行的犯罪预防体系，则是一个难题。为了使综合犯罪预防模式在经营型医疗卫生犯罪的预防性治理中发挥最大效能，理论上要不断完善综合治理的理念和措施，实践中要吸收犯罪治理过程中的经验，实现犯罪预防措施的创新，构建良好的社会治安防控体系，联合公安机关、司法机关、行政机关、社会团体及群众进行系统建设。

3. 经营型医疗卫生犯罪预防性治理的功能

预防性法律制度根植于中华优秀传统文化，是中国特色社会主义法治体系的重要组成部分，对社会治理具有重大的现实意义。为了充分发挥经营型医疗卫生犯罪预防性治理的应用价值，应对其功能进行研究。由于社会预防的内涵和外延都较为广泛，在犯罪预防体系中具有重要作用，因此本书主要对经营型医疗卫生犯罪预防性治理的社会预防功能进行分析。

（1）社会建设功能。经营型医疗卫生犯罪预防性治理的社会建设功能，是指经营型医疗卫生犯罪预防性治理的预防措施对社会经济、政治、文化的建设、发展与完善具有积极意义和促进作用。经营型医疗卫生犯罪大多发生于生产、流通领域，其本质是对社会诚信的破坏。经营型医疗卫生犯罪一般较为复杂，行为人实施犯罪前大多经过计划，犯罪手段多样，案件涉及面较广，不仅涉及刑法，而且涉及民法、行政法。经营型医疗卫生犯罪扰乱了社会整体经济秩序和社会管理秩序，在给社会带来巨大经济损失的同时，对公民的生命健康安全造成了威胁。在犯罪发生之后打击犯罪虽然可以实现惩罚犯罪的目的，但是已经造成的损害后果却依然存在，完善经营型医疗卫生犯罪的预防性治理措施，有利于减少和避免犯罪给社会带来的伤害，促进社会建设，进一步推动实现人的全面发展、社会全面进步。

---

[1] 金蓉、张宁：《国家治理视阈下犯罪预防协作机制建构》，载《学术探索》2018 年第 10 期。

（2）社会整合功能。所谓社会整合，也称社会一体化，是指通过对社会利益和社会关系的协调与调整，促使社会个体或社会群体结合为社会生活共同体的过程。[1] 个体或群体在社会生活共同体中活动，必然会与他人或社会产生联系，在这个过程中，社会共同体中的任一分子都必须遵守一定的社会规范。经营型医疗卫生犯罪预防性治理的社会整合功能，是指通过预防性措施，尽量减少、消除社会结构间的冲突，协调不同的社会关系，促使社会有序整体发展进步。当前我国正处于社会转型时期，经营型医疗卫生犯罪引发了许多的利益冲突，加剧了社会矛盾。犯罪的预防性治理综合运用经济、政治、法律、文化、教育等多种方式，动员全社会的力量，创造稳定的社会环境，完善社会规范，强化社会结构内部的相互协调，强化公众对社会共同价值的认同。

（3）社会控制功能。社会控制这一概念最早由美国社会学家罗斯提出，社会控制的手段多种多样，法律是我国社会控制工作的一种重要工具。经营型医疗卫生犯罪预防性治理可以从两个方面体现社会控制功能，保证公众遵守社会规范，一方面是建立自我控制系统，另一方面是建立社会控制系统。建立自我控制系统包括行为个体承受引诱、处理冲突、摆脱纠纷、避免冒险等抵抗经营性医疗卫生犯罪的能力。建立社会控制系统是指社会、国家、家庭、群体通过一定的规范对其成员产生的约束力，可以分为正式控制和非正式控制两种，前者是指由政府、公安、法院、检察院等职能机构实施的制度化控制，后者是指凭借舆论、禁忌、礼仪、习俗等形式进行的非制度化控制。经营型医疗卫生犯罪的预防性治理，在对有犯罪倾向的个体进行控制的同时，对易引发经营型医疗卫生犯罪的社会环境进行了有效的控制，经营型医疗卫生犯罪的案件也会逐渐减少。

（4）社会化功能。经营型医疗卫生犯罪预防性治理的社会化功能是指，经营型医疗卫生犯罪预防性治理通过调整与完善社会结构的宏观环境和微观环境，大力发展经济，推动政治民主化进程和法治进步，带动科教文卫事业发展，对经营型医疗卫生犯罪实行群防群治、综合治理，加强社会团结和稳定社会秩序，消除或减少社会弊病，使社会健康、和谐发展。在建立好宏观环境的基础上，通过家庭预防、学校预防、社区预防可以提供良好的社会微观环境，使个体顺利完成

---

〔1〕 侯晋雄：《执政党的社会整合功能》，载《理论视野》2014 年第 2 期。

社会化过程，使个体适应一定的社会规范，学会扮演合适的社会角色，承担起适当的社会职能，成为合格的社会成员。

（二）经营型医疗卫生犯罪预防性治理的措施

1. 法治教育

法治教育是国家对公民进行法律宣传及普及，意在提高公民法律意识，鼓励公民用法律武器捍卫自己利益的活动。党的十八届四中全会提出了全面推进依法治国，审议通过了《中共中央关于全面推进依法治国若干重大问题的决定》，提出要"推动全社会树立法治意识……深入开展法治宣传教育……把法治教育纳入国民教育体系……把法治教育纳入精神文明创建内容。"要通过深入开展法治宣传教育，在全社会弘扬社会主义法治精神，树立法治的权威，使全体人民都成为社会主义法治的忠实崇尚者、自觉遵守者、坚定捍卫者，引导全体人民遵守法律、没有问题依靠法律来解决，使尊法、学法、守法、用法、信法、护法成为全体人民的共同追求，形成守法光荣、违法可耻的良好氛围。法治教育是现代思想政治教育的重要组成部分。增强公民法治意识的关键在教育，因此法治教育应当成为法治建设中必须注重的重要环节，也是进行经营型医疗卫生犯罪预防性治理的关键环节。

法治教育不仅包括对从事法律工作或研究的人员进行法律专业教育，而且包括对全体公民法律水平的提升，提高公民的法律意识，引导公民守法、学法、用法。法律是最低的道德，法律明确规定了个人的权利与义务。法律的有效性在于它的约束性，通过强制力来规范人们的行为，调整习俗、道德和政策等行为规范。法治教育不能仅依靠理论教育的方式，更需注重通过实践的过程来提高公民内在的法治素养，以实现法治教育的有利效果。对公众开展法治教育，有利于公众掌握必要的基础法律知识，在社会活动中形成必要的法律意识，正确行使权利义务，增强法治观念和社会责任感。通过法治教育，有利于引导公民遵纪守法，自觉依法办事、维护法律尊严，使法治价值成为公民的行为遵循。

2. 行政监管

对于大多数经营型医疗卫生犯罪行为，行政法和刑法均有权对其进行处罚。由于刑法具有谦抑性，因此刑法应该作为打击预防经营型医疗卫生犯罪的最后一道防线。行政机关应做好行政监管工作，打击情节相对较轻的违法行为，节约司法资源。

我国行政法对医疗卫生安全也十分关注，并制定了多部法规、条例来监管医疗卫生安全。为了加强药品管理，保证药品质量，保障公众用药安全和合法权益，保护和促进公众健康，我国制定了《药品管理法》。为了保证食品安全，保障公众身体健康和生命安全，我国制定了《食品安全法》。2021 年修订的《医疗器械监督管理条例》，加大了对经营医疗器械违法行为的处罚力度。为了规范化妆品生产经营活动，加强化妆品监督管理，保证化妆品质量安全，保障消费者健康，促进化妆品产业健康发展，我国于 2020 年 6 月 16 日公布了《化妆品监督管理条例》。

3. 社会监督

社会监督是以国家机关以外的社会组织和公民为主体进行的，不直接具有法律效力的监督。社会监督有多种形式，包括群众监督、新闻舆论监督等，其主要任务是发现、制止、预防和纠正违法行为，保障法律法规的贯彻实施，确保国家机关及其人员严格依法办事。医疗卫生安全事关千家万户，是重要的民生工程和发展工程。监管医疗卫生安全的任务繁重，如果仅依靠国家机关的力量来发现问题难免力不从心。医疗卫生安全是一个社会问题，只有发挥全社会的力量，才能更加全面地打击经营型医疗卫生犯罪行为。

社会监督具有外部监督、直接监督的性质。近年来社会监督日益受到关注，社会监督力量发展迅速，依靠着法治的支撑，消费者组织、舆论、公民在社会监督中积极发挥作用。社会监督是监管由政府层面向社会层面转变的重要举措；是动员人民群众参与安全监管的有效途径；也是在市场经济条件下，强化社会监督做好医疗卫生安全工作的有益探索。它是治理经营型医疗卫生犯罪必须依靠的力量，对国家机关运用公权力起到了一定的制约作用，也督促着医疗卫生行业不断自我监督和完善。应重视群众的作用，发挥群众能动性，强化社会监督力量对医疗卫生安全监管的介入，让群众帮助国家监督机构行使监督权，完善对行政权力的制约和监督，进一步规范权力运行机制。

（三）经营型医疗卫生犯罪预防性治理存在的问题

1. 行政监管有待加强

（1）监管力度有待加强。在对经营型医疗卫生违法行为进行监管的过程中，存在工作人员监督力度不够、管理缺失的现象。监管人员对相关经营单位的要求不严格，在履行职责时流于表面。虽然监管部门也时常会对医疗卫生行业进行检查、开展专项整治活动，但是这些活动大多具有突击性和时效性，在专项活动过后，监管部门对于经营型医疗卫生违法行为的关注较少。一些基层监管部门对于审核工作贯彻落实不到位，在对相关经营单位进行准入审批或其他审核工作时，对一些符合条件的商家可能会故意刁难。一些行政机关工作人员在日常监督管理过程中处于被动监管的状态，往往是根据上级的工作安排才会监管经营型医疗卫生违法行为，不主动发现监管过程中的问题，在日常的工作中即便发现相关违法行为，对其进行整治的积极性和主动性也不高，降低了行政机关的实际监管效能。

（2）违法行为处理困难。经营型医疗卫生违法行为方式复杂。以生产、销售假药行为为例，有的行为人有正规的经营场所和营业执照；也有些行为人自身没有营业执照，借用别人的营业执照；还有一些行为人将行为地址藏匿于居民楼、办公楼内的商户，更有甚者仅在自己家中就完成了假药的生产、销售等行为，这些地址都不为监管部门所知。信息化时代的背景下，经营行为无需再受实体销售模式的限制，经营者只需要在网上通过淘宝、微信等交易平台就能完成销售，导致监管部门较难发现违法行为。完成经营型医疗卫生违法行为一般需要多个环节，且需多人合作，一个案件有可能会涉及多个地区，这也给行政机关的调查取证工作带来了一定难度。此外，由于存在经营者流动经营的情况，导致执法难度加大，执法的效果很难令人满意，这些经营者没有固定的经营场所、违法成本较低，即使对其进行处罚，他们也容易更换地址后再次进行经营。如何在这样的情况下对违法经营者进行进一步的监管，成为当前的一个难点问题。

（3）执法人员能力有待提升。有些执法人员还不够熟悉相关法律法规，对执法依据的理解不够深刻、透彻，执法工作能力不强，在执法过程中无法及时、合理地处理各种突发情况，部分执法人员甚至利用公权力牟取个人的利益，在行政监管过程中滥用自由裁量权，违规执法，扰乱市场秩序。随着互联网经济的发展，经营型医疗卫生犯罪行为具有发展迅速、隐匿性的新特点，电子商务平台的监管作用越发显现出来，行政机关的监管工作逐渐由线下监管向互联网领域延伸，然而许多监管人员只具有线下监管的经验，其知识结构和业务能力还没有跟上互联网的发展步伐，对于线上监管的专业性不足。

（4）机构改革和队伍建设有待深入监管工作的核心是基层基础工作。近年来，行政机关越来越重视基层基础工作，但在具体业务范围、工作开展、人员配备、监督考评等方面还缺乏更为科学和操作性更强的制度和机制，致使基层基础工作在某些方面效能不佳。此外，在案件办理、监督和后续跟踪管控、社会面宣传教育等方面，相关部门在信息共享和协同配合方面还相对薄弱。

2. 社会监督不通畅

（1）经营性信息公开性有待提升。在经营型医疗卫生犯罪中，药品、医疗器械等作为特殊的商品，其生产过程中的信息不对称现象突出，经营性信息公开性有待提升。在市场交易信息占有中，个体消费者与企业相比处于明显劣势，尤其是药品信息涉及较高程度的专业知识和技能，企业易利用信息优势以次充优、以少充多，欺骗消费者。公众的知情权和监督权难以保障，不公开、不透明、缺乏监管的经营成为滋生犯罪的温床。

（2）消费者组织监督不到位。消费者组织包括消费者协会和其他消费者组织，主要对商品和服务进行社会监督，并保障消费者合法权益。但是当前我国的消费者协会存在组织单一、公益性职责不够明晰、缺少经费保障等问题，由于消费者协会属于非营利性组织，因此经费问题一直是令各级消费者组织头疼的问题。美国、澳大利亚等国家的消费者组织经常开展药品的比较试验、鉴定检验等，以此作为监督的重要手段。

（3）部分媒体社会责任感缺失。媒体舆论监督是针对社会上某些组织或个人的违法、违纪、违背民意的不良现象及行为，通过报道进行曝光和揭露，抨击时弊、抑恶扬善，以达到对其制约的目的。媒体舆论监督是社会监督的一部分。其具有开放性和广泛性，在发现问题、表达民意、引导舆论等方面发挥着积极作用。然而在现实中，有些社会媒体在发生医疗卫生安全事件时，对热点、敏感事件的报道不负责任，为达到吸引公众眼球、扩大流量的目的进行歪曲炒作，断章取义、本末倒置。或者将一些个案当作整体性问题进行宣传和扩大，进而影响消费者对政府和企业的信心。这种报道方式对社会治安带来严重不良影响：一方面，经歪曲报道，这种作案方式和手段刺激了社会上有潜在犯罪风险人员的犯罪欲望；另一方面，一些假象将会误导更多公众，引起不必要的社会恐慌，将公安机关陷于被动，无限放大了政府相关部门的责任问题，掩饰了犯罪嫌疑人的罪行。

（四）完善经营型医疗卫生犯罪预防性治理的对策

1. 加强法治教育

（1）提高公民接受法治教育的主体责任意识。一个国家的公民，只有信仰法律、把法律作为行为的规范，这个国家才具有迈进法治社会的基础。每一位公民都不应成为法治建设的旁观者，而应该是依法治国的践行者和建设者，做法治建设最积极的参与者和守护者。法律不只是体现在书本中的法条，也是一个国家公民内心的文化精神。要增强公众的主体责任意识，树立正确的法治意识，用法治意识指引实践活动，在公民参与法治建设的进程中提升法治教育实效。

（2）把法治教育纳入国民教育体系。从时代定位和历史责任的角度来看，青少年是法治建设的重要参与者，肩负重大使命。青少年是国家的未来和希望，是未来我国法治事业进步的重要推动者，加强青少年学法、懂法、守法、用法，是法治教育工作的重点，要坚持法治教育从青少年抓起，把法治教育纳入国民教育体系和精神文明创建内容。因此，为预防犯罪，应将法治教育纳入国民教育体系。学校应重视对学生进行引导教育，培养学生树立法律意识、掌握基本的法律知识。开展预防医疗卫生犯罪的专题讲座，使学生正确认识医疗卫生犯罪的危害，强化青少年自我保护意识。

（3）丰富法治教育形式。首先，要强化相关单位的宣传教育责任，建立高质量、有针对性的法治宣传教育体系。可由政府宣传部门牵头组织相关单位联合录制关于经营型医疗卫生犯罪方面的教育视频、印发宣传册等。其次，在开展预防经营型医疗卫生犯罪的法治教育活动时，要注重多种形式并举，采取群众喜闻乐见的方式进行宣传。在活动形式方面，可以采取包括主题日宣传教育、法治讲座、座谈会、表演情景剧等多种公众可以参与其中的方式。在宣传方面，可以结合互联网进行宣传教育，在微博平台、微信公众号平台、抖音短视频平台等大众较为欢迎的平台上进行宣传。利用街区灯箱、商厦电子大屏、地铁灯箱、小区电梯、车厢广告宣传，并有效利用各种云电视播放等途径，以此加大全民法治教育力度，并不断更新宣传内容和形式，在潜移默化中树立全民法治意识。

2. 健全行政监管机制

（1）加大查处力度。各地行政部门要会同有关部门定期梳理群众反映强烈的突出问题，适时部署集中专项整治，及时通报经营型医疗卫生违法行为典型案例。对潜在风险大、可能造成严重不良后果的，要加强日常监管和执法巡查，从源头上预防和化解违法风险。建立完善严重违法惩罚性赔偿和巨额罚款制度、终身禁入机制，让严重违法者付出应有代价。对违法违规开展相关活动的经营者，依法依规采取处罚措施。畅通违法违规行为投诉受理、跟踪查询、结果反馈渠道，对举报严重违法违规行为和重大风险隐患的有功人员依法予以奖励和严格保护。

（2）明确监管职责。经营型医疗卫生犯罪行为涉及市场监督管理部门、卫生行政部门、农业行政部门等多个行政部门。各有关部门要在党委和政府的统一领导下，明确职责，各司其职，分工合作，推进上下级之间、同级之间、异地之间的协调联动，已整合实行综合执法的，可继续探索。要通过立法的形式规定各部门的职能，各部门要对各自主管的部分负责，细化办事流程，并进行公示，相关信息线索要做到部门间及时共享。各监管部门之间要加强协调沟通，确保监管职责落实到具体的责任人，防止出现因为交流不足而导致无人监管经营型医疗卫生违法行为的问题。各地要按照"谁审批谁负责、谁主管谁负责"原则，健全审批、监管、处罚衔接机制。加快实现部门间违法线索互联、监管标准互通、处理结果互认，推进现场共同执法。建立行政执法与刑事司法衔接机制，健全教育与公安、检察、审判机关的信息共享、案情通报、案件移送等制度。

（3）完善监管工作方式。行政机关要严格履行监管经营型医疗卫生犯罪行为的责任，把监管经营型医疗卫生犯罪行为纳入议事日程，要定期协调解决监管过程中的难点问题。加强监督管理部门对网络平台的监管，加强对第三方平台的后台的监测，比如对微信朋友圈、微信群等形式的监管。监督管理部门要加大对相关经营单位的巡查频次，可以采取随机抽查的方式，建立对经营者的不定期随机抽查机制，有利于提高行政机关的监管效率。随机抽查要选定合理的样本范围，同时对抽查的对象、抽查的手段、抽查的程序等事项要进行一定范围内的保密。要积极探索推进"互联网+执法"模式，提升执法水平。探索信用监管方式，将重大违法失信行为纳入失信惩戒范围。

（4）加强建设执法队伍。行政机关要转变管理理念，重视基层基础工作，加大对基层执法队伍的建设，加大人员招聘力度，让基层监管人员的数量能够满足监管需求。各地行政机关要结合本地实际，统筹优化机构职能和资源力量配置，建立健全监管机构，承担本地区相关行政执法工作，切实提升行政执法能力。加强政策倾斜和财力支持，吸引专业能力强、学术水平高的专业性人才进入执法队伍，开展执法人员内部学历提升工作，提升执法人员的业务水平，让更多高素质的工作人员参与到行政执法工作当中去。在增加执法人员数量的同时，要注意提升执法人员的职业素养与能力。要建立健全各级执法人员资格管理制度，严格实行执法人员持证上岗。开展执法人员专项培训，重点培训相关法律知识，提高业务能力，提升依法规范公正文明执法的专业化水平。采取多种方式对工作人员进行培训，增加培训次数，丰富工作人员的专业知识，建立考核制度，规定奖惩措施，使其执法水平与法律法规的更新和时代的变化相适应，确保能够满足新形势下医疗卫生安全监管的要求。

3. 通畅社会监督渠道

（1）增加经营信息公开性。为实现自身可持续的发展，作为社会责任的主体，企业应自觉树立社会责任意识，积极主动地履行社会责任，增加经营信息公开性。应加强信息平台建设，提高信息开放度，以政府为主导，企业共同参与，准确、完整、及时地公开商品的安全信息，保障公众的知情权，有利于提高公众对产品的认识，防止流言的传播，为医疗卫生安全信任的建立创造良好的外部环境。行政机关要提升监管工作的透明度，监管部门采取的各种监管措施及成效应及时向社会公布，既要公布有关检查结果的信息，还要包括检查的标准、程序和对象等，以便公众更为全面地了解监管工作，增强信任度。建立政府、企业、公众、媒体一体化的信息化平台和移动终端，实现信息的实时发布、咨询、投诉和举报，方便公众及时有效地获取产品安全信息。

（2）畅通社会监督渠道。行政机关应增强监管工作的透明度，主动将本部门的工作置于媒体和公众的监督之下。健全投诉举报制度，畅通消费者投诉渠道，鼓励经营企业员工、消费者举报违法行为，建立举报人保护制度，落实举报奖励政策，奖励制度是对社会监督力量中个体参与监督所产生风险的补偿，也是对其社会责任精神的鼓励，从而鼓舞社会各界参与有奖举报的积极性。要发挥行业协会的监督作用。行业协会是依法成立的，不以营利为目的的民间性组织，是社会团体的一种，随着市场经济的发展和政府职能的转变，行业协会在监督和约束企业方面的职能越来越重要。支持行业协会制订行规行约、自律规范和职业道德准则，建立健全行业规范和奖惩机制。完善公益诉讼制度，进一步扩大提起医疗卫生安全公益诉讼的主体范围，建立公益诉讼激励机制，试点消费者团体诉讼模式。

（3）发挥新闻媒体的监督作用。新闻媒体的监督力量是社会监督的主力军，大量医疗卫生安全问题的发现与解决，源自记者的深度调查与报道，新闻媒体不仅将问题曝光，而且直接推动了监管机关的行政执法。因此，要加强对舆论媒介单位的日常监管力度，建立责任追究机制，对相关媒体人员定期组织开展教育培训，提高舆论媒体社会责任感。积极推进监管部门政务网站建设，加强微博、微信等新媒体平台建设，引导社会公众通过正规、权威的渠道了解和掌握医疗卫生安全信息；深化与主流媒体和互联网媒体合作，构建多层次、多维度的信息发布渠道，搭建政府、社会风险信息交流桥梁。

▶ **第八章**

医疗卫生犯罪治理的非刑罚转向与调适

防范与化解公共卫生风险离不开刑罚的维系与保障。在应对公共卫生领域日益集聚的犯罪问题上，刑罚制裁手段在一定程度上取得了相应效果。然而，犯罪治理手段的多元化是构建"良法善治"法治国家的必然要求。医疗卫生犯罪治理亦不能简单地依靠严刑峻法打压管控、硬性维稳，必须重视通过多元化的制裁手段预防、疏导和化解社会矛盾。以和谐性、预防性、经济性为价值导向的非刑罚处理方法对于医疗卫生犯罪的治理具有较大意义。医疗卫生犯罪治理应构建刑罚与非刑罚处理协同并进的理想治理模式，但受内外部不利因素影响，造成实然层面非刑罚处理同医疗卫生犯罪治理手段相分离的困境。为此，有必要针对目前的非刑罚处理方法进行合理调适。一方面，通过完善保安处分措施的适用，以摆脱保安处分在刑事制裁体系中的弱势地位；另一方面，通过强化非刑罚处理方法的适用，以达到规范激活的目的。最终促进非刑罚处理方法在医疗卫生犯罪治理中的广泛性与有效性，实现"综合防控、标本兼治"的理想效果。

一、非刑罚处理方法的基本范畴

（一）非刑罚处理方法的概念界定

非刑罚处理方法，有的称之为"非刑罚处罚方法"[1]；有的称之为非刑罚处理方法；[2] 有的称之为"非刑罚的法律后果"[3]。首先，"处罚"作为违法犯罪行为的代价，难以涵盖保安处分（这种措施是为了预防违法犯罪，属于一种前瞻性的制裁措施）。其次，"法律后果"一词也不精确，因为除了否定性法律后果之外，还有肯定性的法律后果。相比之下，非刑罚处理方法较为准确。所谓

---

[1] 贾宇主编：《刑法学》，中国政法大学出版社 2017 年版，第 190 页。
[2] 赵秉志主编：《刑法新教程》，中国人民大学出版社 2012 年版，第 249 页。
[3] 张明楷：《刑法学》，法律出版社 2016 年版，第 635 页。

非刑罚处理方法，是指针对犯罪人所给予的除刑罚以外的实体上的制裁。在外延上不仅包括刑法意义上的保安处分，也包括给予民法意义上的训诫、判处赔偿损失、责令内部赔偿损失和行政法意义上的行政处罚和行政处分等非刑罚处罚方法。因而，非刑罚处理方法包括保安处分和非刑罚处罚方法两类。

（二）非刑罚处理方法的性质

1. 非刑罚处理方法不属于刑罚体系的内容。非刑罚处理方法区别于刑罚处理方法的根本属性在于其非刑罚性，具体表现为法律后果实现的轻惩戒性、次要性以及多元性。因而非刑罚处理方法与刑罚制裁具有实质的区别，不应作为刑罚体系的一部分。

2. 非刑罚处理方法不属于刑事执行的方式。因为非刑罚处罚中的赔偿经济损失是附带民事诉讼以"判处"形式作出的，赔偿损失是以"决定"形式加以"责令"的。保安处分也需要先科处，并且不限于免除刑罚才能科处。所以，非刑罚处理方法并不完全局限于"免予刑事处罚"的情形。故非刑罚处罚方法宜作为刑罚裁量制度的附属部分加以阐述，并且把保安处分与刑罚相对应，并以上位概念刑事责任来统摄。

3. 非刑罚处理方法中的保安处分，相对于作为刑事责任的刑罚而言，是承担刑事责任的次要手段，其当然具有刑事责任的性质。但非刑罚处理方法中的非刑罚处罚方法，包括刑法典中的民事制裁措施、行政制裁措施，则不是刑事责任的承担方式。刑事责任是强制犯罪分子承担的刑事义务，但非刑罚处罚方法并不能反映其刑事责任的内容。一个犯罪行为可以同时产生刑事法律责任、民事法律责任，甚至可以同时产生行政法律责任。[1] 例如附带民事诉讼的赔偿经济损失，赔偿只是伴随民事责任发生的法律后果。因而，非刑罚处理方法本身并不是刑罚制裁，体现了对犯罪分子追究责任的多层次性。

（三）关于非刑罚处理方法的适用条件

1. 保安处分

保安处分针对的是存在犯罪行为而显示具有社会危险性者，为消除其人身危险性，作为补充或替代刑罚的特殊处置方法。保安处分以社会防卫理论为基础，

---

〔1〕　参见牛忠志、杜永平：《怎样实现对行政犯的"亦刑亦罚"》，载《河北法学》2014年第1期。

立足于犯罪者人身危险性，以矫正为主要目的，主要是克服刑罚的局限性，在实现特殊预防上具有重要价值。从广义来讲，保安处分以行为构成"事实的犯罪"为前提；以行为人具有一定的人身危险性为实质条件；以保安处分的法定为原则。

2. 非刑罚处罚方法

《刑法》第 36 条、第 37 条规定了非刑罚处罚方法。《刑法》第 36 条是因犯罪遭受经济损失后，通过附带民事诉讼的方式由法院判处赔偿经济损失，该行为构成犯罪，但对其既给予刑罚又给予非刑罚处罚。《刑法》第 37 条是"定罪免刑"条款，即前半部分的"对于犯罪情节轻微不需要判处刑罚的，可以免予刑事处罚……"与后半部分"但是可以根据案件的不同情况，予以……"实际上存在着逻辑上的承接关系。因而适用该条规定的非刑罚处罚方法，以行为构成犯罪、但情节轻微并免予刑事处罚为前提。

二、医疗卫生犯罪之非刑罚处理方法的价值依据

由于过分强调严苛手段与报应目的，在医疗卫生犯罪治理中刑罚处理方法存在着自身固有的局限。而非刑罚处理方法在和谐性、预防性、经济性上相较于前者具有较大的独立价值。为克服刑罚自身局限，医疗卫生犯罪治理应当将非刑罚处理方法作为辅助性手段及时适用。

（一）和谐性补足：由从严惩治到宽严相济

"一个现代化的社会，应该既充满活力又拥有良好秩序，呈现出活力和秩序有机统一。"[1] 一律对医疗卫生犯罪从严惩治，会过多关注对公共卫生秩序的维持而忽视了对公民自由的保障，徒增妨碍和谐秩序实现的坎坷。换言之，过于强调医疗卫生秩序的维系，反而可能招致"借维护公共秩序为名，行克减公民自由之实"的不良效应。在"良法善治"的新形势下，"活力"与"秩序"的辩证机理促使刑法的机能发生变化——刑法不再被单纯视为社会防卫的工具，而是同时被期待担当自由保障的任务。与此相适应，当代犯罪治理也肩负着维护稳定与保障自由的双重使命，若对其中任何一项有所忽视，都可能会招致人民群众的强烈

---

〔1〕 习近平：《在经济社会领域专家座谈会上的讲话》，人民出版社 2020 年版，第 9 页。

批判，更是会给人民带来现实的灾难。正如贝卡里亚所言："刑罚最残酷的国家和年代，往往就是行为最血腥、最不人道的国家和年代。因为支配立法者双手的残暴精神，恰恰也操纵着杀人者和刺客们的双手。"[1] 而非刑罚处理方法作为宽严相济刑事政策的切实贯彻，其意义便在于补足了因从严惩治而丧失的和谐价值。

非刑罚处理方法体现了惩戒的宽缓性。"有罪必罚"作为古老但不朽的伦理观念，使得刑罚自古以来便承担着犯罪治理的主要职能，"罪"与"罚"被认为具有天然的因果关系，自然导致刑罚成为承担刑事责任的唯一方法。受"有罪必罚"理念影响，犯罪治理过于重视刑事制裁的严厉性，而丧失了和谐性。医疗卫生安全需要刑法的保障，但一味强调刑罚的从严惩治，只能说明治理的手段单一、能力不足。因此，应通过宽缓的非刑罚化手段突破传统重刑观念，针对刑罚的严苛性加以"宽"的缓解，以此彰显和谐秩序的法治逻辑。例如，对于一些情节轻微，危害性不大的犯罪，可以免予刑事处罚，并依据非刑罚处理方法进行处理；即使面对一些情节恶劣或危害性严重的犯罪，也不应单纯依靠严苛的刑罚手段，更要做好教育、矫正工作，通过保安处分从根源上消除个体的犯罪因素，防止其再次犯罪。

在一定意义上，非刑罚处理方法的宽缓性也正是基于差异化处置而采取的必然措施。医疗卫生犯罪是受多种复杂因素影响产生的社会问题，既有个人的原因也有国家和社会的原因。犯罪原因的复杂性决定了治理手段的差异化处置。一律"等量齐观"地通过刑罚剥夺自由，虽然在短时间内控制了犯罪，但难以实现"标本兼治"的长期治理目的，反而可能滋生新的社会不和谐因素。法治建设初期的历次"严打"运动中，为尽快恢复社会秩序，强调从严、从快地打击犯罪，适用了与之相配套的一律从严的刑罚制度。然而，"严打"斗争实践表明，虽然利用重刑能够在一定时期内遏制和减少犯罪，但破坏法治、损害人权等负面效应也愈发凸显。因而，有必要根据犯罪具体情况并结合个体的差异进行区别化对待。对于人身危险性较小的行为人，应当体现惩戒"宽"的一面，着眼于改造，处以轻刑，甚至要考虑非刑罚处理方法是否足以达到控制犯罪的目的。总之，

---

〔1〕 ［意］切萨雷·贝卡里亚：《论犯罪与刑罚》，黄风译，北京大学出版社 2008 年版，第 44 页。

"刑罚不足以移风，杀戮不足以禁奸"[1]。而非刑罚处理方法致力于人道化处理，为严格限缩刑罚权而采取的宽缓化犯罪制裁形式。

（二）预防性定位：由间接预防到直接预防

伴随医疗卫生领域面临风险的加深以及体系脆弱性的加剧，倡导"后果控制"司法模式的效果十分有限，必须转变"亡羊补牢"的逻辑以实现早期化预防。一般认为，犯罪预防分为一般预防和特殊预防。而针对已然存在的医疗卫生犯罪而言，这里的犯罪预防则主要是指特殊预防。[2]

问题在于，刑罚的报应属性导致犯罪预防的间接性。刑事古典犯罪学派基于道义责任论，认为是由于报应的需要而动用刑罚。如同复仇一样，刑罚自然是针对过去事件的报应。基于"恶有恶报"的报应目的，只要使犯罪人得到与其罪行相匹配的惩罚，使其痛苦，就实现了犯罪治理的效果。浓厚的报应性色彩造就了刑罚"事后报应"的补救性特征。即使随着刑罚理论的发展，刑罚被赋予"阻止犯罪再重新侵害公民，并规诫其他人不要重蹈覆辙"[3]的预防性机能，但预防目的的实现仍建立在报应目的的实现的基础上，作为"附随"价值加以间接体现。因此，"向前看"的报应属性无法从根本上摆脱刑罚"以报应促预防"的束缚。与此相反，非刑罚处理方法的预防属性导致犯罪预防效果的直接性。出于预防目的的考量，而非报应目的的考量，非刑罚处理在性质上本身便具有预防性。刑事近代学派基于社会责任论，认为刑罚目的是使"犯罪人将来不再犯罪而科处之"[4]但激增的犯罪事实已经证明单纯依靠刑罚难以有效矫治犯罪者根源上的恶性。由于"经验使我们确信刑罚几乎完全失去了威慑作用，所以为了社会防卫的目的，我们必须求助于最有效的替代措施"[5]虽然实施犯罪便应该承担相应

---

[1] 《淮南子·主术训》。

[2] 司法层面的犯罪预防，主要是指特殊预防而非一般预防。即使可能基于一般预防与特殊预防的互补性认为"将两者割裂开来或者对立起来的观点都是错误的"，但是两者的实现机制并不相同。一般预防的效果主要体现于立法层面，通过立法树立公民自觉守法的意识；而在司法层面，一般预防的效果并不来源于刑罚适用本身，而是实现报应的附随效果（当然，如此的一般预防效果究竟多大也是存疑的）。换言之，特殊预防有赖于刑罚适用，而一般预防有赖于规范制定。

[3] ［意］切萨雷·贝卡里亚：《论犯罪与刑罚》，黄风译，北京大学出版社 2008 年版，第 29 页。

[4] 马克昌主编：《近代西方刑法学说史》，中国人民公安大学出版社 2008 年版，第 165 页。

[5] ［意］恩里科·菲利：《犯罪社会学》，郭建安译，中国人民公安大学出版社 2004 年版，第 193 页。

的法律后果，但要避免犯罪者再次犯罪，"绝大多数需要的不是刑罚，而是能够对他们产生一定道德影响和教育影响的措施"。[1] 正确做法是对犯罪人进行科学的矫正，注重对罪犯的教育感化，力图从根源上消除其人身危险性。通过合理的刑罚替代措施，以解决刑罚预防效果欠佳的缺陷。实际上，医疗卫生犯罪的案件频发已经证明刑罚的预防效果欠佳。而基于"向后看"的预防属性，非刑罚处理方法更能够发挥医疗卫生犯罪预防的效果。因此，在医疗卫生犯罪治理中，广泛地适用非刑罚处理方法，不失为更好的治理方式。

（三）经济性导向：由单一虚耗到综合增效

作为法益保护与人权保障的"红线"和"底线"，刑法适用应当恪守谦抑性本质。从经济角度考量，刑法的谦抑性是指犯罪治理应当以最小的支出获取最大的效益。为恪守谦抑性，医疗卫生犯罪治理需要进行"成本—收益"的功利衡量。而刑罚处理方式的非经济性特点，决定了医疗卫生犯罪治理需转向综合效益更高的非刑罚处理方法。

刑罚自身的非经济性导致资源的单一虚耗。在司法资源层面，刑事制裁是以司法资源投入为成本，以减少犯罪为收益的过程。刑罚制裁作为一种代价高昂的治理手段难以体现经济性价值：一方面，因犯罪而产生的侦查、起诉与审判活动往往需要消耗大量的司法资源；另一方面，对于犯罪者的监禁改造也会投入大量的成本。"以有限的刑罚应对无限的犯罪，是社会的无奈选择。宽容与节俭用刑则是社会最明智的选择。"[2] 而过分相信监狱的隔离矫正功能，将监禁刑视为轻罪制裁的主导方式，显然并不符合经济性要求。根据美国加州立法分析师办公室（Legislative Analyst's Office）公布的数据，2016 年度，每关押一名囚犯，州政府成本约 70 812 美元，其中 2/3 的花费在监狱看守的薪资福利和囚犯的医疗健康上。[3] 因此，对于犯罪治理，刑罚的非经济性决定了需要尽量少用甚至不用刑罚。完全通过刑罚制裁手段治理医疗卫生犯罪的确会产生一定效益，但更多是指在消极意义上成立的经济价值，并非犯罪治理的最优解。而且，在公共卫生资源

---

〔1〕　孙国祥：《论非刑罚化的理论基础及其途径》，载《法学论坛》2003 年第 4 期。

〔2〕　参见邱兴隆：《刑罚理性导论——刑罚的正当性原论》，中国检察出版社 2018 年版，第 2 页。

〔3〕　《加州监狱管理囚犯成本创纪录比哈佛学生费用还多》，载中国新闻网，http：//us. xinhuanet. com/2017-06/06/c_ 129625798. htm，最后访问时间：2021 年 8 月 22 日。

层面，各类医疗卫生犯罪既以其所侵害的直接客体为表征，也必然隐含对间接客体——公共卫生体系的破坏。公共卫生体系本身并不具有经济性特质：公共卫生体系构建需要国家在人才培养、医疗设施等方面消耗大量的经济成本，并非一朝一夕便可完成。换言之，公共卫生体系因恢复犯罪所受的破坏而需要投入的成本也极其高昂。医疗卫生犯罪出现的重要原因之一即是公共卫生资源匮乏，倘若目前的公共卫生资源足够丰富，由此引发的矛盾不一定会引发刑事犯罪。应对医疗卫生犯罪最直接的手段就是加大公共卫生资源的投入，但对于正处于转型期的我国，在目前无法完全消除医疗卫生犯罪的情况下，就需要认真考虑恢复因犯罪破坏的公共卫生体系会再次损耗大量社会资源这一成本问题。

因此，仅凭借成本高昂的刑罚手段去应对成本同样高昂的医疗卫生犯罪，显然达不到"负负得正"的经济性效果。对于医疗卫生犯罪治理，不应仅把希望放在发挥有限作用的刑罚制裁手段身上。最优化的效益只能产生于多元化治理，这一事实足以将关注点转向为综合效益更高的刑罚替代手段。

三、医疗卫生犯罪之非刑罚处理方法的适用困境

考虑到非刑罚处理方法的和谐性、预防性和经济性优势，"刑罚+非刑罚"的双轨制处置是治理医疗卫生犯罪的理想模式。然而，受实践中内外部阻碍因素的影响，导致非刑罚处理方法与医疗卫生犯罪治理出现"分离"困境。

（一）医疗卫生犯罪之非刑罚处理理想模式

我国刑法广泛存在着非刑罚处理方法的立法配置。鉴于危害医疗卫生犯罪专业化程度高、涉案场所及犯罪工具特殊、侵害范围广、后续影响恶劣等特殊性，非刑罚处理方法可以同医疗卫生犯罪中的各类具体罪名进行恰当衔接，实现同刑罚处理双管齐下的理想模式。

1. 保安处分的适用衔接

我国《刑法》中没有明确使用"保安处分"一词，也没有保安处分的专门立法，但存在实质性的保安处分规范。这主要包括：强制医疗、专门矫治教育、禁止令、社区矫正、没收罪物、职业禁止。其中，医疗卫生犯罪可以适用的保安处分方法主要包括以下四种：

（1）禁止令。禁止令是针对被宣告假释、缓刑、管制者，在此期间履行特定禁止性义务的方法。被宣告缓刑、管制者以戴罪之身自由地生活于社会，尽管他们的人身危险性较小，但不能绝对排除其重新犯罪的可能性，这就有必要对期间的活动进行约束。在"暴力伤医"的场合，完全可以基于人身危险性的考量适用禁止令。例如，可以在一定时间内限制行为人的活动范围，禁止其在一定期间内出现在特定的医疗卫生场所；或者在一定时间内对其社交对象作出限制，禁止其在一定期间内会见特定的医务工作人员；在妨害传染病防治罪的场合，由于行为人四处活动所造成甲类传染病或按甲类管理的乙类传染病的传播，也可以采取相似的方法，例如在一定时间内禁止其离开住所地，禁止其乘坐高铁、飞机等。

（2）没收罪物。没收罪物是没收违禁品、供犯罪所用的本人物品和犯罪所得的财物。[1] 经营型医疗卫生犯罪大多存在器械、药物等用于犯罪的物品。考虑到涉案罪物具有扩散性与危险性，处罚行为人的同时应当对涉案罪物进行妥善处理。例如在生产、销售、提供假药、劣药的场合，在对相关行为人或单位判处刑罚的同时，为防止假药、劣药的危害后果继续扩大，可以通过没收涉案药品以表现对犯罪的彻底否定，而这是罚金刑所不具有的效果。

（3）职业禁止。职业禁止是避免利用特定职业或身份的犯罪人在刑罚执行完毕后再次犯罪的措施。业务型与职务型医疗卫生犯罪主体多为具有一定医学知识与医务身份者，限制其今后一定时期内继续从事医疗行为具有可行性。例如，对于医疗事故罪，针对一些情节相对轻微者，可以相应地暂时限制其从事医疗活动。对于在药物采购、医疗诊治等环节发生的收受贿赂、侵占单位资产等犯罪，同样可以对犯罪人采取类似措施。

（4）社区矫正。社区矫正是通过专门的社区矫治人员来最终矫治安置在社区罪犯的病理品格，并矫正其不良甚至反社会的行为定式，以俾犯罪人重新回归社会的活动总称。[2] 医疗卫生犯罪身份化、技术化特点导致犯罪具有更强的隐蔽性，犯罪前科者再次实施相关犯罪具有更大的可能性。通过接受教育矫正可以

---

〔1〕　应当注意的是，此处所谈的没收罪物，与附加刑中的没收财产存在本质区别。前者具有保安处分性质，其目的在于针对犯罪人的人身危险性，防止其再次犯罪。而后者则具有刑罚性质，是对于犯罪人的否定性评价。此外，《刑法》第64条规定所追缴的财物，仅包括犯罪者用于犯罪的财产，而没收财产的范围则更广泛。

〔2〕　屈学武：《中国社区矫正制度设计及其践行思考》，载《中国刑事法杂志》2013年第10期。

使犯罪前科者深刻反省自身行为危害、消除危险品格，确保在今后社会生活中能够切实转变生活作风，实现行为的正常化。

2. 非刑罚处理方法的适用衔接

目前我国非刑罚处理方法集中体现在《刑法》第36条、第37条，包括教育类措施（训诫、责令具结悔过与赔礼道歉）、民事类措施（责令赔偿物质或精神损失）、行政类措施（提出行政处分或处罚司法建议）三类。医疗卫生犯罪可以适用的非刑罚处理方法主要包括以下三种：

（1）训诫、责令具结悔过和赔礼道歉。这是指为促进犯罪者悔过、修复同被害人和谐关系而采取精神赔偿方法的总称。其价值在于：其一，即使单纯宣告有罪也不应一放了之，教育类措施表明对危害公共卫生安全行为的否定评价与谴责态度；其二，出于医疗卫生犯罪影响的广泛性，对平息被害人及周围群众的愤怒，促进谅解，具有一定意义；其三，这种较为温和的方式，有利于促使犯罪者深刻认识到对公共卫生体系的破坏性，帮助其再次回归社会。

（2）责令赔偿损失。赔偿损失是指由于犯罪行为侵害被害人的合法权益，人民法院责令被告人给予被害人一定经济赔偿的处理方法。[1] 医疗卫生犯罪的原因具有经济相关性，即使免予刑罚也应让已经或潜在犯罪者认识到犯罪的成本远大于收益，促使其选择合法的"致富途径"。而且，对大多数医疗卫生犯罪的被害人而言，对犯罪人是否施以刑罚或施以何种刑罚并不重要，其最关心自己因犯罪所耽搁的病情。通过获取经济赔偿以寻求优质的医疗资源，对于被害人以及亲属更是有意义的。

（3）行政处罚与行政处分建议。行政建议是指人民法院、检察机关根据案件情况，向行政主管部门提出对犯罪人予以一定行政处罚或者行政处分的建议，并由主管部门具体加以落实的处理方法。医疗卫生犯罪中存在着大量利用职业便利而实施的身份犯。由于司法机关并无直接剥夺或限制其资格的权力，具体的实施规则又规定在行政法规之中，因而需要向相关行政部门提出司法建议，进行处分、警告或剥夺其一定期间或永久从事与医疗卫生有关活动的资格。

---

〔1〕《刑法》第37条规定的责令赔偿损失，以免除刑罚为前提，包括责令赔偿物质损失与补偿精神损害；《刑法》第36条规定的赔偿经济损失，附带民事诉讼的结果，并不以免除刑罚为前提且仅限于物质损失。

（二）医疗卫生犯罪之非刑罚处理方法适用的现实阻碍

从实然层面来看，医疗卫生犯罪治理中存在刑罚处理方法广泛适用，但非刑罚处理方法却趋于边缘化的情况。[1] 造成目前非刑罚处理方法"边缘化"的原因主要是受到以下四种因素的影响。

1. 社会转型期的公众安全需求

"人生而自由，但却无往不在枷锁之中。"[2] 而自由的本质，在当代语境下应该是安全。[3] 当公民将部分自由权让渡给国家之后，社会治理需以安全导向为目标，依靠公权力承担起增进公民安全感、促进社会秩序稳定的重任。特别是在社会转型期的背景下，各种不断涌现和蔓延的医疗安全问题迅速聚焦和升级，社会治理面临着前所未有的舆情压力与防卫需求。伴随着医疗卫生安全居于优位状态，国家亟须不断强化制裁强度以应对日益复杂的医疗安全危机。正如有学者指出，如果社会本身是很稳定的，犯罪在法律上的地位就是微不足道的，就可以根据地位的趋势来考虑废除犯罪；如果社会本身是动荡不安的，就必须通过惩罚来确立样板。[4] 国家为了体现对公众的负责任态度，也必然会对危害卫生安全行为进行从严惩治。因此，为抵御日益聚焦的医疗安全威胁，消除公众的安全焦虑，必须遵循"安全威胁—舆情压力—刑法规制"的治理逻辑。

作为犯罪后果最基本的实现形式，刑罚自然成为医疗卫生犯罪治理的重要手段，肩负起保障国民安全的使命。进而，国家对于医疗卫生领域的积极治理必然会导致刑罚处理方法而不是非刑罚处理方法的扩张。为何非刑罚处理方法在医疗

---

[1] 为明晰非刑罚处罚方法在危害医疗卫生犯罪的适用情况，笔者以非法行医罪，生产、销售假药罪，妨害传染病防治罪为例对 2016~2021 年的相关一审刑事判决书进行统计分析。①关于非法行医罪。针对 4547 份刑事一审裁判文书的统计：其中免予刑事处罚的裁判文书仅有 33 份。在未提出附带民事诉讼的情况下，除 1 起责令赔礼道歉以外并无适用其他非刑罚处罚方法的情况；被判处缓刑及管制的有 2433 起，但并没有根据案件实际情况采取禁止令措施的情形。②关于生产、销售假药罪。针对 12 246 份一审裁判文书，其中有 46 起免予刑事处罚，在未提出附带民事诉讼的情况下，都没有适用非刑罚处罚方法而将犯罪者一放了之；对于生产、销售假药案件中的保安处分，采取职业禁止的仅有 183 起；采取禁止令的 1281 起。③针对妨害传染病防治罪的 77 份一审裁判文书，并无适用任何非刑罚处理方法和保安处分的情况。

[2] ［法］卢梭：《社会契约论——名：政治权利的原理》，何兆武译，商务印书馆 2003 年版，第 1 页。

[3] 姜涛：《为风险刑法辩护》，载《当代法学》2021 年第 2 期。

[4] 参见［法］米海依尔·戴尔玛斯-马蒂：《刑事政策的主要体系》，卢建平译，法律出版社 2000 年版，第 29 页。

卫生犯罪治理中趋于弱势？深层次原因在于非刑罚处理方法因较低的制裁强度而难以被社会公众所接受。尽管保安处分与非刑罚处罚方法本质上是一种因犯罪而承担的负面后果，但相较于刑罚，轻微的"制裁"不太能满足公众的谴责心理。司法本质上是公众意志的裁断，刑法必须关照公众强烈的规制诉求。例如，绝大部分公众对于高空抛物、妨害安全驾驶等新增社会问题，都表现出希望通过刑罚手段对此类行为进行严惩的强烈愿望。若某种社会危害行为总是无法与刑罚相关联，可能不符合公众的一般道德观念的。医疗卫生犯罪对于公众的危害不言而喻，因而针对医疗卫生犯罪问题予以刑罚的严厉制裁，具备着坚实的公众拥护基础。而非刑罚处理方法可能与公众的道德观念不太相符。通过平和的、轻惩戒性的非刑罚处理方法进行规制，与公众"欲杀之而后快"的朴素道德观并不一致，可能较难得到坚实的拥护。总之，非刑罚处理方法似乎与风险社会中公众的安全保障需求不相适应，因此，作为辅助手段的非刑罚处理方法自然不会成为医疗卫生犯罪治理的首选。

2. 保安处分的"行政化"特质

我国保安处分并没有像德国《刑法典》那样将保安处分单独规定为一章，将其作为一套完整的非刑罚处理体系，而是零星地规定在刑法总则中。由于保安处分"名不正言不顺"的尴尬处境，司法实践中也难以将其作为一种有效的非刑罚处理方法。正如有学者指出，我国现行刑法中并无保安处分的法律概念，更无独立章节加以规定，可谓是"隐形双轨制"。[1]造成此种困境的原因应当是多方面的，如教育矫正理论的衰落、制度本身的设置缺陷等。本书认为，保安处分的"行政化"特质同样是导致保安处分趋于边缘的一个重要原因。作为一种行政法意义的"行政强制措施"，自然会在司法层面受到"冷落"。

在"行政—刑事"二元制裁体系下，为适应我国社会管理需要，行政法规范中也存在着保安处分的措施。首先，从条件上看，行政保安处分并不以具有严重社会危害性为前提，只要具有相应的违法行为便可以适用。这导致行政保安处分的适用条件远比刑法保安处分的适用条件宽松。其次，行政法规范覆盖社会生活的方方面面，而刑法规范只是在行政法规制范围内，针对具有严重社会危害性

---

[1] 参见时延安：《隐性双轨制：刑法中保安处分的教义学阐释》，载《法学研究》2013 年第 3 期。

的法益侵害行为进行制裁。相应地，行政保安处分也更为丰富。例如，《中华人民共和国公职人员政务处分法》第 7 条、第 8 条所规定的政务处分的种类和期间；《中华人民共和国道路交通安全法》第 91 条第 1 款规定饮酒驾驶二次违法的，吊销机动车驾驶证。最后，即使在二者存在交叉的情况下，行政保安处分规定更具体且惩戒性更强。如职业禁止，《中华人民共和国律师法》第 47 条、第 48 条规定"律师有下列行为之一的，……给予停止执业三个月以下的处罚……给予停止执业三个月以下或三个月以上六个月以下的处罚……"第 49 条"……律师有下列行为之一的。……吊销其律师执业证书……"而《刑法》第 37 条之一仅仅粗略地规定 3~5 年期限，且没有明确适用情形。因此，这便造成保安处分体系上的混乱：刑法保安处分本身规制范围狭窄，而且适用条件严格，但处罚更为轻微；行政保安处分规制范围广泛，而且适用条件宽松，但处罚更为严重。而且在"其他法律、行政法规对其从事相关职业另有禁止或者限制性规定的，从其规定"的提示下，司法机关也无需再适用条件严格且制裁轻微的刑法保安处分。如限制从医资格，《医师法》本身就有更为细致的规定，再适用刑法的职业禁止，似乎显得多此一举。

此外，绝大部分刑法中的保安处分也是最终需要通过行政机关加以执行，司法机关并没有保安处分的执行权，而只能作出适用决定。至于是否实施、实施的效果如何，也主要靠行政机关进行衡量。因此，对司法机关而言，禁止令、职业禁止与社区矫正成为"可有可无"的措施。换言之，在执行效果并无法保证的情况下，司法机关也不愿适用刑法保安处分。又或者只是象征性地作出保安处分宣告，而具体实施的效果如何，并不属于司法机关关注的范畴。

3. 非刑罚处理方法的"附属性"适用

我国非刑罚处理方法主要体现在《刑法》第 37 条之中。一般认为，我国《刑法》第 37 条是"定罪免刑"条款，即非刑罚处理方法的适用是以行为构成犯罪，但免予刑事处罚为前提。然而问题在于，《刑法》第 37 条能否作为独立的非刑罚处罚措施适用的理由，即在没有明确规定免予刑事处罚的前提下，是否可以单独适用非刑罚处理方法？我国免予刑事处罚的一般规定并没有罪名的限制，即使是再重大的犯罪也存在适用可能。换言之，决定是否适用的关键并非罪名的轻重，而是其罪中、罪后的情节问题。这主要包括：其一，可以免除处罚的情节；其二，可以免除或者减轻处罚的情节；其三，可以减轻或免除处罚的情节；其四，可以从轻、减轻或免除处罚的情节；其五，应当免除处罚的情节；其六，应当减轻处罚或免除处罚的情节；其七，应当从轻、减轻或免除处罚的情节。[1]在司法实践中，出于稳妥性考量，适用《刑法》第37条的刑事判决中，绝大多数是与16种免予刑事处罚事由结合起来使用的，单独适用第37条的很少。换言之，对于一些情节轻微，但不属于上述16种免予刑事处罚事由的案件，罕有适用《刑法》第37条的情形。这便导致我国极低的定罪免刑率，也自然难言适用非刑罚处理方法。[2]正如否定论者所认为的：《刑法》第37条不是独立的免除刑罚事由，只是其他具体免除刑罚情节的概括性规定。[3]由此可见，由于司法机关并未把《刑法》第37条作为独立的适用条款，将其作为附属于法定免刑情节的规定，机械化地对情节进行认定直接形成我国非刑理处理方法适用较少的局面。

此外，非刑罚处理方法附属适用也表现为《刑法》第37条似乎仅具有宣示作用，仅仅在于宣示犯罪者无需承担刑罚而可一放了之，是否进行非刑罚处理并不属于司法机关的职权范围内。实际上，《刑法》第37条并不仅是法律后果的承担，它同样属于提示性规定。非刑罚处理方法是作为犯罪所承担的后果，规定民事责任和行政法律责任本来不是刑法的分内事。但是，为了提醒刑事程序中不要忘记给予犯罪人应有的民事或行政法律制裁，因此又作出提示性规定。一个犯罪行为可以同时产生多种法律责任[4]。例如一个生产、销售假药案件，即使在免

---

〔1〕 具体而言：犯罪较轻且自首的（第67条第1款）；种植毒品原植物在收获前自动铲除的（第351条第3款）；域外犯罪已受处罚（第10条）；行贿人被追诉前交待的（第164条第4款）；个人贪污数额较大但有悔改表现、积极退赃的（第383条第3款前段）、行贿人犯罪较轻的，对侦破重大案件起关键作用的，或者有重大立功表现的被追诉前主动交待罪行的（第390条第2款）；在被追诉前主动交代介绍贿赂行为的（第392条第3款）；有重大立功表现的（第68条后段）；个人贪污数额巨大或特别巨大但有悔改表现、积极退赃、减少避免损害发生的（第383条第3款后段）；又聋又哑的人或者盲人犯罪（第19条）；预备犯（第22条第2款）；没有造成损害的中止犯（第24条第2款前段）；防卫过当（第20条第2款）；紧急避险过当（第21条第2款）；胁从犯（第28条）；从犯（第27条第2款）。

〔2〕 需要指出的是，我国免予刑事处罚率偏低也应当考虑到酌定不起诉制度进行了部分的分流，这导致部分本应做出免予刑事处罚的案件并没有进入到审判程序。但是，考虑到我国酌定不起诉率整体偏低的客观现实，并不会对《刑法》第37条的适用产生过多影响。

〔3〕 张明楷：《刑法学》，法律出版社2016年版，第634页。

〔4〕 牛忠志、杜永平：《怎样实现对行政犯的"亦刑亦罚"》，载《河北法学》2014年第1期。

于承担刑罚的同时，行为人还可能赔偿损失、被吊销营业执照。[1] 正因如此，在刑事诉讼中，检察机关可能在犯罪轻微不需要判刑时依法作出罪轻不起诉的决定，法官也可能因为犯罪本身轻微或者存在其他情节因而只定罪不判处刑罚。在此情况下，需要提醒办案人员对于犯罪人不要一放了之，还要将有关的民事责任、行政责任处理好。由于司法机关仅仅将《刑法》第 37 条作为具有宣示作用的条款，而忽视了因犯罪所需承担的其他责任，在一定程度上也造成了非刑罚处理方法适用较少的局面。

4. 非刑罚处理方法的程序性配套不足

程序法是正确实施实体法的保障，法律后果的承担最终要通过刑事诉讼程序来保障实施。与刑罚处理方法不同的是，非刑罚处理方法作为一种次要、辅助的法律后果承担方式，在我国并没有像刑罚处理方法一样，在程序法方面具有与其相配套的完善措施。虽然在 2012 年《刑事诉讼法》修改时，将保安处分中的强制医疗措施单独成章，纳入刑事诉讼法的特别程序中。但总体而言，对于非刑罚处理方法的程序性配套，还处于缺位的状态。缺乏程序性配套的严重后果在于，有可能导致执行人员在执行过程中恣意侵害公民合法权益的情况。例如，劳动教养制度之所以广为社会各界所诟病，就是由于缺少完善的程序配套措施，极易造成执行部门的恣意实施，侵害被处分者的合法权益。更何况，在权益遭受侵犯后，也没有相应的程序性措施加以救济，只能寻求行政机关内部的救济。因此，在日益重视与保障犯罪人合法权益的司法背景下，非刑罚处理方法中程序性配套的缺失，导致司法机关在没有明确程序法律依据的情况下，为规避相应司法风险也不敢适用非刑罚处理方法。当然，从其他方面考量，程序性配套缺失也同样导致司法机关不愿意适用非刑罚处理方法。例如，虽然我国颁布《中华人民共和国社区矫正法》（以下简称《社区矫正法》），对社区矫正的运行模式进行了系统性规定，但是各个流程仍然略显 "粗糙"，如社区矫正的评价指标不够明确，监督管理措施不够具体。由此导致社区矫正的实施流于形式，最终效果并不明显。

---

〔1〕 基于刑法的相对独立性，在刑民交叉和刑行交叉的情况下，对多种责任同时追究并不违反 "一事不二罚" 原则。

四、医疗卫生犯罪之非刑罚处理方法的整合路径

针对在实然层面医疗卫生犯罪治理与非刑罚处理相分离的现实困境，有必要对目前的非刑罚处理方法进行合理地调适。通过完善保安处分与强化非刑罚处理方法的适用，最终促进非刑罚处理的广泛性与有效性，达到医疗卫生犯罪多元化综合治理的理想效果。

（一）医疗卫生犯罪之保安处分完善适用

考虑到我国司法资源有限性、双层次制裁体系等因素，保安处分去行政化是一个道阻且长的过程。但即使目前还不能做到保安处分的去行政化，即将保安处分完全作为一种司法惩戒措施，通过对现有制度的适用规则加以细化，以此提高保安处分的适用效果，也足以表明保安处分措施的完善。

1. 强制医疗对象的广泛化

医疗卫生犯罪在类型上具有病理性特征。当前危害医疗卫生犯罪中，有相当一部分犯罪是由病癖引起的。由于行为人病癖成瘾，难以禁戒，因而存在再次犯罪的可能。《刑法》第18条规定的强制医疗措施，初衷只是防止具有人身危险性的精神病人再次危害社会。我国对强制医疗适用对象的限制体现出审慎的立法态度，但如此则导致适用对象过于狭窄。出于特殊预防的必要，强制医疗的适用主体不应仅包括精神病人，有必要适当扩大适用对象范围至因病癖引发各种犯罪的主体上。

这主要是考虑到，行为人受药物、疾病等病理影响可能会导致再犯的发生。在我国，单纯地吸毒并非刑法的规制范围。然而，行为人在吸毒之后，而引发犯罪的可能，如为继续吸毒而运输毒品，又或者在精神错乱的情况下故意伤害。而这足以表明不及时加以医学矫正而可能造成的严重危害性。当然，在扩大强制医疗适用对象后，也需要注重同行政法规范的衔接。[1] 此外，不仅仅是吸毒成瘾者，对于患有性病的犯罪者，若不加以及时治疗，其危害性同样非常严重。性病

---

〔1〕 在相关行政法规中已存在与强制医疗相类似的规制措施。《戒毒条例》第25条第1款、第2款规定："吸毒成瘾人员有《中华人民共和国禁毒法》第三十八条第一款所列情形之一的，由县级、设区的市级人民政府公安机关作出强制隔离戒毒的决定。对于吸毒成瘾严重，通过社区戒毒难以戒除毒瘾的人员，县级、设区的市级人民政府公安机关可以直接作出强制隔离戒毒的决定。"

属于公民个人隐私的范畴，是否进行治疗是公民的个人自由。但由于性病而危害他人安全后，就应当对造成犯罪的因素进行必要遏制。如明知患有性病而故意传播，或者强奸、猥亵他人者，不能仅止于对患有性病的行为人予以刑罚制裁，因性病仍客观存在，其人身危险性就并未消除。若不及时对其性病进行治疗，也无法排除行为人继续危害社会的可能。因此，强制医疗的适用主体也应包括因吸毒与性病等病癖而引发犯罪的行为人。

2. 职业禁止期限的灵活化

由于医疗卫生犯罪具有一定的专业化特征，有必要针对利用职业便利与违反职业义务犯罪者的今后职业行为作出一定的限制。然而，我国规定职业禁止的时间为3~5年，这种期限是固定的，一经宣告便不再变动，导致期限规定缺乏灵活性。职业禁止期限应当基于适当性原则结合行为严重性及今后危险性进行整体性评估。[1] 具体而言：首先，应当根据犯罪人的个体改造情况，对职业禁止的时间予以缩短或延长；其次，取消职业禁止中3~5年的范围限制。

职业禁止期间固定化的问题在于违背保安处分的价值取向。犯罪者本身所包含的人身危险性成分是保安处分配置的内在要求。如果犯罪者在职业禁止期间内已经改造完毕并消除个人的危险性，这时候职业禁止适用的目的已经达到，无需继续进行。但由于职业禁止的期限已经固定，则仍然需要限制犯罪人的执业自由。如果犯罪者在保安处分的期间内，没有得到良好的改造，仍然具有社会危险性。但由于职业禁止的期限已经结束，无法再对其进行职业禁止，那么就不能确保职业禁止的实施效果。实际上，德国的保安处分就没有绝对的期间限制，并且通过暂缓执行制度及时进行调整。因而，职业禁止的期限过于僵硬化，显然是违背保安处分的价值取向的。[2]

职业禁止期间限制在3~5年可能导致刑行衔接时适用较为混乱。行政保安处分在惩戒性上是强于刑法保安处分的。有观点认为"其他法律、行政法规有规

---

〔1〕 刘夏：《德国保安处分制度中的适当性原则及其启示》，载《法商研究》2014年第2期。

〔2〕 与此相类似，禁止令设置目的是保障犯罪人在管制、缓刑、假释期间实现有效的监管，确保履行该期间内应当履行的义务。既然禁止令作为针对特殊预防而实施的保安处分，那么期限应当以人身危险性大小为参考标准，而不应以刑罚执行期限为参考标准。因而，应当避免禁止令期限同刑罚执行期限过度一致的情况。即使在管制、缓刑期结束后又或者是拘役、有期徒刑执行完毕后，针对人身危险性，仍可能适用禁止令。

定的，从其规定"实际上强调了行政性职业禁止措施优先适用的原则。[1] 如果说行政法律法规存在更严重的职业禁止期间的规定，依据重法优于轻法似乎是说得通的；但如果行政保安处分短于《刑法》第37条之一所规定的期间范围，是否应当轻法优先？这导致刑行交叉时保安处分轻重倒挂的弊端。而且《刑法》作为上位法，若依照行政法规优先适用显然不符合我国法律效力位阶。刑法保安处分适用效果不好的一个原因在于与行政保安处分的关系理不清、道不明，如此理解可能导致职业禁止适用混乱的问题。与其解决与行政法规范的衔接问题或者法律位阶的冲突问题，倒不如结合个案具体考量职业禁止的期间，由司法机关根据人身危险性灵活延长或缩短更为妥当。

3. 社区矫正效果的实质化

医疗卫生犯罪的隐蔽性特点，导致犯罪前科者再犯可能性较强。在消除犯罪者根源的危险性，实现特殊预防上，社会矫正则具有重大意义。不过，从实际效果看，如何避免社会矫正过分流于形式也是重点考量的问题。毕竟，相较于监狱监禁，社会行刑的强制性与有效性明显不如前者优势显著。例如，从20世纪80年代开始，美国由于社区矫正后罪犯重新犯罪率高、社区矫正改造效果欠佳，也使此制度面临着社会公共强烈的舆论压力。[2] 而在我国同样面临着社区矫正可能流于形式化的问题。在实践中，对于社区矫正的犯罪分子一般是要求其定期到矫正场所报告、写思想汇报，实际上这样的矫正效果是否良好是有待考察的。

因此，为避免社区矫正制度流于形式，应充分发挥社会服务的矫正作用。作为社区矫正的一种方式，社会服务是指对于符合社区矫正条件的犯罪分子予以一定时间为社会提供无偿劳动的保安处分措施。[3] 其目的在于通过社会劳动以矫正犯罪者罪行，并消除其人身危险性。应当说，作为一种客观、实际的矫正方式，社会服务实施的时间长度、认真程度直接决定了犯罪者的悔罪态度，决定了社区矫正的彻底性。由于社会服务并非一种主观的评判指标，所以更能够反映社区矫正是否起到实质的改造效果。当然，社会服务的地点应尽量限定在与相关犯

---

〔1〕 袁彬：《从业禁止制度的结构性矛盾及其改革》，载《北京师范大学学报（社会科学版）》2017年第3期。

〔2〕 王顺安：《社区矫正的法律问题》，载《政法论坛》2004年第3期。

〔3〕 2020年起实施的《社区矫正法》第42条规定了由社区矫正机构根据管制、缓刑、假释、暂予监外执行者的个人特长，参加公益活动。

罪有关联的场所，如此才能使犯罪者对自身罪行有所清醒认识，否则不利于反省与改造。例如，对于妨害传染病防治的犯罪者，可以使其参与到受害者所在社区的疫情防控工作，认识到自身行为所给予社会带来的管理负担以及对被传染者身心带来的伤害，消除其再犯可能性。此外，在社会矫正的后果评估上，必须建立起有效的监督和评估机制。发挥好公检法及司法行政部门的监督及执行职能，做到相互配合。对于不认真落实社区矫正义务的犯罪分子，应让其承担警告、罚款、行政处罚、撤销缓刑等后果。并且对于部分改造效果不理想的犯罪人进行社区服务的循环矫正，直到消除人身危险性。

（二）医疗卫生犯罪之非刑罚处理方法的强化适用

造成非刑罚处理方法适用困境的原因在于非刑罚处理的"附属"适用。因此，需要激活我国《刑法》第37条的"定罪免刑"条款，在此基础上提高教育、民事、行政类非刑罚处理方法的适用效果。

1.《刑法》第37条解释的体系化

我国《刑法》仅在少数法条中规定了"免予刑事处罚"，这导致《刑法》第37条较难作为独立的非刑罚处理方法加以适用。若仅将《刑法》第37条的适用范围限缩在明文规定的16种情形中，显然是不可取的，理由在于：刑法总则作为犯罪成立的总纲领，其中的概括性规范对于指导其他条文具有决定性的作用，我国《刑法》分则应当将总则规定作为原则性依据并反映其价值取向。在具体案件认定中，当发生与概括性规定相抵触时，应当优先以其为指导。例如，对于涉防卫案件的处理，司法工作人员容易将形式上符合刑法分则中犯罪构成但实质上并不具有刑事可罚性的正当防卫行为予以犯罪化处理。这时就要充分发挥《刑法》第13条"但书"规定的出罪机能，将情节显著轻微、危害性不大的行为认定为非罪。

同样地，法律规定之间应当相互协调。否定《刑法》第37条作为独立的非刑罚处罚理由，在"没有规定"免予刑事处罚的情况下无法独立适用，实际上忽视了同《刑法》第13条（指导性规范）相似的"免刑基准线"之意义。[1]《刑法》第37条"免予刑事处罚"的前提在于"犯罪情节轻微"。[2] 所谓犯罪

---

[1] 李国卿、胡帅：《〈刑法〉第37条的规范解释》，载《山东社会科学》2016年第S1期。

[2] 与《刑法》第13条不同的是，《刑法》第37条的"情节轻微"不是定罪情节，而是量刑情节。

情节，是指犯罪事实各个环节的组成部分。而具体到个案中的犯罪情节是存在差异的，免予刑事处罚的"情节轻微"在立法中不可能机械地进行类型化限定。犯罪情节不可能穷尽，必须结合行为人的动机、行为、结果等各种因素进行综合性的考量。更何况，犯罪情节具有开放性特征，由于司法实践中影响行为的社会危害性情节复杂多样、千变万化，立法者有时并不可能对诸多情节加以整体上的界定。[1] 免除刑事处罚的情节虽是具体的，但又是在不断变化的。"法有限，情无穷"，企求法律毫无遗漏地穷尽所有免予刑事处罚的情形并不现实。[2] 因而，必须树立这种观念：虽然某些具体条文中没有"免予刑事处罚"的表述，但只要满足情节轻微，同样可以适用《刑法》第37条。实际上，对于部分危害公共卫生案件的处理也体现这一点：在一些非法行医或生产、销售假药案件中，虽然并未直接规定"免予刑事处罚"，但同样存在单独适用《刑法》第37条的情况。

2. 教育措施执行的社会化。

《刑法》第37条所规定的训诫、责令具结悔过、赔礼道歉可以统称为教育类措施。教育类措施的设置目的在于通过教育使犯罪者承认罪错、表达歉意，并保证改恶从善，重新做人。然而，由于惩戒性与威慑性不强，对于犯罪分子如同"隔靴搔痒"，导致精神安慰与补偿的作用并不明显。而且，对犯罪者定罪本来就具有一定教育意义，再采取如此措施似乎是画蛇添足。这些措施实际上难以起到教育悔过的效果，也难以使被害人的精神利益得到修复。

医疗卫生犯罪的主体中，具有较高社会地位的公务员、医生、企业占有很高比重，其对于个体名誉的重视，对于社会污点的恐惧远比一般公众要高。那么出于身份化考量，为避免教育类措施过分流于形式，教育类措施的适用必须借助各种社交、网络等社会媒体的作用，致使执行的"社会化"才能够发挥应有的教育效果。随着社会的不断进步，大众媒体在社会治理方面起到了越来越重要的作用。各种新媒体如微博、微信、抖音的发达、公众对"流量"的热衷，为非刑罚的教育类措施提供了坚实的社会保障，具有实施的可行性。例如，在媒体上公开承认错误，向被害人赔礼道歉，将训诫的过程公之于众。通过此种途径，更能够发挥非刑罚处理的预防控制效果。通过社会公众的监督，将对犯罪者的教育置

---

〔1〕 彭文华：《〈刑法〉第13条但书与刑事制裁的界限》，中国人民大学出版社2019年版，第21页。

〔2〕 钱叶六：《应对微罪之非刑罚处罚方法探究》，载《南京财经大学学报》2009年第6期。

于公共视野之下。具有较高身份地位者为避免"社会性死亡"，一方面可以切实感到羞愧并真心悔改，避免再犯，达到特殊预防效果；另一方面潜在的犯罪分子出于"名誉污点"的恐惧也不敢实施相似的行为，达到一般预防效果。某种程度上来讲，对于医疗卫生犯罪的治理，这种"社会性死亡"有时远比刑罚的惩戒性更为严厉，也更为有效。

3. 行政建议内容的明确化

行政处罚和行政处分两种非刑罚处理方法，均是由人民法院向相关行政部门提出司法建议，并由相关行政部门予以执行。由此可见，与其他非刑罚措施不同，司法机关对于行政类措施只有"柔性"的建议权。当然，由于行政性处罚的种类多、范围广，而且司法机关本身并不具有行政职能，不可能赋予司法机关以行政部门职权内的权限，如此规定确有合理之处。然而，这种依靠行政机关所实现的非刑罚处理方法，最终的执行效果究竟如何存在疑问。由于在具体执行中往往会遇到各种牵扯到人情世故的阻碍因素，难以保证司法建议能真正得到落实。而且由于缺少明确的落实期限，执行的效率也不能得到保证。最终的行政处罚、行政处分建议的效果如何，往往全凭行政机关是否积极配合。

为确保行政建议执行的有效性，应当对行政处罚、行政处分建议书中的相关内容进行明确。其一，明确执行期限。主要包括开始执行、执行完毕以及提出异议的期限。其目的在于提高行政机关执行的效率。对于在合理期限内没有提出异议的，应视为同意，并及时落实。其二，明确落实情况。相关行政机关对于执行情况也需要及时向司法机关汇报，防止司法建议成为行政机关自主自决的随意性行为。而且，对于存在异议的行政处分建议，行政机关应做好同司法机关的沟通工作，说明存在异议的理由，以便司法机关及时对行政处分建议作出调整。其三，明确法律责任。行政处分建议并不具有强制力，执行效果必须依赖一定的内部制约和惩戒机制。对于没有正当理由拒不执行的行政机关，应提请上级主管机关予以协调，严重者由上级主管机关采取一定的处分措施。

4. 赔偿损失范围的扩大化

同《刑法》第37条不同，由于《刑法》第36条的赔偿损失以刑事附带民事诉讼的提起为前提，所以《刑法》第36条的赔偿损失范围仅包括物质损失，不包括精神损失。但从应然角度分析，《刑法》第36条应当将精神损失纳入赔偿范围。既然刑法将物质赔偿作为法律后果承担的手段，那么就没有理由将精神赔偿排除在外。否定观点认为《刑法》第36条规定又罚又赔，其惩戒性更为严重，已不需要再进行精神赔偿。[1] 持此观点的理由可能是由于任何自然人犯罪都会不同程度地给被害人造成精神损害，因而立法者在制定刑罚时，已经将造成的精神损害后果纳入刑罚之中。但是，既然精神损失已经通过刑罚进行弥补，无需再进行精神损失赔偿，那么在法定刑设置中难道无需考虑物质损失吗？为何又将物质损失单独作为一种追责方式？显然逻辑上是说不通的。[2] 退一步而言，即使目前司法实践中还不能广泛地接受将精神赔偿作为附带民事诉讼的后果，但在《民法典》时代背景下，为体现对个人精神利益的保护，精神赔偿理应与赔礼道歉等方式共同成为侵权保障机制的组成部分。从《最高人民法院关于适用〈中华人民共和国刑事诉讼法〉的解释》的导向来看，对于刑事附带民事诉讼中提出精神损失赔偿的，人民法院"不予受理"到"一般不予受理"的表述，也表明逐步放宽精神赔偿适用的价值旨趣。[3]

---

〔1〕 陈灿平：《非刑罚处罚措施新议》，载《刑法论丛》2008年第3期。

〔2〕 赖早兴：《刑法中的"赔偿（经济）损失"》，载《求索》2005年第5期。

〔3〕《最高人民法院关于适用〈中华人民共和国刑事诉讼法〉的解释》第175条第2款规定："因受到犯罪侵犯，提起附带民事诉讼或者单独提起民事诉讼要求赔偿精神损失的，人民法院一般不予受理。"

▶ **第九章**

道德建设对医疗卫生犯罪的预防功能
及其实现途径

人民健康安全是国家安全发展的重要基石。医疗卫生行业肩负着保护人民生命安全和身体健康、保障国家社会健康有序发展的伟大重任。医疗卫生行业不同于其他领域，由于其自身技术的专业性和服务的复杂性等诸多方面因素，使得对医疗卫生行业的监管难度加大，无法完全避免一些犯罪事件的发生，譬如较为常见的职务型医疗卫生犯罪、涉医暴力犯罪案件等。这就要求必须清醒认识和深刻把握道德建设对医疗卫生犯罪的预防功能，积极提倡和大力发扬良好的医德医风，通过迅速采取切实可行、行之有效的方法和措施，才能有助于进一步维护医疗卫生领域的秩序，构建文明和谐的医患关系，共同建设安定有序的行医和就医环境。

一、道德建设对医疗卫生犯罪的预防功能的分析

道德建设对医疗卫生犯罪起着十分重要的预防功能，从其生成逻辑和主要表现两个层面进行侧重分析，有助于深刻感受道德建设为什么能够在预防、减少和遏制医疗卫生犯罪方面起到至关重要的作用。

（一）道德建设对医疗卫生犯罪的预防功能的生成逻辑

第一，犯罪实质上是一种反社会行为，在形式上表现为行为失范。医疗卫生犯罪作为在医疗卫生行业领域里发生的反社会、反道德行为，实质上表现的就是医务工作者或是患者及其家属所表现的一种行为失范。由于医疗卫生行业的技术性、特殊性和复杂性，医务工作者在整个医患关系中依然处于主导地位，对患者求医看病的过程中采用何种诊治方案有极大的话语权和决定权，这就需要医务工作者必须牢牢坚守职业道德，不断提高自身的医德修养，时刻严于律己、宽以待人，在行医过程中大力发扬白求恩精神，始终坚持全心全意为人民服务的宗旨。

医务工作者只有通过不断精进自身的专业技术，及时规范自己的言行举止，才有助于获得患者及其家属的信任和肯定、形成文明和谐的医患关系、维护医疗卫生行业的健康秩序。若是一些医务工作者为谋求蝇头小利、违背奉行的职业道德、肆意践踏法律权威，做出玷污医务工作者形象、损害整个医疗卫生行业声誉的犯罪行为，在整个社会会引发极大的轰动和产生恶劣的影响，给原本就微妙的医患关系埋下不和谐的隐患。个别医务工作者由于自身意志薄弱、抵抗诱惑、明辨是非的能力较差，出现了为谋求个人私利、危害公共利益的犯罪行为，在全社会范围造成了极其消极的影响。医务工作者队伍中的个别犯罪行为，使得处于听从地位的患者及其家属需要更长的时间去消除自己在求医治病时的担忧。若是在看病的时候，患者及其家属恰巧遇到了一些态度不好的医务工作者，他们会感觉自己受到了不公平的对待，认为自己的病情没有被很好地诊治，若是医患及其家属之间再发生一些口角和肢体冲突，就很容易激化矛盾，甚至会出现一些有损医患关系的犯罪行为，造成无法想象的后果。

第二，行为失范源于道德失范，所以道德失范是导致犯罪发生的重要原因。近年来，我国医疗卫生领域取得突破性进展，现代医疗技术体系日趋完善，高端诊疗设备加速普及，全民健康保障网络越织越密。这些成就不仅显著提升了群众就医获得感，更为守护人民生命健康构筑起坚实屏障。然而，医疗技术进步与行业发展并非单维度演进。在行业整体向好的同时，个别违法事件犹如医患信任链条上的裂痕，既侵蚀了医疗工作者的职业形象，也对医疗系统公信力造成冲击。部分从业者突破职业道德底线，将医疗行为异化为逐利工具，这种短视行为不仅葬送了个人职业发展，更在医患之间筑起无形高墙。当职业信仰被物欲取代，医疗行为就可能偏离治病救人的本质，最终滑向法律禁区。道德失范本质是职业信仰的迷失。在医疗产业化进程中，个别从业者模糊了社会效益与经济效益的界限，将医者仁心的价值追求置换为利益至上的市场逻辑。这种价值错位不仅损害行业生态，更消解了医患共同对抗疾病的信任根基。须知，医疗行为的特殊性在于其直接关乎生命健康，任何道德瑕疵都可能在诊疗过程中产生放大效应。破解道德困境需要多维施策。既要通过制度建设完善监管体系，又要重塑职业信仰的内在约束。当从业者将道德自律转化为行动自觉，当行业将患者权益置于首位，医疗技术进步才能真正转化为健康红利。毕竟，守护生命尊严不仅需要精湛的医术，更需要永葆仁心本色的职业坚守。

第三，通过道德建设，增强道德自律，降低行为失范的概率，有效预防犯罪。预防在任何时候都是最经济、最有效的措施，道德就拥有与生俱来的预防能力。习近平总书记指出："精神的力量是无穷的，道德的力量也是无穷的。"〔1〕道德建设在医疗卫生犯罪预防性治理体系中具有不容忽视的地位。道德建设的好坏直接决定了医疗卫生犯罪预防体系的实际成效，必须将道德建设贯彻落实于医疗卫生犯罪预防体系的每一个环节，才能有效预防、降低和遏制医疗卫生犯罪行为的发生。与法律法规显著的震慑力相比，道德建设所产生的内在约束效果更为润物细无声。尽管道德建设是一个需要长时间在人们心灵上细致滴灌、精心培育、温柔感化的过程，可是它一旦被人们认同与接纳，其源源不断产生的强大能量就会增强人们的道德觉悟，使他们拥有优良的道德情操和规范的行为举止。众所周知，医疗卫生行业是一个专业性强、复杂程度高的领域，一直很难被广大人民群众所了解，加之老百姓对医务工作者的职业心存敬畏，他们在就医时为了顺利治好病，平安健康地出院，时常会选择对医务工作者言听计从，医务工作者在诊治患者的过程中拥有很大的权威性，这就使得患者在对医疗卫生服务的监督方面处于天然的弱势，医务工作者医德医风建设的好坏对保障医疗服务水平的高低有着重要影响。加强道德建设，有助于广大人民群众形成更加高尚的社会公德、职业道德、家庭美德和个人品德，增强广大人民群众向上向善，互帮互助的正能量社会氛围，为医疗卫生行业提供更加和谐安定的外部环境。医务工作者也要自觉秉持医者仁心，传承医德医风，尽心服务患者，为增进人民健康福祉和建设健康中国做出自己力所能及的贡献。总而言之，道德建设在医疗卫生预防体系中具有不可替代的重要地位，通过增强医患双方的道德自律能力，能够有效降低行为失范的概率，更好地避免在医疗卫生行业领域发生的违法犯罪行为。

（二）道德建设对医疗卫生犯罪预防功能的主要表现

事实证明，良好的道德素质能够使人们自觉地廉洁奉公、诚实守信、恪尽职守，有助于营造敬佑生命、尊医重卫的良好社会风尚，有助于形成扶正祛邪、抑恶扬善的和谐社会氛围。在构建医疗卫生犯罪预防体系的进程中，道德建设对预

---

〔1〕《习近平谈治国理政（第1卷）》，外文出版社2014年版，第158页。

防、减少和遏制医疗卫生犯罪的功能尤为突出，主要表现在以下两方面：

第一，道德建设能够积极引导人们树立正确的价值观念，预防医疗卫生犯罪动机的形成。在医疗卫生这一行业环境中，从业者易受到多元因素影响而面临价值抉择困境。经济利益的潜在诱惑等因素构成了滋生犯罪动机的温床。道德建设通过系统的教育体系、持续的宣传策略以及潜移默化的文化熏陶，深入从业者的认知结构。道德认知发展理论强调个体通过对道德准则的学习与内化，逐步构建起稳定的价值判断体系。在医疗卫生领域，这种道德建设促使从业者将医疗职业的本质使命——救死扶伤，内化为核心价值追求。基于此，当面对经济利益等诱惑时，从业者能够凭借内在的道德价值标尺，对行为的合理性与正当性进行审视与权衡，从而有效抑制诸如收受贿赂、违规开具高价药方等违背职业伦理、可能触犯法律的犯罪动机。这种价值观念的引导，本质上是在犯罪动机的萌发源头，构建起一道坚固的认知屏障，阻断其生成路径。

第二，道德建设能够及时调解医患矛盾纠纷，防止双方矛盾激化造成不良的后果。在就医与行医的过程中，若患者或患者家属与医务工作者之间沟通不畅，不可避免地会产生一些纠纷，甚至会引发一些矛盾冲突。当医患双方都以道德准则为行为导向，彼此尊重、相互体谅时，能够显著降低矛盾产生的频率与强度。除了不得不采用法律途径进行依法处理的少数极端医疗卫生犯罪案件的情况，很多时候在遇到那些难以避免的纠纷矛盾时，必须更加注重道德教化、调解功能，

只有充分发挥道德建设的引导、规范以及调解作用，提高医务工作者和患者或患者家属的道德素质，才能有效化解医患之间的纠纷，甚至是矛盾冲突，有效避免矛盾升级，防止因矛盾激化导致暴力伤医、恶意扰乱医疗秩序等严重不良后果，维护医疗卫生行业的正常运行秩序与社会和谐稳定。有助于更好地预防和减少医疗卫生犯罪。

二、道德建设对预防医疗卫生犯罪的重要意义

道德能够防患于未然，道德建设对预防医疗卫生犯罪有着十分重要的意义，主要展现在以下三个方面：其一，有助于构建文明和谐的医患关系，营造尊医重卫的良好社会氛围；其二，有助于维护医疗卫生行业的健康秩序，促进医疗卫生事业蓬勃发展；其三，有助于健全医疗卫生犯罪预防性体系，释放更大的治理

效能。

（一）构建文明和谐的医患关系

近年来，医疗卫生队伍中的个别医务工作者思想政治觉悟较差、抵御不良诱惑的意志力不强、自我道德约束能力偏弱、职业道德水平滑坡、服务奉献意识淡薄，为了个人的一点私利，发生了道德失范现象。由于他们心存侥幸地认为自己所做之事即使踩到了法律的红线，也不会被人轻易发觉，甚至引发了更为严重的行为失范现象，在全社会造成了极其负面的影响，使得患者或其家属对医务工作者产生了信任危机。另外，医务工作者与患者或其家属在实际的沟通交流中若是发生一些理解偏差，很容易因为一时的情绪冲动，双方产生肢体冲突，导致医患矛盾突出，医患关系更加紧张。道德建设就是要充分发挥社会主义核心价值观的价值引领作用，帮助医务工作者和患者及其家属树立科学的价值取向，规范医务工作者和患者及其家属的言行举止。通过不断增强道德的权威性，医务工作者和患者及其家属才能够逐渐将道德的他律性自觉地转化为内在的自律性。作为在医疗卫生行业中最核心的角色，医务工作者只有始终恪守医德，心怀仁爱，不断发扬人道主义精神，才能为患者及其家属提供更加优质高效的医疗服务；同理，患者及其家属在就医过程中遇到不太理解的问题切勿主观臆断地认为是医务工作者没有认真开展医疗卫生服务，要尽可能地对医务工作者的工作多一些理解和支持。只有通过不断增强道德教育，推进道德建设，发挥道德力量，医务工作者和患者及其家属之间的关系才能得到有效缓和，才能进一步构建和谐文明的医患关系，营造尊医重卫的积极社会氛围。

（二）维护医疗卫生行业的健康秩序

随着改革开放的不断深入，我国社会经济突飞猛进。与此同时，要清醒地认识到西方不良社会思潮的趁虚而入对我国社会的主流意识形态造成了不小冲击，他们宣扬的个人主义、拜金主义、享乐主义、消费主义等不良价值观念，给我国社会的安定团结带来了一定的消极影响。这些不良的价值观念也渐渐渗透进了医疗卫生行业，致使部分意志薄弱、明辨是非能力低下的医务工作者产生了错误的价值取向，出现了一些违背医德的道德失范现象，有的甚至引发了医疗卫生犯罪行为，造成了十分恶劣的社会影响。毋庸置疑，医疗卫生犯罪案件的发生不仅侵害了患者享受医疗卫生服务的合法利益，而且严重扰乱了医疗卫生行业的运行秩序。只有充分发挥道德的力量，在医疗卫生行业里下大力度加强医德医风建设，着力宣传社会主义核心价值观，及时规范医务工作者的言行举止，使他们能够具备抵御负面社会思潮侵袭的能力，避免陷入西方意识形态陷阱。由此可见，道德建设对预防医疗卫生行业犯罪的重要意义进一步展现在能够维护医疗卫生行业正常的发展秩序，促使医疗卫生事业更加蓬勃发展。

（三）健全医疗卫生犯罪预防性治理体系

众所周知，法律不是万能的，它存在一定的局限性和滞后性，法律鞭长莫及的角落恰恰是道德发挥作用的地方。道德建设并不是空洞的道德说教和生硬的道德灌输，而是通过培育和践行社会主义核心价值观，大力弘扬全心全意为人民服务的精神，帮助人民群众树立正确的价值观念，不断提高他们的道德水平，提升他们的道德情感，在全社会形成良好的道德风尚。道德建设更是与时俱进的，站在新时代的历史方位下，习近平总书记提出了道德建设的新格局，就是要将"四德建设"即社会公德、职业道德、家庭美德、个人品德建设作为我国当下道德建设的工作重点，"在公共场所，要有社会公德；在职业岗位上，要有职业道德；在家庭生活中，更应当遵守家庭美德。"[1] 道德具有很强的教化功能，通过道德教育能够防患于未然，增强人民群众内心的道德感，使他们时刻认识到犯罪是可耻的，从而有效地抵制和预防犯罪的发生，营造一个和谐稳定的社会环境。由此可见，医疗卫生犯罪预防性治理体系的完善不仅需要依靠法律法规的刚性震慑作用，而且要注重发挥道德的柔性约束能力，将法律与道德结合在一起，充分发挥德法共治的合力，通过道德来填补法律所涉及不到的地方，才更加有利于进一步健全和完善医疗卫生犯罪预防性治理体系，持续释放更大的治理效能。

三、道德建设对预防医疗卫生犯罪的实现路径

为了更好地发挥道德建设对医疗卫生犯罪的预防功能，有效预防、减少和遏制医疗卫生犯罪，使得医疗卫生预防体系的治理能力取得显著成效，必须采用一些切实可行、行之有效的实施途径：一是必须始终坚持以社会主义核心价值观为道德引领；二是必须大力传承中华民族传统美德的道德基因；三是必须认真践行

---

[1] 罗国杰：《思想道德建设论稿》，中国人民大学出版社 2018 年版，第 49 页。

全心全意为人民服务的道德要求；四是要必须完善细化法律制度为道德建设保驾护航。

（一）坚持以社会主义核心价值观为道德引领

习近平总书记指出："核心价值观，其实就是一种德，既是个人的德，也是一种大德，就是国家的德、社会的德。国无德不兴，人无德不立。"[1] 道德是有价值取向的，在我国道德建设是社会主义道德建设，道德建设必须始终坚持以社会主义核心价值观为引领。社会主义核心价值观不仅是当代中国精神的集中体现，而且是凝聚中国力量的思想道德基础，作为当代中国广大人民群众在价值观念上的最大公约数，社会主义核心价值观具有凝魂聚气、强基固本的强大效能。在医疗卫生犯罪预防治理的过程中，要更加注重加大力度弘扬和培育社会主义核心价值观，以社会主义主流价值观念构建深入人心的道德规范，增强医务工作者和患者及其家属的道德认同感，提升他们的职业道德、社会公德、家庭美德和个人品德，积极引导医务工作者和患者及其家属明大德、守公德、严私德，共同参与到营造崇德向善、尊医重卫的浓厚社会氛围中来。

（二）传承中华民族传统美德的道德基因

自古以来，中华民族都是一个重视伦理道德的民族。经历过五千多年璀璨文明的深厚积淀，孕育了中华民族的精神气节，提升了中华民族的道德境界，形成了中华民族的价值追求。中华民族传统美德是中华文化的精髓，救死扶伤、乐于奉献、悬壶济世、互敬互爱等中华民族传统美德的道德基因滋润着一代又一代中华儿女的心灵。道德建设必须积极弘扬中华民族传统美德，让中华民族传统美德的优良基因更好地植根于当代中国人民的思想意识和道德观念，培养人民群众形成向上向善的道德意愿和道德情感，以正确的道德判断和道德责任，促进医患关系和谐发展，形成安定有序的医疗卫生服务环境。道德模范是中华传统美德的优秀继承者，要积极树立医疗卫生行业的道德模范典型，弘扬医疗卫生行业道德模范爱岗敬业、甘于奉献、大医精诚、救死扶伤的优良道德精神。医务工作者与患者之间建立起彼此信任、相互尊重的友好关系，需要共同努力。只有医生恪守职业道德，全社会成员大力传承中华民族传统美德的道德基因，用实际行动践行优

---

〔1〕《习近平谈治国理政（第1卷）》，外文出版社2014年版，第168页。

良的道德品行，一同参与到守护健康和谐的医患关系中来，才能在全社会真正形成尊医重卫的良好氛围。

（三）践行全心全意为人民服务的道德要求

中国特色社会主义进入新时代，我国社会的主要矛盾已经发生了根本性转变。中国人民对自身的身体健康有了更多的关注，对医务工作者的专业技能产生了更大的希冀，对医疗卫生服务水平提出了更高的要求。习近平总书记指出："我们的人民热爱生活，期盼有……更可靠的社会保障、更高水平的医疗卫生服务、更舒适的居住条件、更优美的环境，期盼孩子们能成长得更好、工作得更好、生活得更好。人民对美好生活的向往，就是我们的奋斗目标。"[1] 全心全意为人民服务是党的根本宗旨，我国道德建设的根本要求就是要把为人民服务作为一切工作的核心。广大医务工作者是推动我国卫生健康事业发展的中坚力量，是保障人民群众生命安全和身体健康的主力军，要以实际行动不断提高医疗卫生服务水平，尽心尽力做好治病救人、救死扶伤的本职工作，努力提高患者在看病治病、求医问药过程中的获得感、幸福感和安全感。医务工作者和患者及其家属从来都不是敌对的，而是在面对生死攸关危险境地时，一同共抗病魔的亲密伙伴。医务工作者是人民群众生命安全和身体健康的守护者，人民群众也需要有更好的医疗服务水平来保障自身的健康。因此，为了进一步预防和降低医疗卫生犯罪，患者及其家属要对医务工作者的服务态度和水平多一些理解和宽容，多一点耐心和谅解，要尊重和爱护广大医务工作者，让他们在忙碌地工作中感受到温暖，享受到尊严。医务工作者也要不断强化自身的职业道德素养，自觉主动响应党的号召，秉持医者仁心，对患者一视同仁，积极弘扬救死扶伤的人道主义精神，凭借自身平易近人的服务态度和炉火纯青的专业技术，努力获得患者及其家属发自内心的认可和赞赏，用实际行动诠释对本职工作的恪尽职守，书写对党和人民的无限忠诚。

（四）完善法律制度为道德建设保驾护航

习近平总书记强调："法律是成文的道德，道德是内心的法律。"[2] 法律是

---

〔1〕 习近平：《人民对美好生活的向往，就是我们的奋斗目标》，载中共中央文献研究室编：《十八大以来重要文献选编（上）》，中央文献出版社 2014 年版，第 70 页。

〔2〕 习近平：《论坚持全面依法治国》，中央文献出版社 2020 年版，第 165 页。

道德的最后一道防线，树立敬畏生命、尊医重卫的良好道德风尚和社会风气，道德建设在医疗卫生犯罪预防体系中的顺利开展就必须有法律制度作为坚强后盾。医疗卫生行业由于其服务的复杂性给监管带来了不小挑战，不可避免的会出现一些失德、违法犯罪的行为，但是由于医疗卫生行业与人民群众的生命安全和身体健康紧密相关，所以一旦发生医务工作者利用职务之便谋取个人私利、患者及其家属恶意辱骂、暴力伤害或杀害医务工作者的医疗卫生犯罪事件，会深深刺激到广大人民群众的神经，造成不可治愈的社会之痛。医务工作者作为治病救人过程中的主导者，医德医风的建设不仅是出于纯粹的道德义务，而且是肩负救死扶伤神圣职责的医务工作者应尽的法定义务，有助于进一步提升医务工作者的职业道德素养、规范医务工作者的道德行为、预防和减少部分医务工作者妄图通过职务之便而实施职务型医疗卫生犯罪。只有通过不断完善细化法律制度才能为道德建设保驾护航，在《医师法》中对医德医风作了严格的规定和要求，如在第 23 条第 1 项中指出，医师在执业活动中应"树立敬业精神，恪守职业道德，履行医师职责，尽职尽责救治患者……"除此之外，《中共中央关于公民道德建设实施纲要》作为我国公民道德建设遵循的重要纲领性文件，在其主要内容中也强调要努力为公民道德建设提供法律支持。德法共治是道德建设顺利推进的重要保障，德治和法治犹如鸟之双翼、车之双轮在道德建设的进程中相辅相成，缺一不可。通过道德的正向引导和法律的监督管理，充分发挥二者的合力，道德建设对医疗卫生犯罪的预防功能才能够更加凸显出来。

我国《基本医疗卫生与健康促进法》于 2020 年 6 月 1 日起施行。在该部卫生健康领域的基本法里，多款条文对伤医行为作出了明确界定和严厉处罚，还特别规定了医疗卫生机构执业场所是公共场所，医疗卫生人员的人身安全、人格尊严不受侵犯。只有进一步完善细化相关法律法规，为道德建设保驾护航，充分发挥道德建设对医疗卫生犯罪的预防功能，着力提高医疗卫生犯罪预防体系的治理效能，才能有效预防、减少和遏制医疗卫生犯罪案件的发生。

参考文献

一、中文文献

（一）著作类

1. 《习近平谈治国理政（第 1 卷）》，外文出版社 2014 年版。

2. 《习近平谈治国理政（第 3 卷）》，外文出版社 2020 年版。

3. 习近平：《论坚持全面依法治国》，中央文献出版社 2020 年版。

4. 杨丹：《医疗刑法研究》，中国人民大学出版社 2010 年版。

5. 臧冬斌：《医疗犯罪比较研究》，中国人民公安大学出版社 2005 年版。

6. ［德］李斯特：《德国刑法教科书》，徐久生译，法律出版社 2006 年版。

7. ［法］E·迪尔凯姆：《社会学方法的准则》，狄玉明译，商务印书馆 2017 年版。

8. ［美］哈伯特·L. 帕克：《刑事制裁的界限》，梁根林等译，法律出版社 2008 年版。

9. ［奥］尤根·埃利希：《法律社会学基本原理》，叶名怡、袁震译，中国社会科学出版社 2009 年版。

10. 陈子平：《刑法总论》，元照出版有限公司 2017 年版。

11. 卢建平主编：《中国犯罪治理研究报告》，清华大学出版社 2015 年版。

12. 《日本刑法典》，张明楷译，法律出版社 2006 年版。

13. 罗国杰：《思想道德建设论稿》，中国人民大学出版社 2018 年版。

14. 美国法学会编：《美国模范刑法典及其评注》，刘仁文、王祎等译，法律出版社 2005 年版。

15. 赵秉志主编：《单位犯罪比较研究》，法律出版社 2004 年版。

16. 倪正茂、李惠、杨彤丹：《安乐死法研究》，法律出版社 2005 年版。

17. ［英］布伦丹·格瑞尼：《医疗法基础》，武汉大学出版社 2004 年版。

18. 郭自力：《生物医学的法律和伦理问题》，北京大学出版社 2002 年版。

19. 《德国刑法典》，徐久生译，北京大学出版社 2019 年版。

20. 《法国新刑法典》，罗结珍译，中国法制出版社 2003 年版。

21. 黄京平主编：《危害公共卫生犯罪比较研究》，法律出版社 2004 年版。

22. 卢有学编著：《医疗事故罪专题整理》，中国人民公安大学出版社 2007 年版。

23. ［意］切萨雷·贝卡里亚：《论犯罪与刑罚》，黄风译，北京大学出版社 2008 年版。

24. 张明楷：《刑法学（下）》，法律出版社 2021 年版。

25. 周光权：《刑法各论》，中国人民大学出版社 2021 年版。

26. 黎宏：《刑法学各论》，法律出版社 2016 年版。

27. 王劲松主编：《公共卫生与流行病学》，科学出版社 2018 年版。

28. 龚赛红：《医疗损害赔偿立法研究》，法律出版社 2001 年版。

29. 赵敏、何振主编：《卫生法学概论》，华中科技大学出版社 2016 年版。

30. ［德］乌尔里希·齐白：《全球风险社会与信息社会中的刑法：二十一世纪刑法模式的转换》，周遵友、江溯等译，中国法制出版社 2012 年版。

31. 高铭暄、马克昌主编：《刑法学》，北京大学出版社、高等教育出版社 2019 年版。

32. 李希慧主编：《妨害社会管理秩序罪新论》，武汉大学出版社 2001 年版。

33. ［德］亚图·考夫曼：《类推与"事物本质"——兼论类型理论》，吴从周译，学林文化事业公司 1999 年版。

34. ［英］吉米·边沁：《立法理论》，李贵方等译，中国人民公安大学出版社 2004 年版。

35. ［日］大塚仁：《犯罪论的基本问题》，冯军译，中国政法大学出版社 1993 年版。

36. ［日］大塚仁：《刑法概说（总论）》，冯军译，中国人民大学出版社 2003 年版。

37. ［日］藤木英雄：《公害犯罪》，丛选功、徐道礼、孟静宜译，中国政法大学出版社 1992 年版。

38. ［日］西田典之：《日本刑法总论》，王昭武、刘明祥译，法律出版社 2013 年版。

39. 张明楷：《外国刑法纲要》，法律出版社 2020 年版。

40. 宋英辉、甄贞主编：《刑事诉讼法学》，中国人民大学出版社 2013 年版。

41. 张远煌主编：《犯罪学》，中国人民大学出版社 2022 年版。

42. ［美］劳伦斯·高斯汀、林赛·威利：《公共卫生法：权力·责任·限制》，苏玉菊、刘碧波、穆冠群译，北京大学出版社 2020 年版。

43. 张文显主编：《法理学》，高等教育出版社 2018 年版。

44. 王娟主编：《犯罪学（修订版）》，中国政法大学出版社 2020 年版。

45. ［法］米海依尔·戴尔玛斯－马蒂：《刑事政策的主要体系》，卢建平译，法律出版社 2000 年版。

46. 池强主编：《医药卫生领域职务犯罪预防与警示》，法律出版社 2013 年版。

47. 上海市人民检察院编：《医疗卫生领域职务犯罪警示与预防》，上海人民出版社 2017 年版。

48. ［美］孙隆基：《中国文化的深层结构》，中信出版社 2015 年版。

49. ［德］西美尔：《货币哲学》，陈戎女、耿开君、文聘元译，华夏出版社 2018 年版。

50. 肖中华主编：《生产、销售伪劣商品罪办案一本通》，中国长安出版社 2007 年版。

51. 刘明祥主编：《假冒伪劣商品犯罪研究》，武汉大学出版社 2000 年版。

52. 高铭暄、赵秉志主编：《刑罚总论比较研究》，北京大学出版社 2008 年版。

53. 王牧主编：《新犯罪学》，高等教育出版社 2005 年版。

54. 贾宇主编：《刑法学》，中国政法大学出版社 2017 年版。

55. 赵秉志主编：《刑法新教程》，中国人民大学出版社 2012 年版。

56. 马克昌主编：《近代西方刑法学说史》，中国人民公安大学出版社 2008 年版。

57. ［意］恩里科·菲利：《犯罪社会学》，郭建安译，中国人民公安大学出版社 1990 年版。

58. 邱兴隆：《刑罚理性导论——刑罚的正当性原论》，中国检察出版社 2018 年版。

59. ［法］卢梭：《社会契约论——一名：政治权利的原理》，何兆武译，商务印书馆 2003 年版。

60. 彭文华：《〈刑法〉第 13 条但书与刑事制裁的界限》，中国人民大学出版社 2019 年版。

（二）论文、文章类

1. 《强调要一查到底严肃问责 始终把人民群众的身体健康放在首位 坚决守住安全底线》，载《人民日报》2018 年 7 月 24 日，第 1 版。

2. 《人民法院依法惩处涉医犯罪典型案例》，载《人民法院报》2020 年 5 月 12 日，第 4 版。

3. 朱景文：《论法治评估的类型化》，载《中国社会科学》2015 年第 7 期。

4. 师索：《犯罪治理：一种基础理论的解构》，载《中国刑事法杂志》2014 年第 5 期。

5. 卢建平、姜瀛：《论犯罪治理的理念革新》，载《中南大学学报（社会科学版）》2015 年第 1 期。

6. 卢建平、姜瀛：《治理现代化视野下刑事政策重述》，载《社会科学战线》2015 年第 9 期。

7. 李卫红：《当代中国犯罪观的转变》，载《法学研究》2006 年第 2 期。

8. 卢建平、司冰岩：《零容忍政策的内涵解读与实现路径》，载《北京联合大学学报（人文社会科学版）》2019 年第 2 期。

9. 姜涛：《破窗理论与犯罪规制模式的重构》，载《国家检察官学院学报》2016 年第 1 期。

10. 孙军工：《解读〈关于办理妨害预防、控制突发传染病疫情等灾害的刑事案件具体应用法律若干问题的解释〉》，载《中国卫生法制》2003 年第 3 期。

11. 冯军：《传染病防治失职罪的适用困境与刑法应对》，载《河北法学》2020 年第 5 期。

12. 石经海、金舟：《涉公共卫生突发事件犯罪的刑法规范体系完善——基于从"管理"到"治理"的考察与展望》，载《学术探索》2020 年第 8 期。

13. 蔡墩铭：《医疗行为与犯罪》，载《法令月刊》1994 年第 9 期。

14. 李运平：《储槐植：要正视法定犯时代的到来》，载《检察日报》2007 年 6 月 1 日，第 3 版。

15. 陈兴良：《法定犯的性质和界定》，载《中外法学》2020 年第 6 期。

16. 陈兴良：《民法对刑法的影响与刑法对民法的回应》，载《法商研究》2021 年第 2 期。

17. 于慧玲：《人类辅助生殖基因医疗技术滥用的风险与刑法规制——以"基因编辑婴儿事件"为例》，载《东岳论丛》2019 年第 12 期。

18. 郎胜：《我国刑法的新发展》，载《中国法学》2017 年第 5 期。

19. 张明楷：《论实质的法益概念——对法益概念的立法批判机能的肯定》，载《法学家》2021 年第 1 期。

20. 冯军：《危害公共卫生行为的刑法防治——以〈刑法修正案（十一）〉的相关规定为中心》，载《法学》2021 年第 2 期。

21. 王玥：《新技术条件下我国人类遗传资源安全的法律保障研究——兼论我国生物安全立法中应注意的问题》，载《上海政法学院学报（法治论丛）》2021 年第 2 期。

22. 曹菲：《加强国家生物安全刑事法治保障》，载《民主与法制时报》2021 年 1 月 21 日，第 6 版。

23. 张明楷：《增设新罪的观念——对积极刑法观的支持》，载《现代法学》2020 年第 5 期。

24. 车浩：《刑事政策的精准化：通过犯罪学抵达刑法适用——以疫期犯罪的刑法应对为中心》，载《法学》2020 年第 3 期。

25. 孙万怀、邱灵、侯婉颖：《论公共安全刑事政策的合法性》，载《政治与法律》2011 年第 9 期。

26. 任颖：《从回应型到预防型的公共卫生立法》，载《法制与社会发展》2020 年第 4 期。

27. 孟庆华：《妨害传染病防治罪的几个构成要件问题》，载《法学论坛》2004 年第 1 期。

28. 竹怀军：《妨害传染病防治罪立法的比较与借鉴》，载《西南政法大学学报》2006 年第 1 期。

29. 余秋莉：《论人体生殖系基因编辑行为的刑法应对——兼评贺建奎"基因编辑婴儿"案》，载《法律适用》2020 年第 4 期。

30. 姜涛：《基因编辑之刑法规制及其限度》，载《东方法学》2021 年第 2 期。

31. 黎宏：《过失犯若干问题探讨》，载《法学论坛》2010 年第 3 期。

32. 储槐植、蒋建峰：《过失危险犯之存在性与可存在性思考》，载《政法论坛》2004 年第 1 期。

33. 刘仁文：《过失危险犯研究》，载《法学研究》1998 年第 3 期。

34. 吴富丽：《中国的过失危险犯立法——实然与应然的双重考量》，载《国家检察官学院学报》2005 年第 6 期。

35. 付玉明、李泽华：《食品安全犯罪的立法完善——以过失危险犯为分析视角》，载《河南社会科学》2019 年第 6 期。

36. 陈兴良：《过失犯的危险犯：以中德立法比较为视角》，载《政治与法律》2014 年第 5 期。

37. 约尔格·艾泽勒、蔡桂生：《抽象危险型犯罪的立法缘由和界限》，载《法治社会》2019 年第 4 期。

38. 康均心、李娜：《妨害传染病防治罪的立法缺陷及其补救》，载《中国地质大学学报（社会科学版）》2006 年第 3 期。

39. 欧阳本祺：《妨害传染病防治罪客观要件的教义学分析》，载《东方法学》2020 年第 3 期。

40. 敦宁：《危害公共卫生罪中危险犯的合理设置》，载《河北法学》2021 年第 7 期。

41. 董玉庭：《从客观因果流程到刑法因果关系》，载《中国法学》2019 年第 5 期。

42. 焦俊峰：《犯罪控制中的治理理论》，载《国家检察官学院学报》2010 年第 2 期。

43. 施芳：《把健康嵌入城市整体规划》，载《人民日报》2020 年 4 月 22 日，第 5 版。

44. 夏候妙卿、董玉节：《医德医风医道与高等医药院校人文素质教育》，载《成都中医药大学学报（教育科学版）》2022 年第 1 期。

45. 魏亮瑜等：《〈医疗机构管理条例〉中监督管理相关问题的探讨》，载《中国卫生法制》2020 年第 1 期。

46. 王梓丞、谈在祥：《医疗机构药品购销职务犯罪情况研究——以中国裁判文书网 82 份判决书为样本》，载《医学与哲学》2020 年第 3 期。

47. 钱学敏、洪良：《基层医疗卫生领域职务犯罪的特点、原因及防治对策——以重庆市某基层人民检察院办理的此类案件为蓝本》，载《西南政法大学学报》2013 年第 4 期。

48. 范文博：《新农合领域职务犯罪研究——以云南省广南县新农合窝案为例》，载《人民论坛》2013 年第 23 期。

49. 南京市职务犯罪与预防研究课题组等：《医疗体制改革中的职务犯罪预防》，载《江苏社会科学》2009 年第 4 期。

50. 陈子军、徐海军：《医疗卫生系统职务犯罪惩罚和预防的经济学分析——兼论两高〈关于办理商业贿赂刑事案件适用法律若干问题的意见〉》，载《学术论坛》2010 年第 2 期。

51. 何红、余卓：《浅析基层医疗卫生系统职务犯罪特点、原因与预防对策》，载《今日南国（理论创新版）》2009 年第 11 期。

52. 潘云、杨晓：《关于对全县医疗卫生领域职务犯罪案件的调查报告》，载《河南法制报》2016 年 10 月 27 日，第 13 版。

53. 宋世明、顾丽娟、李国田：《江苏首份医疗领域职务犯罪报告出炉——检察长、医院院长、法学专家联手会诊医疗腐败》，载《江苏法制报》2008 年 11 月 7 日，第 2 版。

54. 明钰：《论医疗卫生系统职务犯罪的预防》，载《江苏卫生保健》2006 年第 4 期。

55. 云华：《卫生系统职务犯罪的特点、原因及预防》，载《国际医药卫生导报》2004 年第 1 期。

56. 郭正元、邓义：《医疗卫生系统职务犯罪的预防——基于赫章县查办该类案件的调查思考》，载《中国检察官》2014 年第 22 期。

57. 吕德均、李剑：《新型农村合作医疗领域职务犯罪情况分析》，载《人民检察》2015 年第 17 期。

58. 邓贵杰、曾祥璐：《医疗卫生领域职务犯罪问题研究》，载《犯罪与改造研究》2016 年第 12 期。

59. 王雷声、范秀娜：《医疗卫生系统职务犯罪多发在五个环节》，载《检察日报》2011 年 8 月 23 日，第 7 版。

60. 王碧华：《医疗卫生系统领导干部职务犯罪防治对策》，载《卫生软科学》2007 年第 5 期。

61. 王一方：《现代性反思与好医学的建构》，载《医学与哲学（A）》2013 年第 1 期。

62. 余谋昌：《西医和中医：两种哲学和两种医学文化》，载《郑州轻工业学院学报（社会科学版）》2012 年第 3 期。

63. 姚春鹏：《中国传统哲学的气论自然观与中医理论体系——兼论中西医学差异的自然观基础》，载《太原师范学院学报（社会科学版）》2006 年第 4 期。

64. 唐金陵、韩启德：《对现代医学的几点反思》，载《医学与哲学》2019 年第 1 期。

65. 郭建、徐飞：《现代医学的异化及其哲学反思》，载《自然辩证法研究》2017 年第 1 期。

66. 张大庆：《论医学的人文精神》，载《山西大学学报（哲学社会科学版）》2003 年第 4 期。

67. 张嵩、陈凡：《医学伦理的后现代反思》，载《东北大学学报（社会科学版）》2002年第3期。

68. 李芳、李义庭、刘芳：《医学、医学教育的本质与医学人文精神的培养》，载《医学与哲学（人文社会医学版）》2009年第10期。

69. 梅其君、陈凡：《自由与辩证法：埃吕尔技术哲学的另一种解读》，载《东北大学学报（社会科学版）》2005年第4期。

70. 陈子军：《经济犯罪亚文化论——以医疗系统职务犯罪的实证调查为视角》，载《贵州民族学院学报（哲学社会科学版）》2009年第5期。

71. 赵文力：《论西美尔货币哲学的四个维度》，载《天津社会科学》2009年第3期。

72. 苗春凤：《作为文化现象的货币——西美尔的〈货币哲学〉》，载《文化学刊》2008年第4期。

73. 杨金娟、翁开源：《影响我国药品价格的成本因素研究》，载《现代商业》2017年第7期。

74. 梁倩：《药品耗材集中带量采购改革提速扩面》，载《经济参考报》2022年1月11日，第1版。

75. 刘兰辉：《从〈国家医疗服务与质量安全报告〉看医疗质量持续改进》，载《中国卫生质量管理》2020年第1期。

76. 陈洪兵、程颂红：《生产、销售伪劣商品罪相关问题》，载《河南公安高等专科学校学报》2006年第5期。

77. 王小军：《生产、销售假药犯罪的实证分析与应对—基于百例生产、销售假药罪案件的分析》，载《法律适用（司法案例）》2017年第6期。

78. 刘娜、旷翔宇：《新〈药品管理法〉施行后制售假药案件认定的思路转向》，载《山东法官培训学院学报》2020年第5期。

79. 刘军：《预防性法律制度的理论阐释与体系构建》，载《法学论坛》2021年第6期。

80. 单勇、侯银萍：《中国犯罪治理模式的文化研究——运动式治罪的式微与日常性治理的兴起》，载《吉林大学社会科学学报》2009年第2期。

81. 金蓉、张宁：《国家治理视阈下犯罪预防协作机制建构》，载《学术探索》2018年第10期。

82. 岳平：《我国犯罪预防理论有效性的检视与发展进程》，载《上海大学学报（社会科学版）》2014年第6期。

83. 朱力、邵燕：《社会预防：一种化解社会矛盾的理论探索》，载《社会科学研究》2016年第2期。

84. 冯军、马丽丽：《危害国家人类遗传资源安全犯罪立法述评》，载《河北法学》2021年第 8 期。

85. 侯晋雄：《执政党的社会整合功能》，载《理论视野》2014 年第 2 期。

86. 牛忠志、杜永平：《怎样实现对行政犯的"亦刑亦罚"》，载《河北法学》2014 年第 1 期。

87. 孙国祥：《论非刑罚化的理论基础及其途径》，载《法学论坛》2003 年第 4 期。

88. 屈学武：《中国社区矫正制度设计及其践行思考》，载《中国刑事法杂志》2013 年第 10 期。

89. 姜涛：《为风险刑法辩护》，载《当代法学》2021 年第 2 期。

90. 时延安：《隐性双轨制：刑法中保安处分的教义学阐释》，载《法学研究》2013 年第 3 期。

91. 刘夏：《德国保安处分制度中的适当性原则及其启示》，载《法商研究》2014 年第 2 期。

92. 袁彬：《从业禁止制度的结构性矛盾及其改革》，载《北京师范大学学报（社会科学版）》2017 年第 3 期。

93. 王顺安：《社区矫正的法律问题》，载《政法论坛》2004 年第 3 期。

94. 李国卿、胡帅：《〈刑法〉第 37 条的规范解释》，载《山东社会科学》2016 年第 S1 期。

95. 钱叶六：《应对微罪之非刑罚处罚方法探究》，载《南京财经大学学报》2009 年第 6 期。

96. 陈灿平：《非刑罚处罚措施新议》，载《刑法论丛》2008 年第 3 期。

97. 赖早兴：《刑法中的"赔偿（经济）损失"》，载《求索》2005 年第 5 期。

二、外文文献

1. The Commission on Global Governance, *Our Glogal Neighborhood*: *The Report of the Commission on the Global Governance*, Oxford University Press, 1995.

2. Dutch Ministery of Justice, *Termination o fLife on Request and Assisted Suicide (Review procedures) Act*, 2001.

3. Deborah J. Ward, "Attitudes towards the Infection Prevention and Control Nurse, an interview study", *Journal of Nursing Management*, Vol. 2012, No. 20.

4. Miyaji Makoto, "Comparisonof the literature on medical accidents from medicaldatabase and articles in daily newspapers in Japan", *Nihon Koshu Eisei Zasshi*, Vol. 2013, No. 50.

5. S Horton, J Campbell, N Ikegami, "The Art of Balance in Health Policy: Maintaining Japan's Low-Cost, Egalitarian System", *Pacific Affairs*, January 22, 2000.

6. Robert B. Leflar, "The Law of Medical Misadventure in Japan The Law of Medical Misadventure in Japan", *Chicago-Kent Law Review*, Vol. 2011, No. 12.

7. Institute of Medicine, *The Future of Public Health*, National Academy Press, 1988.

8. Marcia McNutt, "Breakthrough to Genome Editing", *Science*, Vol. 350, No. 6267.

9. Derek B. Cornish, Ronald V. Clare, "Opportunities, Precipitators and Criminal Decisions: A Reply to Wortley's Critique of Situational Crime Prevention", *Crime Prevention Studies*, 2003 (16).

10. "Hospital Violent Crime Increased 47% Last Year", *https://www.campussafetymagazine.com/news/hospital-violent-crime-increased-47-last-year/*.

11. "Health Care Crimes - Facing Criminal Charges For Health Care Crimes", *https://www.helpingclients.com/health-care-crimes/*.

12. "42 U.S. Code § 1320a - 7-Exclusion of certain individuals and entities from participation in Medicare and State health care programs", *https://www.law.cornell.edu/uscode/text/42/1320a-7*.

13. "18 U.S. Code § 1347-Health care fraud", *https://www.law.cornell.edu/uscode/text/18/1347*.

14. "18 U.S. Code § 1035 - False statements relating to health care matters", *https://www.law.cornell.edu/uscode/text/18/1035*.

15. "18 U.S. Code § 669-Theft or embezzlement in connection with health care", *https://www.law.cornell.edu/uscode/text/18/669*.

16. "18 U.S. Code § 1518-Obstruction of criminal investigations of health care offenses", *https://www.law.cornell.edu/uscode/text/18/1518*.

后 记

　　本著作是在 2020 年度河北省教育厅人文社会科学研究重大课题攻关项目《基于良法善治的医疗卫生犯罪治理体系建构研究》结项成果基础上修改完成的。医疗卫生犯罪不仅直接威胁公众的生命健康权，还严重扰乱正常的医疗卫生秩序，破坏和谐的医患关系。医疗卫生犯罪的频发，反映了我国在医疗卫生领域存在的一些深层次问题，构建科学合理的医疗卫生犯罪治理体系显得尤为重要。

　　课题的顺利完成，衷心感谢河北大学田旭副教授、河北大学苏永生教授、河北大学牛忠志教授、大连海事大学敦宁教授、河北医科大学薛涛副教授、华北理工大学任学婧副教授、河北师范大学李鑫博士、河北政法职业学院于鸿崿博士、河北大学博士生王娇博士、中国科协会服务中心褚影怡、固安县检察院库子玉在资料收集和书稿撰写过程中的贡献；衷心感谢河北省教育厅科技处雷彦广处长和刘树船一级调研员、河北医科大学胡洁教授、河北省委党校陈春生教授、河北省高级人民法院原副院长王越飞博士、中央司法警官学院孙延庆教授、河海大学宋伟卫教授、河北省委党校刘丽教授、河北师范大学孙燕山教授、河北政法职业学院冯兆惠教授等专家学者在项目研究过程中给予的大力支持；衷心感谢中国政法大学出版社高质效地完成了著作从选题申报到校对出版等各项工作。

　　医疗卫生犯罪治理是一个体系庞大、内容丰富且动态发展的课题，随着社会的进步、医疗技术的革新，新的问题和挑战会不断涌现。本书的完成只是一个阶段性成果，书中难免有不足之处，敬请读者不吝批评指正。未来，随着社会的发展和技术的进步，我们将继续关注这一领域的最新动态，并期待与广大读者一起探索更加有效的解决方案。